Patricia Preß-Schaffrick

Knochen im Herzen

Vom Mut den eigenen Weg zu gehen

INHALT

DIE VERTIEFUNG 112

DIE AUFGABE 140

An meine hoch geliebte Patricia. Es ist eine riesige Freude in deinen Erinnerungen aus unseren gemeinsamen Tagen einzutauchen und so viel Mut, Freude und echte Werte erscheinen von selbst. Du bist eine reife, reiche Frau und mag deine Arbeit vielen nutzen. Dein Lama Ole mit vielem Dank für deinen Mut.

VORWORT

Es ist eine immense Freude, dieses erste Buch meiner guten Freundin Patricia mit ein paar Worten begleiten zu dürfen. Es handelt von einem Thema, das uns zutiefst verbindet, das mir und vielen unserer gemeinsamen Freunde mit Dringlichkeit am Herzen liegt: Freiheit!

Das Streben nach Freiheit zieht sich als roter Faden durch dieses Buch. Angefangen vom jugendlichen Gefühl, auf dem Pferderücken ein Stück davon zu finden, bis zu dem starken Wunsch, ja der Sehnsucht, Freiheit in der Ferne zu verwirklichen. Patricia nimmt uns mit auf ihre furchtlose, persönliche Reise, die sie zunehmend zum Entdecken innerer Freiheit führt und schließlich zu ihrem unermüdlichen Einsatz, diese innere Freiheit zu teilen. Patricia beschenkt uns mit ihren Beobachtungen und Erfahrungen, in der viele Leser etwas Eigenes, etwas Bekanntes entdecken werden. Verwoben mit historischen Ereignissen begegnen wir äußeren und inneren Ländern und bekommen einen Geschmack davon, wie sich ein sinnerfülltes und gleichzeitig freies Leben entfalten kann. Wir bekommen einen Geschmack von der Dankbarkeit für die buddhistischen Lehrer, die ihrem Leben diese eindeutige Einfachheit ermöglicht, allen voran die Lamas Hannah und Ole Nydahl.

Möge dieses Buch vielen nutzen und sie in ihrem Wunsch nach Freiheit inspirieren und stärken.

Peter Malinowski

Glaube nichts, weil ein Weiser es gesagt hat.
Glaube nichts, weil alle es glauben.
Glaube nichts, weil es geschrieben steht.
Glaube nichts, weil es als heilig gilt.
Glaube nichts, weil ein Anderer es glaubt.
Glaube nur das, was Du selbst als wahr
erkannt hast.

Buddha Sakyamuni

PROLOG

März 1990, im Flugzeug nach Nepal. Am Horizont erschienen die Himalaya-Riesen. Ich war so glücklich wieder hier zu sein. Eine innere Unruhe trieb mich an, hatte mich schon zu etlichen Reisen geführt und Fernweh nagte bereits in mir, sobald ich wieder zuhause in Deutschland ankam. Besonders der Himalaya hatte es mir angetan und ich reiste wieder und wieder hierher, um meine Sehnsucht zu stillen, ich wusste allerdings nicht genau, wonach.

Auf dieser Reise wollte ich ins Helambu-Gebiet hoch zu den heiligen Seen von Gosainkund trekken. Mit einem kräftigen schwarzen Stockschirm ausgestattet, der auch als Wanderstab diente, stapfte ich bei strömendem Regen über matschige Felder und auf schmalen, fast unkenntlichen Pfaden durch geheimnisvolle, uralte Wälder. Riesige Kiefern mit langen Flechtenbärten und blühende Rhododendronbäume begleiteten mich immer tiefer hinein, bis ich schließlich bemerkte, dass ich mich im Nebel verlaufen hatte. Offensichtlich endete mein Weg an einer steilen Felswand. Plötzlich entdeckte ich eine Höhle, einen Felsüberhang, und es saß jemand darin. Hatte auch er sich verirrt und suchte Schutz vor dem Regen? Vielleicht konnte ich von ihm erfahren, wo ich war und wie ich auf meinen Weg zurückfände. Beim Näherkommen erkannte ich, dass es sich nicht um einen Dorfbewohner, Bauern oder Träger handelte, die man häufiger unterwegs traf. Es war ein Eremit. Er trug das rote Gewand eines buddhistischen Mönchs, hatte einen kahlgeschorenen Kopf und blickte mich überrascht an. Sein Alter war schwer zu schätzen, er sah völlig zeitlos aus. Wir versuchten miteinander ins Gespräch zu kommen, aber da ich nur wenige Worte Nepali verstand und er kein Englisch sprach, erschöpfte sich unsere Unterhaltung schnell. Ich erfuhr, dass er Karma hieß, vom Volk der Tamang stammte und sich in die Höhle zur Meditation zurückgezogen hatte. Eine wortlose Nähe entstand. Es war, als hätte sich ein vertrautes Bild aus dem Innern meines Geistes vor mir zur Wirklichkeit verdichtet. Etwas, wonach ich schon lange suchte, schien sich in dieser Begegnung zu zeigen. Aber noch konnte ich es nicht benennen, hatte keine Worte dafür. Ich ahnte nicht, dass dieses Zusammentreffen erst der Auftakt zu weiteren denkwürdigen Begegnungen in den nächsten Wochen sein sollte und mein Leben soeben eine entscheidende Wende genommen hatte. Schließlich verabschiedete ich mich. Was ich auch nicht ahnen konnte, war, dass ich Karma schon im nächsten Jahr unter ganz anderen Vorzeichen wiedersehen sollte.

Die nächsten Tage meiner Trekkingtour verliefen mühsam und schließlich zwang mich starker Schneefall zur Umkehr nach Katmandu.

Auf dem Rückweg kam ich an der riesigen Stupa von Boudha vorbei. Stupas sind Bauwerke, deren Form die vollkommene Erleuchtung symbolisiert. Es sind die ältesten buddhistischen Bauwerke. Es gab und gibt sie in allen Ländern mit buddhistischer Kultur, inzwischen auch im Westen. Die unterschiedlichen Formen weisen auf Ereignisse im Leben Buddhas hin und jeder Teil entspricht einem Element unseres Universums. Außerdem enthalten sie Reliquien Buddhas oder großer Meister, buddhistische Texte und Schriften, gemalte Rollbilder, sogenannte Thangkas und Statuen von Buddhas.

Die Stupas sind starke Monumente für Glück und Frieden. Um die mächtige Stupa von Boudha ranken sich viele Geschichten und Legenden und alle Vertreter der verschiedenen Traditionen des tibetischen Buddhismus haben an diesem heiligen Ort mindestens ein Kloster errichtet.

Wie magnetisch angezogen betrat ich eines der Klöster und landete mitten in einer tantrischen Einweihung, die einer der großen, verwirklichten Meister des tibetischen Buddhismus, Dilgo Khyentse Rinpoche, gerade seinen Schülern übertrug.

Am Ende der Einweihung gingen Rinpoche's Helfer durch den eng besetzten Raum und berührten die Anwesenden mit einigen Symbolen. Ohne wirklich zu verstehen, aber zutiefst berührt trank ich einen Schluck scharfen Alkohols aus einer mit Silber beschlagenen Schädelschale. Schließlich ging ich wie alle anderen nach vorne. Dort saß dieser äußerst beeindruckende Riese mit langem, weißem Haar, langen Fingernägeln und nackter Schulter in einem mit Fell verzierten Umhang auf einem Thron. Freundlich schlug er mir einen buddhistischen Meditationstext auf den Kopf. Völlig benommen, aber von unendlicher Freude erfüllt, wankte ich zurück auf meinen Platz. Ich fühlte mich so leicht, als hätte ich bisher Ketten mit schweren Bleikugeln herumgeschleppt und wäre jetzt frei, so, als könnte ich fliegen. Tränen liefen mir über das Gesicht und ich beschloss, an diesem Ort zu bleiben. All meine verschlungenen Pfade durch Asien schienen mich genau an diese Stelle geführt zu haben.

Ich war angekommen. Doch was sich wie eine Heimkehr anfühlte, war erst der Aufbruch zu einer langen spannenden Reise in unbekannte äußere und innere Landschaften.

DIE VERBINDUNG

Wer Sicherheit der Freiheit vorzieht,
ist zu Recht ein Sklave.

Aristoteles

DIE VERBINDUNG

Sehnsuchtsort mongolische Steppe

Als Kind träumte ich von der Mongolei. Ich interessierte mich brennend für Dschingis Khan, seine Feldzüge und Nachkommen, insbesondere für Kublai Khan, der übrigens der erste buddhistische Herrscher des mongolischen Weltreichs war. Unseren Nymphensittich nannte ich deshalb Tschi-sik, das war der Name von Kublai Khans Jagdfalke. Solche Ideen waren in den 1960er Jahren, noch dazu im bürgerlichen Milieu Süddeutschlands, eher ungewöhnlich. Meine Eltern hatten keine Ahnung vom mongolischen Heldenepos, doch sie erlaubten mir, reiten zu lernen. So konnte ich meine Träume, die mir fast wie bruchstückhafte Erinnerungen an ein früheres Leben erschienen, ausleben, indem ich ohne Sattel auf Islandponys über die Felder im schwäbischen Wieslauftal galoppierte, oder ich zog mit dem Pferd einfach tagelang los und übernachtete im Freien, dort wo uns die Nacht gerade überraschte.

Als Vierzehnjährige beschäftigte ich mich mit religiösen Fragen, angeregt durch meine Konfirmation, als ich das christlich-evangelische Glaubensbekenntnis vortragen sollte. Es erschien mir mehr als fragwürdig.

Wie konnte ein allmächtiger Gott uns erschaffen haben und nun all unsere Schritte kennen, lenken und bewerten? Warum erlangten nur Anhänger Jesu das Himmelreich und Vergebung, was war zum Beispiel mit den unzähligen Menschen lange vor dem Christentum? Ich probierte ein paar andere christliche Gruppen aus, beispielsweise die Pfingstgemeinde, die in Trance unverständlich „in Zungen reden", aber das war mir noch suspekter. Im ländlichen Rudersberg gab es allerdings damals sonst keine Auswahl. Deshalb blieb meine Suche nach einer überzeugenden Sichtweise, die meinem Leben einen tieferen Sinn geben könnte, erfolglos. Bücher von Hermann Hesse, Jack Kerouac oder Carlos Castaneda prägten mich hierin stärker. Ich hatte einen ausgeprägten Freiheitsdrang. Die Schule war für mich eine Qual. Deshalb brach ich das Gymnasium vor dem Abitur ab und begann ein Praktikum in einer Tagespflegestätte für behinderte Menschen. Eine sozialpädagogische Ausbildung und ein paar Berufsjahre als Erzieherin in Kinderheimen folgten, aber meine Erfüllung sah ich nicht im Berufsleben. Mich zog es in die Ferne.

Aufbruch ins Ungewisse

Jahre später, ich war Anfang 20, war es immer noch mein größter Wunsch, die Mongolei zu besuchen, doch der Weg quer durch die Sowjetunion, damals mit der Transsibirischen Eisenbahn, der mir am besten gefallen hätte, war aus politischen Gründen versperrt. Die Russen gaben mir als Einzelreisender kein Visum. Deshalb beschloss ich, eben von der, geografisch gesehen, anderen Seite zu kommen. Ich hatte gehört, dass es möglich war, über Hongkong in die Volksrepublik China einzureisen. 1986 war China noch stramm kommunistisch und Hongkong eine britische Kronkolonie.

Ich kaufte ein One-Way-Ticket nach Hongkong, der Rest würde sich ergeben. Das war meine erste große und gleichzeitig abenteuerlichste Reise allein, außerhalb Europas, mit offenem Ende. Sie dauerte insgesamt fünf Monate. Als Vorbereitung hatte ich an der Uni Tübingen einen Kurs „Chinesisch für Nicht-Sinologen" belegt und konnte sogar ein paar Zeichen schreiben. Ich wurde oft gefragt: „Hast du denn keine Angst, so ganz alleine?" Natürlich hatte ich Angst, aber ich wollte der Angst nicht erlauben, meine Handlungen zu bestimmen. Sollte ich etwa aus Furcht vor dem Ungewissen auf all das Spannende verzichten, das vor mir lag? Ich wäre auch gerne mit jemandem zusammen gereist, zum Beispiel mit meinem damaligen Freund Guy. Aber er konnte oder wollte nicht mitkommen, weil er aus Prinzip nicht in ein Flugzeug stieg. Und bevor ich ganz aufgab und auf meinen Traum verzichtete, nur weil keiner mitkam, beschloss ich, alleine zu fahren.

Guy brachte mich zum Flughafen in Frankfurt. Mir war übel vor Aufregung. Als ich mich am Gate von ihm verabschiedete, wäre ich am liebsten umgedreht. Es war mein erster Flug. Als die Maschine abhob, wurde mir ganz flau im Magen, spontan ergriff ich die Hand meines Nebenmannes und hielt mich fest. Doch das Fliegen war herrlich, ich klebte die meiste Zeit am Fenster und bestaunte die Wolken, das Licht, den endlosen Sonnenuntergang, da wir ja Richtung Osten flogen, die Gebirge, Städte und Wüsten. Endlich war ich unterwegs, zu allen Abenteuern bereit. Ein Gefühl unbändiger Freiheit erfüllte mein Herz und ich genoss den langen Flug mit all seinen Zwischenlandungen in Amsterdam und im arabischen Doha, wo mir der ganze Prunk der Ölstaaten zum ersten Mal begegnete, in vollen Zügen.

Die Ankunft in Hongkong war spektakulär. Damals lag die Landebahn noch mitten in der Stadt. Die Flugzeuge zogen tiefe Bahnen durch die Häuserschluchten, man konnte den Leuten direkt ins Fenster blicken, um auf einer ins Meer hinaus gebauten Trasse zwischen Dschunken und riesigen Containerschiffen herunterzukommen. Es war Abend und ich fuhr mit dem Bus in einen Dschungel aus Straßengewirr, riesigen Hochhäusern, Lichtern, Leuchtreklame und Menschengedränge. Dank der Bibel aller Weltreisenden, dem „Lonely Planet Reiseführer", fand ich eine günstige Absteige im 28. Stockwerk eines heruntergekommenen Wolkenkratzers mitten in Kowloon. Zwischen den Fluren befanden sich Gitter, in den Gängen lungerten wenig vertrauenerweckende Gestalten, die mir Drogen anboten, und es stank nach Katzenpisse. Ich lud meinen Rucksack ab und zog sofort nach Downtown los.

Ich glaube, für Europäer ist der größte Schock die unglaubliche Dichte und Menge der unzähligen Menschen, die sich auf Asiens Straßen bewegen und die alle ihren Geschäften und sonstigen Tätigkeiten nachgehen. Ein „Privatleben" scheint nicht zu existieren: vom Zähneputzen, Waschen, Essen, Schlafen bis hin zum Sterben findet alles auf der Straße statt.

Umgekehrt ist es für Asiaten befremdlich, wie leer und ausgestorben unsere Innenstädte wirken. Ein Freund aus Mumbai fragte mich bei seinem ersten Besuch in Deutschland ganz erstaunt, wo denn die Menschen wären. Auch fand er es höchst erstaunlich, dass sich auf den Straßen nur Autos befänden und sonst nichts: keine knatternden Dreiräder, keine Eselsfuhrwerke, keine Rikschas, keine Kühe, keine Hunde und vor allem keine Leute.

In einer Seitengasse sah ich Gitterboxen, höchstens zwei auf einen Meter groß, die wie Käfige aufeinandergestapelt waren und Menschen als Unterkunft dienten. Hongkong ist ein teures Pflaster. Viele der zahllosen armen und illegalen Arbeiter aus Rotchina, die hier ihr Glück suchten, teilten sich eine solche Behausung. Manchmal mieteten sie nur für ein paar Stunden einen Schlafplatz. Aber es gab auch wunderschöne Villen und Gärten, und sogar Strände und stille Buchten. Das Offensichtliche ist natürlich das unendliche Shopping Angebot. Man könnte sich hemmungslosem Konsum hingeben und einfach alles im Original oder als Kopie erstehen, aber daran hatte ich kein Interesse. Was ich brauchte passte in meinen Rucksack und ich hatte nicht vor, mein Reisegeld schon in der ersten Station auszugeben.

Inmitten des Nachtmarkts boten unzählige Garküchen unbekanntes und lecker duftendes Essen an. Ich bestellte eine Nudelsuppe und ließ die vielen Eindrücke an mir vorbeiziehen. Dann musste ich auf die Toilette, die sich irgendwo weiter hinten befand. Plötzlich bemerkte ich, dass ich meine Handtasche nicht dabei hatte! Ich hatte sie wohl auf der Straße beim Essen stehen lassen. Ein Moment der Panik erfasste mich. In der Handtasche befand sich alles was ich hatte: Pass, Geld, Reiseschecks, Adressbuch. Ich stürzte hinaus, verzweifelt suchte ich die Stelle ab, wo ich eben noch gegessen hatte. Bittere Traurigkeit und Ernüchterung stiegen in mir auf. Na prima, schon am ersten Abend war meine Reise zu Ende, ein sehr kurzes Abenteuer. Wie dumm von mir, es tat richtig weh.

Doch dann klopfte mir jemand auf den Arm. Es war der Besitzer des Imbisses. Er hielt mir meine Handtasche entgegen, dabei belehrte er mich ernsthaft, dass ich so etwas hier nicht tun dürfe, es sei viel zu gefährlich einfach die Tasche stehen zu lassen. Er habe es beobachtet und sie solange aufbewahrt. Dieser ehrliche und freundliche chinesische Suppenkoch war an diesem Abend mein Beschützer und ich war ihm zutiefst dankbar. Ich konnte meine Reise fortsetzen.

Für das kommunistische China galten prinzipiell die gleichen Visa Einschränkungen wie für die Sowjetunion: Einzelreisende waren unerwünscht, das Regime bevorzugte kontrollierbare Gruppen mit chinesischen Reiseführern. Doch wir befanden uns in Hongkong, der Stadt der unbegrenzten Möglichkeiten und genialen Kopisten und Fälscher. Ich gab meinen Pass in einem Büro ab und erhielt ihn wenige Tage später mit einem Visum und einem chinesischen Studentenausweis zurück. Jetzt musste ich nur noch ein Schnellboot besteigen und war wenig später im großen Mutterland, in Guangdong (dt. Kanton).

Mei you – Nichts geht mehr

Das einprägsamste Erlebnis dort war der Besuch des Marktes: Alles, was den Rücken zur Sonne dreht wurde hier verkauft und verspeist. Hunde, Katzen, Vögel aller Art wie z. B. große Eulen; ich sah sogar Frösche, transportbereit im Dutzend zusammengebunden, Schlangen, Schildkröten und natürlich Hühner und Schweine. Ich werde nie den Anblick der abgezogenen Dogge vergessen, die an einem Fleischstand hing.

Andere Länder, andere Sitten. Besonders beim Essen zeigten sich tiefe kulturelle Unterschiede. Ich war mit offenem Geist gekommen und versuchte alles möglichst ohne Vorurteile aufzunehmen. Im Laufe der Zeit festigte sich allerdings in mir eine andere Sichtweise. Ich beschloss, nicht mehr alles zu akzeptieren, nur weil es kulturell anerkannt oder politisch korrekt war. Es gibt so viel Dummheit sowie geradezu schädliche oder böse Verhaltensweisen, die kulturell eingebettet sind und die man nicht alle gutheißen muss. Eine davon ist zum Beispiel Tierquälerei. Auf dem Land war es üblich, Tanzbären an Ketten zur Schau zu stellen. Besonders „Mutige" drückten ihre Zigaretten auf dem Fell des Tieres aus. Als ich das sah, schlug ich dem Mann spontan die Zigarette aus der Hand, was wiederum zu großer Empörung und Tumulten in der anwesenden Menge führte.

In China geriet ich oft in Konflikte, die sich teilweise bis zum Handgemenge ausweiteten. Das Reisen in China war mühsam und das laute rücksichtslose Verhalten der Han-Chinesen anstrengend. Das erste Wort, das jeder Ausländer lernte hieß „Mei you", was so viel bedeutet wie: gibt's nicht, haben wir nicht, geht nicht. Wann immer man eine Fahrkarte, ein Zimmer, eine Briefmarke oder sonst irgendetwas wollte, bekam man von gelangweilten Angestellten diese Antwort. Wir westlichen Reisenden griffen zur Selbsthilfe. Wir waren wie eine große Familie, die gut zusammenhielt. Damals gab es noch nicht viele Langnasen. Wir kannten uns, begegneten einander immer wieder und tauschten wichtige Informationen aus. Wenn ich zum Beispiel ein Hotelzimmer buchen wollte und an der Rezeption nachfragte, bekam ich die obligatorische Antwort: „Mei you." Ich wusste allerdings von Freunden, dass garantiert Zimmer frei waren. Also marschierte ich an den Angestellten vorbei, ging in ein leeres Zimmer und setzte mich auf das Bett. Damit hatte ich es „gebucht", was irgendwann auch das schimpfende Personal einsehen musste.

Eine der größten Herausforderungen war der Fahrkartenkauf. Man konnte sie nur zu bestimmten Zeiten im Voraus kaufen. Damals gab es in China noch eine spezielle Ausländerwährung „FEC", die aber 1994 wieder abgeschafft wurde, weil sich damit ein reger Schwarzhandel entwickelt hatte. Wir Ausländer durften eigentlich nur in dieser Währung bezahlen und keinen Renminbi, das Volksgeld, besitzen. Allerdings bekam man als Wechselgeld immer Renminbi heraus und außerdem waren alle Waren in Renminbi viel günstiger. Es wurde deshalb zur Ehrensache, die FEC auf dem Schwarzmarkt gegen Renminbi einzutauschen und möglichst alles in Volksgeld zu bezahlen. Nicht überall gelang uns das, vor allem in Hotels und an Bahnhöfen wurde von den „weißen Teufeln" harte Währung verlangt. An den Schaltern herrschte Kampfstimmung. Die Chinesen drängelten sich an uns vorbei, schrien über unsere Köpfe hinweg, drückten uns zur Seite und schnappten uns die Fahrkarten vor der Nase weg. Mit meinem bescheidenen Chinesisch und unter diesen Umständen hatte ich keine Chance etwas zu fragen oder eine Fahrkarte zu erstehen. Es sprach niemand Englisch, auch die Beschilderung war nur in Schriftzeichen. Deshalb gingen wir zum Ticketkauf mindestens zu zweit. Einer hielt die Chinesen in Schach: Das heißt, man versuchte, sie am Vordrängeln zu hindern, während sich der Vordermann bemühte, die Tickets zu ergattern. Durch unsere Körpergröße hatten wir einen gewissen Vorteil. Auch das Einsteigen in den Zug bedeutete Nahkampf. Alle rannten schon neben dem einfahrenden Zug her und kaum wurden die Türen geöffnet, schoben sich die Aussteigenden heraus, während gleichzeitig die Massen von draußen hinein drängten. Ich habe einmal zwei Züge hintereinander verpasst, weil ich einfach nicht einsteigen konnte. Danach war ich fest entschlossen, es zu schaffen. Als mein Zug einfuhr, rannte auch ich nebenher, schloss die Augen und boxte mir den Weg ins Abteil frei. Wenn man erst einmal drin war, entspannte sich die Situation und man traf auf höfliche Menschen, die einem Sonnenblumenkerne oder Süßigkeiten anboten. Allerdings reiste ich notgedrungen meistens in der „Hard Seat" oder sogenannten Holzklasse, weil es einfach keine Tickets in der nächstbesseren Klasse mehr gab. Es waren die günstigsten Billets und man hatte keinen Anspruch auf einen bestimmten Sitzplatz, beziehungsweise die Plätze waren immer alle schon belegt. Ich quetschte mich also irgendwo dazwischen und versuchte buchstäblich einen Fuß auf den Boden zu bringen. Der Boden war üblicherweise übersät mit Essensresten, Papier, ausgespuckten Sonnenblumenkernschalen und sonstigem Abfall. Kleine Kinder, deren Hosen praktischerweise im Schritt offen waren, pieselten, wo immer sie gerade standen oder saßen. Das konnte schon auch mal meinen Fuß oder mein Gepäck treffen. Auf diesen Fahrten, die bis zu 20 Stunden dauerten, arrangierten sich alle miteinander und es entstand ein familiäres Gefühl, ähnlich wie bei einer Zwangsheirat, so stelle ich mir das jedenfalls vor.

Das andere Gesicht Chinas

Sich auf diese Art und Weise wortwörtlich durchzuschlagen war nervig und unangenehm. Deshalb bevorzugte ich die südwestlichen Provinzen, in denen kaum Han-Chinesen lebten. Die Provinz Yunnan mit seiner schönen Stadt Kunming gefiel mir besonders gut. Von dort fuhr ich drei Tage lang über Serpentinen in einem holprigen Bus mit „seekranken", spuckenden Mitreisenden bis nach Xishuangbanna. Dort stoßen Laos, Thailand, Vietnam und Myanmar (Burma) zusammen und der träge, große Mekong, der auf dem tibetischen Plateau entspringt, ergießt sich in das Goldene Dreieck.

Hier leben Minderheiten wie Bai und Dai, die eine völlig andere, sehr freundliche Mentalität besitzen. Plötzlich sahen wir lächelnde Menschen in farbenfroher Kleidung, was nach den ewig gleichen, blauen bzw. armeegrünen Arbeitsanzügen, die damals in China von Männern und Frauen gleichermaßen getragen wurden, eine Freude für die Augen darstellte.

Den Rückweg legte ich mit einer kleinen Propeller-maschine zurück. Obwohl Turbulenzen das kleine Flugzeug durcheinanderschüttelten und immer wieder absacken ließen und noch dazu hinter mir eine Frau dauernd wie um ihr Leben schrie, war der relativ kurze Flug hundertmal besser als die Busfahrt.

Danach machte ich mich auf in Richtung Nordwesten, nach Dali und Lijiang an der Grenze zu Tibet. Dali war damals gerade für Touristen geöffnet worden und noch ein echter Geheimtipp. Es war ein magischer Ort. Ich fühlte mich vollkommen wohl, das Klima und die Höhe von 2.000 Metern waren perfekt. Die Luft prickelte wie Champagner und über dem Erhai-See leuchtete der Vollmond. Der riesige See lag völlig unberührt in einer weiten, stillen Landschaft. Am Stadtrand hatten sich viele Tibeter versammelt, die ein Pferderennen und einen bunten Markt veranstalteten. Hier traf ich das erste Mal auf diese Kultur und fühlte mich gleich zuhause. Ich kaufte ein Halfter aus buntem Leder, in der Hoffnung irgendwann einmal das dazu passende Pferd zu besitzen. Zusammen mit ein paar Reisegefährten fuhren wir mit einem Boot über den See und verbrachten die Nacht im Freien auf einem magischen Berg. Wahrscheinlich lag es am Hanf, der an jedem Wegrand wuchs und gern von allen Reisenden gepflückt und verwendet wurde, aber in dieser Nacht *erlebte* ich, dass die Erde rund ist und sprang in großen Sätzen schwerelos und glücklich den Hügel hinunter.

In Dali gab es wunderbare Badehäuser. Man lag in tiefen Wannen aus Marmor und genoss die Wonnen eines ausgedehnten heißen Bades. Abschließend wurde man von einem blinden Masseur durchgeknetet. Herrlich, ich war einfach nur froh und zufrieden. Hier keimte mein Plan, nach Tibet weiter zu reisen.

Die Naxi-Frauen

Lijiang, meine nächste Station, lag am Fuße des tibetischen Plateaus mit dem Jadedrachen-Schneeberg vor Augen.

Hier lebt das Volk der Naxi, eine matriarchale Gesellschaft. Nach meinem Besuch bei dem berühmten Kräuterarzt Dr. Ho in den Bergen hinter Baisha begegneten mir auf dem Rückweg wandelnde Grashaufen. Es waren Naxi-Frauen, die riesige Futterberge für ihr Vieh gesammelt hatten und nun ihre Lasten in Körben mit Stirnriemen nach Hause trugen. Lachend und schwatzend liefen wir zusammen ein Stück. Nach einer Pause forderte mich eine der Frauen auf, ihren Korb zu heben. Er war so schwer, dass ich keine Chance hatte, worüber sich die Frauen köstlich amüsierten. Es wurde dunkel und wir beeilten uns nach Hause zu kommen. Die Frau mit dem Korb bot mir an, ich könne bei ihr übernachten. Dankbar nahm ich an. Die Familie, mehrere Kinder und ein Mann empfingen mich überrascht, aber zurückhaltend. Ich bekam ein leckeres Abendessen und ein Bett im Familienkreis. Ich schlief zusammen mit der Frau und zwei Kindern in einem Bett. Die Matratze bestand aus einer dünnen Reisstrohmatte und war dementsprechend hart. Als ich mich nachts hin und her wälzte und mir schon ziemlich der Rücken schmerzte, hoffte ich, hier nicht krank zu werden. Ich konnte mir nicht vorstellen, in so einem Bett mehr Zeit als unbedingt nötig zu verbringen. Am nächsten Morgen stand die Frau sehr früh auf und bedeutete mir mitzukommen. Sie zeigte mir ihren Garten und versorgte ihre Tiere. Sie entfachte ein Feuer im Herd, bereitete das Frühstück zu, rieb mein Gesicht mit Honig ein und erklärte, das sei gut für die Haut, ein klassischer Kosmetiktipp der Naxi. Erst als alles fertig war, standen Mann und Kinder auf. Die Naxi-Frauen sind selbstbewusst, stark und sehr fleißig. Sie lachen gutmütig über ihre Männer und deren Tätigkeiten, denn die Hauptarbeit erledigen sie.

Schließlich wollte ich weiter in das eigentliche Kernland Tibets. Es gab Gerüchte, dass es möglich sei, über Derge in Osttibet mit dem Bus nach Lhasa zu gelangen. Dies erwies sich als falsch, denn alle Westler wurden am ersten Kontrollpunkt aus dem Bus geholt und zurückgeschickt. Es blieb mir nichts anderes übrig, als wieder in einen dieser schrecklichen Züge zu steigen und bis in die Millionen-Metropole Chengdu in Sichuan zu fahren. Das Atmen dort fiel schwer, da Chengdu eine der am meisten verschmutzten Städte der Welt ist. Von dort aus flog ich nach Lhasa. Der Flug über den Himalaya war atemberaubend schön: Der Anblick der schneebedeckten höchsten Gipfel dieser Welt ist einfach gigantisch.

Tibet

Tibet beeindruckte mich zutiefst. Großartige Landschaften mit ganz viel Weite, leuchtend klare Farben, intensive Licht- und Schattenspiele, tiefblauer Himmel, der auf hellgelben Sand stößt, türkisschillernde Seen, schneebedeckte Achttausender, die weite Steppen umrahmen und wunderbare, kraftvolle Menschen. Aber es schmerzte auch: Überall waren Chinesen, die die Tibeter verächtlich behandelten, zerstörte Klöster und chinesische Spitzel. Die einheimischen gewachsenen Stadtkerne wurden systematisch abgerissen und durch hässliche chinesische Plattenbauten ersetzt. Ein kleines Beispiel: wir fuhren mit einem Bus aus der Stadt hinaus Richtung Nordwest. Irgendwann sahen wir Tibeter am Straßenrand stehen, die verzweifelt winkten und schon mitten auf der Piste stehend versuchten, den Bus anzuhalten. Der chinesische Fahrer gab Vollgas, hupte und fuhr vorbei. Einige Kilometer später standen ein paar Chinesen am Wegrand und unterhielten sich. Der Fahrer hielt von sich aus an und fragte sie, ob sie mitwollen, doch sie lehnten ab. Auch in Geschäften wurden Tibeter weitestgehend ignoriert und nicht bedient.

Auf dieser Reise kam ich oft in Konflikt mit der chinesischen Polizei. Das passiert leicht, wenn man sich frei bewegen will und auf chinesische Führer oder Hotels dankend verzichtet. Einmal fuhren wir zum Beispiel zu zweit auf einem Fahrrad durch Lhasa. Ein Polizist hielt uns an, weil das angeblich verboten sei und wollte unser Rad konfiszieren. Dass Chinesen zu dritt und mit ihren ganzen Einkäufen vom Markt inklusive lebenden Schweinen und Sofas beladen an uns vorbeiradelten war wohl etwas anderes. Er packte das Rad am Lenker, ich schlug ihm auf die Hand, er ließ los und wir fuhren schnell davon. Wütend rannte er hinter uns her, aber wir waren schneller.

Ich war in der Altstadt von Lhasa in einem kleinen, von Tibetern geführten Hotel, im „Banakshol", untergekommen. Es gefiel mir so gut in Tibet, dass ich mir wünschte, länger bleiben zu können. Im Gespräch mit ein paar jungen Tibetern, die auch nach Möglichkeiten suchten, ihr Budget aufzubessern, kamen wir auf die Idee, ein kleines Café auf der Dachterrasse, die eine fantastische Aussicht bot, zu eröffnen. Wir buken Kuchen und Brot in der rauchgeschwärzten Küche des Hotels und boten unsere Leckereien den Touristen an, die sehr dankbar für diese Abwechslung waren. Damals gab es in Tibet so gut wie keine Cafés. Im Banakshol gab es noch nicht einmal Duschen. Diese Errungenschaft der Moderne wurde ein paar Wochen später in einem anderen Hotel in der Nähe eingerichtet. Jetzt konnten wir duschen und mussten uns nicht länger umständlich mit einem Waschlappen aus dem Eimer waschen! Man bezahlte an der Rezeption, daraufhin ging ein Angestellter aufs Dach, wo sich die solar geheizten Wassertanks befanden, öffnete einen Hebel und ließ für ein paar Minuten das Wasser laufen. Es konnte schon einmal passieren, dass man noch eingeseift im Bad stand, wenn das Wasser wieder versiegte, weil der Besitzer die Duschzeit beendete. Unsere Geschäfte im Café liefen gerade richtig gut an, als die chinesische Polizei kam und uns verbot weiterzumachen. Natürlich hatten wir weder eine Genehmigung noch einen Businessplan, damals taten wir einfach, was uns so in den Sinn kam. Es war eine herrliche unbeschwerte Zeit.

Ich wurde auch ein paar Mal festgenommen, weil ich irgendwo war, wo ich nicht hätte sein dürfen. Das war zum Beispiel in Xishuangbanna im Süden Chinas der Fall, als ich einen wunderbaren botanischen Garten besuchte. Normalerweise ließen sie mich nach ein paar Stunden Gewahrsam im Polizeigebäude wieder laufen, sie wussten sowieso nicht, was sie mit uns Ausländern anfangen sollten. Wir waren damals ja noch eine sehr seltene Spezies, wurden von allen Seiten angestarrt und manchmal liefen sogar die Kinder schreiend vor uns weg. Außerdem konnte ein einfacher Dorfpolizist normalerweise nicht unsere Pässe lesen, denn er kannte seine Schriftzeichen, aber Englisch oder andere westliche Sprachen waren ihm unbekannt. Von 1986 bis 1989 herrschte eine Art politischer Frühling in China, ein Hauch von Möglichkeiten und Freiheit war zu spüren; dies erlaubte auch uns Einzelreisenden eine gewisse Bewegungsfreiheit. Doch der politische Frühling fand mit der grausamen Niederschlagung der Studentenproteste auf dem Tian'anmenPlatz in Peking 1989 ein brutales Ende, als chinesische Panzer ihre eigenen Kinder überrollten.

Seit ich gesehen und erlebt habe, wie die Chinesen Tibeter, Naxi, Bai, Dai und andere Minderheiten behandeln, hege ich tiefstes Misstrauen gegen ihre Führer und Funktionäre. Einer solchen Führung, die nicht nur andere Völker unterdrückt, sondern die eigene Jugend abschlachtet und ihrem eigenen Volk die ganze Kultur gestohlen hat, kann man nicht trauen, es geht ihr nur um Machterhalt.

Mit dem Floß zum Kloster Samye

Die Chinesen kontrollierten alle Transportmittel: Busse, Jeeps, Tankstellen etc. Aber ich ging viel zu Fuß oder trampte und fuhr mit Tibetern zusammen auf der offenen Ladefläche von LKW durch die Gegend. Das war uns Ausländern zwar verboten, aber kurz bevor die üblichen Straßenkontrollen kamen, sagte uns der Fahrer Bescheid, wir sprangen ab und umgingen die Kontrollposten zu Fuß. So gelangte ich auch nach Samye, dem ersten und ältesten buddhistischen Kloster in Tibet, das in Form eines dreidimensionalen Mandalas inmitten von Sanddünen am Yarlung Tsangpo liegt, einem der gewaltigen Ströme, die auf dem tibetischen Hochplateau entspringen und der in Indien Brahmaputra genannt wird. Ein Mandala stellt den Palast eines Buddhas dar, in diesem Fall insbesondere den Kraftkreis von Padmasambhava, der die Anlage um 775 u. Z. am Fuße des Berges Hepori errichtet und eingeweiht hatte. Padmasambhava, auf Tibetisch Guru Rinpoche, war ein mächtiger indischer Meditationsmeister, der auf Einladung des tibetischen Königs Drisong Detsen den Buddhismus um 750 u. Z. nach Tibet brachte. Ich weiß noch, wie ich am Ufer des rasch fließenden Yarlung Tsangpo stand und auf das Floß mit Außenbordmotor wartete, das uns über den Fluss bringen sollte. Mit mir warteten viele Menschen und auch ein mit glücksverheißenden Zeichen, weißen Seidenschals (sogenannten Kataks) und Blumenketten geschmückter Traktor. Die Männer versuchten dann mit aller Kraft und sämtlichen Tricks den Traktor auf das wackelige Floß zu hieven, sie zogen vorn und schoben hinten, aber immer wieder flutschte das Floß weg. Ein Erfolg ihrer Anstrengungen erschien mir unmöglich. Ein buddhistischer Lama vollzog einige Segnungen und Zeremonien, und ich dachte so bei mir: Wenn das gelingt und wir heil drüben ankommen, dann werde ich auch Buddhistin. Schließlich schafften wir es, indem wir alle mithalfen das Floß an langen Seilen einigermaßen fest zu halten, während die Männer irgendwie den Traktor auf das Floß schubsten. Stolz und voller Freude kletterten nun viel zu viele Menschen ebenfalls auf das Floß und die abenteuerliche Fahrt gegen die starke Strömung begann. Mit viel Mühe erreichten wir schließlich das andere Ufer und dann tuckerten wir historisch bedeutsam mit dem ersten Traktor auf jener Seite des Tsangpo nach Samye.

Der heilige See Namtso

Zusammen mit einem Holländer machte ich mich später in einem öffentlichen Bus und vor allem zu Fuß noch zum Namtso auf. Das ist ein Salzsee nordöstlich von Lhasa auf der Hochebene von Quinghai auf 4.718 Metern Höhe, wo außer ein paar Nomaden niemand mehr lebte. Der See gilt bei den Tibetern als heilig, weil einige der wichtigsten buddhistischen Schützer darin leben. Außerdem wurde er durch die Anwesenheit von erleuchteten Meistern wie Guru Rinpoche und Chenrezig, dem Buddha „Liebevolle Augen", gesegnet. Es gibt ein paar Stellen am Ufer, an denen jedermann kleine, kreisrunde Steinchen aufsammelt, sogenannte „Ringsel", die als sehr segensreich gelten, da sie mit Schutzkraft aufgeladen sein sollen. Ich habe später ein großes Glas mit diesen Ringsel von einem Freund aus dem Allgäu, Bruno, bekommen. Er sammelte sie unter der Anleitung der Mönche von Tsurphu, dem ersten Kloster der Karma Kagyü Linie, das 1187 u. Z. vom Gründer der Linie, dem ersten Karmapa Düsum

Kheynpa, errichtet wurde. Ich schleppte mich kurzatmig zu Fuß durch die dünne Luft des 5.190 Meter hohen Laken-Passes, von wo aus man schon einen Blick auf den wundervollen Himmelsee hatte. Die weite Hochebene, umrahmt von schneebedeckten Bergketten, das glitzernde blaugrüne Wasser, vereinzelte Herden und Nomadenzelte, all das sah zum Greifen nah aus, aber die kristallklare Luft täuschte einen in der Wahrnehmung von Entfernungen. Ich bekam einen Anflug von Höhenrausch. Dabei überschätzte ich meine Kräfte, rannte los, nur um wenig später erschöpft niederzusinken. Dann beschloss ich, einfach nur sitzen zu bleiben. Zum Glück nötigte mich mein Weggefährte zum Weitergehen. Solche Fehleinschätzungen der eigenen Lage, hervorgerufen durch den Sauerstoffmangel, haben schon so manchen Bergsteiger in ernste Gefahr gebracht. Obwohl wir den ganzen Tag wanderten, kamen wir dem Ufer nur unwesentlich näher und mussten abends unser Zelt in gehöriger Entfernung aufbauen. Es war so eiskalt in dem winzigen Zelt, dass das Wasser in meiner Flasche gefror. Das kleine Dung-Feuer aus getrockneten Yak-Fladen, das ich zum Kochen entfachte, qualmte mehr als dass es brannte. Deshalb fiel das Abendessen aus und wir mussten uns mit trockenem Tsampa (geröstetem Gerstenmehl) und ein paar Rosinen begnügen. Neugierige Nomaden umlagerten unser Zelt, nahmen jeden Gegenstand in die Hand, befühlten ihn ausgiebig und gaben ihn an den nächsten weiter. Besonders begeistert waren sie von den Bildern in meinem Reiseführer. Um sie besser zu sehen, formten sie mit der Hand ein Fernrohr und betrachteten so die Fotos. Ich lächelte ein bisschen darüber, fand jedoch später beim Selbstversuch heraus, dass es durchaus nützlich ist, ein Bild auf diese Art zu fokussieren, vor allem, wenn man keine Brille besitzt. Ich erwartete, dass sich die Besucher nach einer Weile zurückziehen würden, aber sie machten keinerlei Anstalten zu gehen. Warum auch? Endlich war einmal etwas Abwechslung geboten, und offenbar hatten sie alle Zeit der Welt. Irgendwann mussten wir sie regelrecht aus dem kleinen Zelt hinausschieben. Am See selbst angekommen, nahmen wir uns kaum Zeit. Ein eisiger Wind blies, unsere Vorräte waren aufgebraucht und damals wusste ich auch nichts über die spannenden Stellen und Meditationshöhlen, die es dort in der Umgebung gibt. Auf dem Rückweg nahm uns ein Laster, der Fische geladen hatte, mit. Es waren Chinesen, Tibeter fingen keine Fische im Namtso und würden sie auch nicht essen. Die Fahrt war nicht besonders angenehm zwischen all den toten Fischen auf der Ladefläche, aber es war besser, als zu laufen! Inzwischen gibt es eine ausgebaute Straße und Touristenbusse bieten Tagesausflüge von Lhasa zum Namtso, wo sie schon von bettelnden Nomadenkindern erwartet werden.

Ein paar Tage später kletterte ich zwischen vielen tibetischen Pilgern auf die Ladefläche eines Lastwagens und gelangte so, von den Chinesen unbemerkt, nach Ganden, der ehemals größten buddhistischen Klosteruniversität. Ganden (voller Name: Ganden Nampar Gyelwe Ling Gönpa, dt. Klostergarten vollkommenen, siegreichen Glücks) wurde 1409 u. Z. von Tsongkhapa gegründet; es galt als traditioneller Hauptsitz der Gelug-Schule und der Äbte von Ganden. 1959 lebten dort 7.500 Mönche. Das Einzige, was es jetzt noch dort zu sehen gab, war ein besonders gelungenes Beispiel chinesischer Zerstörungswut. Ich stand zwischen all den Ruinen und blickte mich fassungslos um. Ein Stück weiter sah ich ein paar alte Männer, die offenbar mit Bauarbeiten beschäftigt waren. Inzwischen wurden Teile der Anlage wiederhergestellt und unter strenger chinesischer Kontrolle konnten einige wenige Mönche ihr buddhistisches Studium wieder aufnehmen. Doch viele der kostbaren Statuen, Schriften und viele weitere unersetzliche buddhistische Kulturschätze sind für immer verloren.

Im Jokhang, dem Herzen Lhasas

Besonders angezogen fühlte ich mich auch vom Jokhang, dem wichtigsten Tempel in Lhasa. Er steht inmitten der Altstadt, umgeben von Häusergewirr und kleinen Gassen. Um ihn herum verläuft der sogenannte Barkhor, eine ringförmige Marktstraße, deren eigentliche Bedeutung jedoch ein Pilgerweg ist. Tibeter bewegen sich deshalb immer im Urzeigersinn um den Jokhang herum. Ich schlich mich nachts vor das große Eingangstor, wo sich Tibeter unermüdlich der Länge nach niederwarfen, wieder aufstanden, mit zusammengelegten Händen ihre Stirn, den Hals und die Mitte der Brust berührten und sich wieder verbeugten. Wie ich später lernte, sind diese Verbeugungen eine buddhistische Praxis: Mit Körper, Rede und Geist nimmt man Zuflucht zum Ziel, Buddhas erleuchtetem Geist, zum Weg, Buddhas Lehre und zu den Freunden auf dem Weg, der sogenannten Sangha. In der ganzen Stadt sah man tibetische Pilger, die auf diese Weise mit ihrem Körper den Jokhang umrundeten. Manche kamen von sehr weit her und hatten ihre gesamte Reise auf diese Art zurückgelegt. Sogar auf den stark befahrenen Hauptstraßen bewegten sich die Pilger so vorwärts. Autos mussten warten, bis sie die Straße überquert hatten. Ich spürte den starken Drang, auch diese Verbeugungen zu machen und obwohl ich mir komisch vorkam, probierte ich es nachts heimlich vor den Toren des Jokhang aus. Es fühlte sich gar nicht so exotisch an wie ich befürchtet hatte, sondern eigentlich sehr kraftvoll und das Herz öffnend.

Ich lernte dort einen äußerst eindrucksvollen Bettler kennen. Er hatte keine Beine mehr, aber mit seinen muskulösen Armen rollte er sich auf einem Brett, unter dem kleine Räder angebracht waren, auf dem Pilgerweg, der sogenannten Chora, durch die Altstadt um den Tempel herum. Ich begleitete ihn, und immer, wenn wir an chinesischen Polizisten oder chinesischem Militär vorbeikamen, verfinsterte sich sein Blick. Er bedeutete mir dann in Zeichensprache, dass er sie am liebsten umbringen würde. Dazwischen sang er laut und fröhlich oder murmelte Mantras, Silben, mit denen das Kraftfeld eines Buddhas aktiviert wird.

Als wir die Runde vollendet hatten, ließen wir uns an einer Ecke des Jokhang nieder und tranken eine Flasche Bier miteinander. Ich war tief beeindruckt von seiner Kraft und seinem Lebensmut und nahm mir vor, ihn mir als Beispiel zu nehmen, falls ich mal wieder einen Grund zum Jammern hätte. Am nächsten Tag besuchte ich den Jowo Buddha im Jokhang, eine berühmte Buddha Statue, ein Hochzeitsgeschenk der chinesischen Prinzessin Wen Chen an ihren Mann, den großen König Songsten Gampo im siebten Jahrhundert. Ich stand eingequetscht in einer langen Schlange von Pilgern. Plötzlich kamen Mönche mit Mundschutz und zerrten einen Mann direkt vor mir aus der Reihe. Im Gedränge war ich immer wieder dicht an seinen Rücken geschoben worden. Erst als er sich umdrehte, sah ich, dass er von Lepra entstellt war.

Immer tiefer ins Land hinein

Der bekannte Potala-Palast aus dem 17. Jahrhundert, dessen Ursprünge bis auf den berühmten König Songsten Gampo im Jahre 637 zurückreichen, thronte und leuchtete als Wahrzeichen Lhasas über der ganzen

Stadt. Als äußerst beeindruckendes Gebäude von 13 Stockwerken und 999 Zimmern und als Museum war er natürlich sehenswert, aber innerlich wirkte er auf mich schwer und leblos, wie ein gigantisches Mausoleum, was er zum Teil ja auch ist. In dem Komplex, der auch „Der Rote Palast" genannt wird, befinden sich in den obersten Stockwerken die privaten Räume des Dalai Lama. Neben großen Zeremonien- und Meditationshallen und vielen kleineren Kapellen befinden sich in der Anlage die Grab-Chörten der bisherigen Reinkarnationen des Dalai Lama. Chörten ist das tibetische Wort für Stupa und bedeutet in diesem Fall prachtvolle Monumente, in denen auch die Reliquien und Überreste der Verbrennung der Leichname aufbewahrt werden.

Es wurden acht Dalai Lamas in jeweils eigenen Grabstätten beigesetzt, beginnend mit dem 5. Dalai Lama, dessen Grab das prächtigste ist. Hierfür wurden auf einer Höhe von 17,40 Metern über drei Stockwerke ca. 3.700 Kilogramm Gold verarbeitet.

Dieses riesige Bauwerk theokratischer Macht hatte auch schon auf den 14. Dalai Lama, dessen offizieller Amtssitz es vor seiner Flucht 1959 ins indische Exil war, so bedrückend gewirkt, dass er es vorzog, im Sommerpalast Norbulinka zu residieren, sooft es möglich war. Er beschreibt seine Gefühle und Ängste, die er als Kind dort erlebte, in seiner Biografie.

Ich reise weiter quer durch das ganze Land und auf meinem Weg nach Shigatse kam ich auch nach Sakya, wo das Hauptkloster der Sakya-Schule, einer der vier großen buddhistischen Schulen Tibets, steht oder zumindest das, was die Zerstörungswut der chinesischen Kulturrevolution davon übriggelassen hat.

Leider gab es damals dort nichts zu essen: weder einen Straßen-Imbiss noch ein Nudel-Restaurant. Es gab einen kleinen Laden, der aber außer ein paar Dosen Entenfleisch nichts zu verkaufen hatte. Mit knurrendem Magen legte ich mich dummerweise, weil es windgeschützt war, in einem scheinbar ausgetrockneten Flussbett zum Schlafen nieder. Doch dann kam frühmorgens das Wasser und ich konnte mich gerade noch rechtzeitig aus meinem Schlafsack auf die Böschung retten. Zum Glück hatte ich kein Zelt aufgebaut!

Zu dieser Zeit war ich noch keine Buddhistin. Aber ich fühlte eine Verbindung und starke Anziehung zu einigen der Klöster, die man besuchen konnte und zu bestimmten anderen Orten. Von diesen sollte ich später erfahren, dass es wichtige buddhistische Gebiete sind, wie zum Beispiel das Dorf Tingri und seine Meditationshöhlen, am Fuße des Qomolangma (Mount Everest). Dort hat der indische Mahasiddha Padampa Sangye, ein tantrischer Meister, im späten 11. Jahrhundert gelehrt. Es gibt ein Buch mit seinen berühmten Weisheitslehren: „Hundert Ratschläge an die Leute von Tingri." Mahasiddha ist Sanskrit und bedeutet wörtlich „Großer Verwirklichter".

Tibet hatte mich innerlich stark berührt, aber ich konnte keinen Kontakt zum Buddhismus herstellen und traf auch keine Lehrer. Ich bekam dort vor allem

die Zerstörung, die Willkür und die Gewaltherrschaft
der Chinesen zu sehen.

Die Wolke von Tschernobyl

Mitten in meinem Abenteuer erreichten mich plötzlich beunruhigende Nachrichten. Wir erfuhren es
durch Briefe, Hörensagen und Weitererzählen in unserer kleinen Gemeinschaft von westlichen Reisenden:
In der Ukraine, in Tschernobyl, habe es einen Atomun-
fall gegeben und durch die atomare Wolke sei auch
Europa bedroht. Keiner wusste etwas Genaues, von
offizieller Seite erfuhr man sowieso nichts, das hat sich
bis heute auch nicht geändert.

Ich versuchte tagelang auf dem Postamt von Lhasa
eine telefonische Verbindung nach Hause herzustellen, es gelang mir jedoch nicht. Zu dieser Zeit wusste
niemand, was wirklich an diesem 26. April 1986 passiert war, auch nicht in Europa. Zu uns auf das Dach
der Welt kamen die Nachrichten nur tröpfchenweise;
so blieben wir auf Spekulationen und schlimmste Befürchtungen angewiesen.

Ich beschloss, mich auf den Heimweg zu machen,
was jedoch seine Zeit dauerte: Ich trampte per Anhalter von Lhasa aus durch ganz Tibet nach Kathmandu
in Nepal, immer hinten auf offenen Ladeflächen von
Lastwagen. Offiziell war das natürlich verboten, aber
die tibetischen Fahrer nahmen uns gerne mit, denn

sie verdienten sich damit etwas dazu. Davon abgesehen, dass die LKW sowieso sehr langsam fuhren, gab es unzählige Pannen und ungeplante Verzögerungen. Manchmal brach ein Auto völlig zusammen, sodass ich eine neue Mitfahrgelegenheit suchen musste. Je näher wir Richtung Grenze kamen, desto schwieriger wurde es, einen Lkw zu finden, der erstens noch Platz hatte und zweitens der Fahrer willens war, das Risiko eines illegalen Mitfahrers auf sich zu nehmen.

So kam ich auch nach Gyantse mit dem ganz besonderen Kumbum Chörten, einer siebenstöckigen begehbaren Stupa. Der Kumbum Chörten ist die größte und schönste Stupa Tibets und wurde 1440 in Auftrag gegeben. Er enthält Abbildungen von 100.000 Buddhas. Gyantse war auch als Stadt ein schöner Anblick, da der traditionelle tibetische Baustil noch vorwiegend erhalten war.

Wir passierten die südwestliche Stadt Shigatse, die zweitgrößte Stadt Tibets, bis die Fahrt schließlich an einem riesigen Erdrutsch, der erst kürzlich die Straße und ein halbes Dorf in die Tiefe gerissen hatte, hinter Nyalam an der Grenze zu Nepal endete. Vorsichtig überquerte ich das immer noch lose, tückische Geröll und stieg mehrere Hundert Meter hinab zum Fluss. Zwischendurch gerieten Teile davon erneut in Bewegung und ich verspürte einen Anflug von Panik. Aber meine Füße suchten sich ihren Weg und ich ließ das Geröllfeld rasch hinter mir. Über eine Fußgängerbrücke verließ ich Tibet. Auf der nepalesischen Seite gab es Busse, mit denen ich bis Kathmandu fahren konnte. Meine Reise endete damals in Nepals Hauptstadt, wo gerade Regenzeit herrschte und sich die Straßen und Gassen in fast unpassierbare Schlammpfade verwandelt hatten. Ich war wie betäubt von dem Gewusel, dem Lärm, dem Verkehr, dem Gestank und dem Dreck.

Tausende von Moskitos hockten an der feuchten Wand meines einfachen Zimmers und freuten sich auf die nächtliche Mahlzeit. Nach der grenzenlosen Weite, der Einsamkeit und der kristallklaren Luft auf dem Dach der Welt waren diese Niederungen schwer erträglich. Jetzt sehnte ich mich wirklich nach zuhause.

Fremd in der Heimat

Ich flog mit Pakistan International Airlines, weil sie die Billigsten waren, nach Hause, hatte aber leider noch einen zweitägigen Zwangsaufenthalt in Karachi, Pakistan. Die Atmosphäre in diesem islamischen Land war so anders als in Asien, so unangenehm und einschränkend. Schon im Flugzeug wurden Frauen und Männer in getrennten Hälften sitzend aufgeteilt, was mir allerdings eher recht war. So musste ich nur die Aufdringlichkeit des Stewards ertragen. Als ich das Hotel zu einem Besuch der Stadt verlassen wollte, warnte mich der Portier, ich solle auf keinen Fall alleine in die Stadt gehen. Nachdem ich mich allerdings gerade ein halbes

Jahr alleine durch China und Tibet geschlagen hatte, nahm ich seine Warnung nicht allzu ernst, ich wusste mir schon zu helfen. Der Besuch des Bazars und der Stadt war dann auch nicht gefährlich, aber unangenehm. Ich war jedenfalls froh, wieder im Hotel zu sein und langweilte mich noch ein paar Stunden am Pool, bis es endlich weiter nach Hause, nach Deutschland, ging. Zuhause, im schwäbischen Reutlingen, genoss ich zuerst einmal die Sauberkeit, dass alles funktionierte und das leuchtend grüne Gras. Alles schien wie immer zu sein. Guy, mein Freund berichtete über die Unsicherheiten und Ängste, die Tschernobyl ausgelöst hatten. Er selbst war während des Reaktorunglücks in Polen gewesen, hatte ahnungslos Pilze im Wald gesammelt und sie anschließend bei einem Freund trocknen lassen. Diese Pilze ließ er jetzt auf Radioaktivität untersuchen. Erstaunlicherweise war die radioaktive Strahlung nicht besonders hoch, aber sie waren extrem mit Schwermetall vergiftet. Das kam offenbar von der Gewohnheit der Leute dort, die Pilze im Ofen einer Töpferei zu trocknen! Die Glasuren, die sie verwendeten waren wohl nicht die gesündesten. Ich arbeitete wieder als Erzieherin in der Jugendhilfe der Gustav-Werner-Stiftung. Aber es war irgendwie ernüchternd, wie wenig ich mit meinen damaligen Kumpels teilen konnte. Sie verbrachten wie immer jeden ihrer Abende mit den immer gleichen Ritualen und denselben Gesprächen bei unzähligen Bieren. Das war mir inzwischen viel zu öde und langweilig. Als ich nach meiner monatelangen

Reise voller Eindrücke wieder in unserer Stammkneipe auftauchte, fragten sie mich, wo ich gewesen sei. Als ich Tibet und Indien erwähnte, wollten sie noch wissen, ob es dort „Schee gwesa" (schwäbisch: schön gewesen) sei. Ich bejahte und damit war die Unterhaltung beendet. Auch das Verhältnis zu meinem Freund war belastet. Er verzieh mir nicht, dass ich ihn für meine Reise verlassen hatte. Ich konnte ihm nicht verständlich machen, warum es so wichtig für mich war und was diese innere Unruhe, eine Sehnsucht, die sofort anfing an mir zu ziehen, sobald ich einen Globus oder eine Landkarte erblickte, zu bedeuten hatte. Das Fernweh brannte wie Feuer in meinem Herzen. Sobald ich genug Geld zusammen hatte, zog es mich wieder nach Asien. Unterwegs und im Austausch mit anderen Reisenden fühlte ich mich besser verstanden und mehr daheim als im Schwabenländle.

Eine starke Sehnsucht nach Tibet, man könnte es sogar Heimweh nennen, blieb. Aber ich wollte erst wiederkommen, wenn es frei wäre. Ich wollte keinesfalls die Chinesen mit meinem Geld unterstützen. Doch ich befürchte, auf diesen Tag müssen wir noch lange warten. Es sieht nicht so aus, als würde der große Tiger seine strategisch wichtige Beute freilassen; im Gegenteil, er streckt seine Pranken auch noch nach den anderen kleinen Staaten im Himalaya aus, wie Bhutan, Sikkim, Nagaland usw. Manchmal hatte ich auf den Polizeistationen die Gelegenheit, mir chinesische Weltkarten anzuschauen. Es ist sehr interessant, was da alles als Mut-

terland eingezeichnet ist! Indien, Russland und der Rest
der Welt haben darüber andere Vorstellungen.

Der Ort wo Erde, Stein und Wasser brennen

Als ich im Sommer 1986 aus Tibet nach Kathmandu gekommen war, hatte ich einen Schock erlebt: Die
Stadt war laut, dreckig und überfüllt. Sie gefiel mir
überhaupt nicht. Ich wollte Nepal eine zweite Chance
geben, deshalb reiste ich im Oktober/November 1989
zum Trekking in die Berge. Ich hatte mir im Februar
das Sprunggelenk kompliziert gebrochen, mein linker
Fuß war steif und noch voller Schrauben und Metall-
platten. Der Arzt meinte lapidar, dass ich wohl nie wieder so laufen könne wie vorher. Das konnte ich so nicht
hinnehmen und ich nahm mir vor, eine eigene Spezial-
therapie durchzuführen.

Ich flog also nach Kathmandu, wo es die hartnäcki-
gen Taxifahrer wieder einmal schafften, mich gegen
meinen Willen in irgendeinem „Guesthouse" eines
Verwandten unterzubringen. Naja, für eine Nacht war
es egal, die Lodges meiner Budgetklasse ähnelten sich
sowieso. Oft waren die netten Hotels vom letzten Mal
schon heruntergewirtschaftet und es war besser, in ein
neueröffnetes zu gehen, wo sich alle noch Mühe gaben,
es den Gästen recht zu machen. Es ist schade, wie wenig Verständnis von dauerhafter Qualität im Bewusst-

sein der Leute vorhanden ist. Am Anfang möchten sie ihre Kunden durch gute Leistung oder hochwertige Waren überzeugen, aber anstatt gerade Stammkunden zuverlässig weiterhin gut zu bedienen, scheint es ein Zeichen von „schlauem" Geschäftssinn zu sein, seine Kunden übers Ohr zu hauen. Beim Obstkaufen zum Beispiel: Zuerst mischen sie dir nur ein paar alte, gammelige Früchte unter die Bestellung, dann stimmt das Gewicht nicht und schließlich wird man so schamlos betrogen, dass man den Händler wechseln muss, womit das gleiche Spiel von vorne beginnt.

Am Tag nach meiner Ankunft holperte ich mit dem Bus 200 Kilometer weiter westlich nach Pokhara und von dort aus begab ich mich auf den Annapurna-Treck. Das Wandern im Himalaya ist berauschend schön! Alle Sinne werden auf das Beste stimuliert: mit dem Anblick von schneebedeckten Achttausendern, mein Lieblingsberg ist der Dhaulagiri, der oft mit einer kleinen Wolkenfahne winkt; mit beeindruckenden Erosionsformen im tiefsten Flusstal der Welt, dem Kali Gandaki Tal; mit dem Geruch von würzigen Wacholderfeuern; mit dem Glöckchengeklingel der Pferdekarawanen; mit dem Singen der Frauen bei der Arbeit auf dem Feld oder dem fröhlichen „Namaste Didi" (Hallo Schwester) bei jeder Begegnung; mit dem Geschmack von Dal Bhat, dem täglichen Linsen-Reisgericht und schließlich mit dem herrlichen Gefühl der wohlverdienten Erschöpfung, wenn man jeden Tag zehn Stunden mit seinem Rucksack Berge rauf- und runterläuft.

Das Besondere ist diese Mischung aus großartiger Natur und uralter Kulturlandschaft: Man begegnet überall eingemeißelten Mantras, den in Stein gehauenen Silben, die die Essenz der Buddha-Formen ausdrücken sowie auf Felswände gemalten Buddhas, Gebetsfahnen und anderen Zeugnissen gelebter buddhistischer und teilweise auch schamanischer Kultur. Damals basierte das Verhältnis der Einheimischen zu den Touristen noch auf Vertrauen. Wenn man abends in einer Lodge eintraf, bekam man einen Zettel, auf dem man selbst notierte, was man getrunken und gegessen hatte. Bei der Abreise rechnete man selber alles zusammen, bezahlte und zog weiter.

In Jomson, das ist die „Hauptstadt" auf dem Annapurna-Treck, bekam ich ein Heiratsangebot eines nepalesischen Hotelbesitzers. Seine Frau unterstützte diese Idee sehr. Sie meinte, dass wir uns die Arbeit teilen könnten: Sie würde kochen und ich könnte mich um die ausländischen Touristen kümmern. Obwohl es durchaus verlockend klang, verschob ich die Hochzeit erst einmal und wanderte mit meinem brasilianischen Reisefreund, den ich unterwegs kennengelernt hatte weiter. Er war die eisige, glasklare Bergluft nicht gewöhnt, gegen seine kalten Füße streute er sich Chilipulver in die Socken, das half. Wir wollten weiter nach Mustang und wanderten zunächst durch das atemberaubende Kali Gandaki Flusstal mit seinen in vielerlei Farben leuchtenden, von Wind und Wetter geformten Felsendomen bis nach Kagbeni, ein Dorf wie ich es aus

Tibet kannte. Hier oben im Grenzgebiet scheint die tibetisch-buddhistische Kultur noch erhalten, aber wenn man genauer hinsieht, zerfallen die Tempel und alten heiligen Stellen, weil niemand sie erhält. Ein langer, kräfteraubender Anstieg führte uns schließlich auf 3.790 Meter Höhe hinauf zu einem der ältesten heiligen Orte des Himalayas, nach Muktinath, wo eine Erdgasflamme einer Quelle entspringt und somit als die Stelle bekannt geworden ist, wo „Erde, Stein und Wasser brennen". Wie viele heilige Plätze in Nepal, wird der Ort sowohl von Hindus als auch von Buddhisten verehrt. Die Hindus hatten einen schreiend bunten Tempel hingestellt und würdigten so 108 Quellen, die einer Wand entspringen, während die Buddhisten einen einfachen Schrein um die brennende Quelle errichtet hatten.

Wir kehrten um und begaben uns auf den Heimweg Richtung Pokhara. Das Kali Gandaki Tal ist eine uralte Handelsroute, es gibt Funde aus der Eisenzeit und seit Jahrhunderten waren die in senkrechte Schluchten gehauenen Bergpfade eine wichtige Verbindung, um Salz und Reis zwischen Indien und Tibet zu transportieren.

Einmal kamen wir an eine wirklich alptraumhafte Hängebrücke: Hundert Meter hoch über einem reißenden Fluss, eine Ewigkeit lang, schwankend und vollkommen löchrig. Im Prinzip bestand sie aus faserigen Seilen, ein paar uralten, morschen Holzbrettern und Löchern. Die größten Löcher waren notdürftig mit ein paar Steinen abgedeckt. Mir wurde schon bei der bloßen Vorstellung ihrer Überquerung schlecht. Während ich noch davor saß und meine Karte studierte, um heraus zu finden, ob es vielleicht doch irgendeinen anderen Weg gab, bemerkte ich eine Kuh auf der gegenüberliegenden Seite, die tatsächlich über die Brücke wollte! Ich beobachtete sie, bis sie sicher auf meiner Seite ankam. Jetzt konnte ich mich natürlich nicht mehr drücken. Wenn eine Kuh das schafft, kann ich es auch.

Wir wanderten in einer losen Gemeinschaft mit anderen Rucksacktouristen, abends traf man sich meist in den gleichen Hütten. Damals waren viele junge Israelis unterwegs. Ich mochte sie, sie waren laut und fröhlich und hielten wie Pech und Schwefel zusammen. In den Lodges waren sie wegen ihrer harten Art, auch noch um die letzte Rupie zu feilschen, weniger beliebt und man nahm sie ungern als Gäste auf.

Durch den Splitterbruch meines Sprunggelenkes hatte ich mir eine Schonhaltung angewöhnt und mich auch oft unsicher gefühlt. Doch nach dieser herrlichen Rosskur wochenlang durch den Himalaya, mit dem ständigen Auf und Ab durch sehr unebenes Gelände, über Geröll und der täglichen Belastung schöpfte ich wieder Vertrauen in meine Beine und flog schließlich „erfolgreich therapiert" nach Hause.

Auf dem Rückflug, es war der 10. November 1989, hörte ich von dem unglaublichen Mauerfall in Berlin. Deutschland war wiedervereint! Diese deutsch-deutsche Grenze gehörte zum Unangenehmsten und

Bedrückendsten, was man in Europa erleben konnte. Auf meinen häufigen Reisen ins damals noch kommunistische Polen (über den Jazzclub „Armer Konrad" in Weinstadt hatten wir eine Städtepartnerschaft aufgebaut), verbrachte ich viele zähe Stunden an diesem mit Stacheldraht bewehrten Todesstreifen, in denen wir der Willkür der Zollbeamten ausgesetzt waren. Wir waren jedes Mal froh, entweder wieder im Westen oder in Polen zu sein. Polen war zwar auch kommunistisch, aber lange nicht so unerbittlich wie die DDR. Die Polen hatten ihren hintersinnigen Humor behalten und kannten viele Schleichwege an der Bürokratie vorbei. An der polnischen Grenze kam man gut weiter, wenn man Zigaretten und Alkohol dabei hatte: kleine Aufmerksamkeiten für die Zöllner. Einmal hatten wir in Polen ein paar Hefte des berühmten politischen Karikaturisten Andrzej Mleczko gekauft. Bei der Ausreise wurden sie von einem DDR-Zöllner entdeckt und als „pornografisches" Material konfisziert! Ich hoffe, sie waren für ihn und seine Kollegen interessant und haben seinen Horizont erweitert.

DIE BEGEGNUNG

Vertraue dir selbst.
Gehe über deine Grenzen hinaus und
genieße die Freiheit des Raumes..

Lama Ole Nydahl

DIE BEGEGNUNG

Begegnung mit dem großen Meister

Der Himalaya faszinierte mich und ließ mich nicht los. Bereits im Frühling 1990 kehrte ich nach Nepal zurück. Diesmal wollte ich durch die blühenden Rhododendronwälder und von Touristen weniger frequentierten Berge der Helambu Region trekken. Hier ereigneten sich die einschneidenden Begegnungen mit dem buddhistischen Einsiedler Karma und Dilgo Khyentse Rinpoche, dem tantrischen Meister im Kloster in Boudha, die ich zu Beginn des Buches bereits beschrieben habe.

Dilgo Khyentse Rinpoche wurde 1910 in Derge, in Kham, Osttibet, geboren und starb am 28. September 1991 in Bhutan. Er war der Linienhalter der Nyingma-Schule und einer der letzten Giganten im Geiste. Er hatte seine gesamte Ausbildung noch im alten Tibet erhalten, hatte jahrelange Zurückziehungen in der Wildnis auf sich genommen und durch Meditation sein umfassendes philosophisches Wissen vertieft. 1959 musste auch er vor der Invasion der Chinesen in Tibet fliehen und ließ sich in Bhutan nieder, wo er zu einem wichtigen Lehrer des Königshauses wurde.

Aber er reiste auch in andere asiatische und westliche Länder und sorgte mit seiner unermüdlichen Aktivität dafür, dass Belehrungen für zukünftige Generationen erhalten blieben. In Tibet wurden in den frühen sechziger Jahren während der Kulturrevolution unzählige Wissenshalter ermordet, sie starben in den Gefängnissen oder vor Erschöpfung nach Zwangsarbeit und dadurch brachen natürlich auch die Übertragungslinien ab. Ende Februar 1990 befand er sich nun in seinem Kloster in Boudha, ganz nah bei der riesigen Stupa, um die Feierlichkeiten zu leiten, die jedes Jahr zum tibetischen Neujahr, Losar genannt, stattfinden. Dazu gehören Rituale, Musik und Tänze, um negative Einflüsse zu vertreiben, aber auch Einweihungen und tagelange Meditationen, um die Kraftfelder der Buddhas aufzubauen. Bei einer Ermächtigung bereitet ein qualifizierter Lehrer durch seine eigene Vertiefung ein Mandala, in dem es den Anwesenden ermöglicht wird, eine Erfahrung der erleuchteten Qualitäten des Buddhas zu erleben. Dabei verwendet der Meister auch Symbole, Gegenstände und Substanzen, mit denen die Schüler berührt werden oder die sie zu sich nehmen.

Auf dem Rückweg von meiner Trekkingtour ins Helambu-Gebirge streifte ich durch die engen Gassen und zwischen den zahlreichen Häusern umher, die sich um die mächtige Stupa herum angesammelt hatten. Dazwischen befanden sich auch immer wieder Klöster, denn viele der tibetischen Rinpoche hatten sich hier im Exil eine neue Existenz aufgebaut. Der Titel „Rinpoche" kommt aus dem Tibetischen, bedeutet wörtlich „Kostbarer" und wird als ehrenvolle Anrede hoher Lehrer verwendet.

Aus einer Klosterhalle drangen seltsame, langgezogene Töne, immer wieder von Paukenschlägen und schrillen trompetenähnlichen Lauten unterbrochen nach draußen, zu mir auf die Straße. Angezogen von diesen geheimnisvollen Klängen, die tief in mir eine Resonanz auslösten, schlüpfte ich durch einen Spalt der nur angelehnten schweren Holztür ins Innere.

Ich war mitten in einer Einweihung gelandet, die einer der größten, damals noch lebenden Meditationsmeister, seinen Schülern übertrug. Die Atmosphäre in dem halbdunklen, von Lampen, die mit Butter gespeist wurden und einigen wenigen Glühbirnen erhellten Raum war so vollkommen anders als alles, was ich bisher erfahren hatte. Dicht gedrängt saßen rot gewandete Mönche, aber auch „normale" Tibeter, darunter festlich gekleidete Frauen mit üppigem Türkisschmuck, Khampas mit roten Bändern im schwarzen langen Haar, ein paar rotznasige Kinder und dazwischen einige Westler entspannt und dennoch sehr präsent auf dem Boden. Der Geruch war umwerfend, eine Mischung aus Räucherwerk, Butterlampen, Tee und Käsefüßen, denn alle hatten ihre Schuhe ausgezogen, die wild verstreut vor dem Eingang lagen. Alle Aufmerksamkeit richtete sich nach vorn, wo ein Riese mit langem weißem Haar und einem Fell über der Schulter auf einem Thron saß. Vor ihm stand ein reich geschmückter Altar mit verschiedenen Gefäßen, Vasen, Opferschalen, verzierte Skulpturen aus Butter und Mehl, sogenannte Tormas, Blumen und allerlei Gegenstände, deren Namen und Bedeutung ich nicht kannte. Immer wieder las Dilgo Khyentse Rinpoche aus seinen tibetischen Texten etwas vor, gefolgt von längeren Perioden der stillen Meditation oder einem Klangteppich aus Mantras, in deren Rezitation alle einstimmten. Dabei legte sich etwas wie ein Mantel über uns, warm und liebevoll. Ich fühlte mich vollkommen geborgen.

Die endlosen Töne der Muschelhörner, der schwere, tiefe Klang der riesigen Trommeln und das ohrenzerreißende Tröten der Posaunen, die mich hereingelockt hatten, ließen meinen ganzen Körper erzittern und unwillkürlich stiegen mir Tränen in die Augen. Obwohl ich einer mir intellektuell unverständlichen Zeremonie beiwohnte, jubelte doch mein Herz und ich fühlte mich vollkommen zuhause. Ich wollte nie wieder von hier weggehen. Irgendwann war die Einweihung zu Ende, der letzte Segen erteilt und die Menschen zerstreuten sich. Also ging auch ich in mein einfaches Hotel irgendwo in Thamel, aber ich würde auf jeden Fall am nächsten Morgen wiederkommen.

Belehrungen in Philosophie

Am nächsten Tag fuhr ich gleich in der Frühe nach Boudha, aber im Kloster war nichts los. Ich ging in ein nahe gelegenes Café und lernte dort einen netten Italiener namens Paolo kennen, ein westlicher Schüler von Dilgo Khyentse Rinpoche, der mir weiterhalf. Er gab mir den Rat, Chökyi Nyima Rinpoche aufzusuchen, einen Sohn des berühmten Urgyen Tulku. Er sprach Englisch und könnte mir sicher Belehrungen geben. Ich vereinbarte also eine Audienz bei Chökyi Nyima Rinpoche und wurde von ihm in seinem privaten Zimmer empfangen. Er bot mir Tee und Kekse an und kam gleich zur Sache: „What is Buddhism? It is very easy: Don't worry, relax, be happy. This is Buddhism." Er fragte mich also, was Buddhismus sei und beantwortete seine Frage gleich selbst: „Es ist ganz einfach: sorge dich nicht, entspanne und sei glücklich. Das ist Buddhismus."

Damit war ich fürs Erste entlassen. Natürlich kam ich am nächsten Tag wieder und wartete ungeduldig, bis er mit seinen Verpflichtungen fertig war. Es war um das tibetische Neujahr herum und täglich wurden viele Zeremonien und Feierlichkeiten abgehalten, bei denen er den Vorsitz hatte. Schließlich nahm er sich wieder Zeit für mich. Diesmal fragte er mich, wo mein Gesicht sei: „Where is your face?" Verblüfft schaute ich ihn an und deutete auf mein Gesicht. Er forderte mich auf, mein Gesicht zu berühren. „Touch your face". Ich berührte meine Wange, aber er schüttelte den Kopf und meinte: „Das ist nicht dein Gesicht, es ist deine Wange." Originalton Rinpoche: „This is not your face, it' s your cheek." Daraufhin bedeckte ich mit meiner ganzen Hand mein Gesicht. Rinpoche war nicht zufrieden: „Nein, nein, das ist deine Nase, dein Mund, deine Stirn, aber wo ist dein Gesicht?" Originalton Rinpoche: „No, no, this is your nose, your mouth, your forehead, but where is your face?" Ich muss wohl ziemlich ratlos ausgesehen haben, denn alle anderen Anwesenden schmunzelten und schauten irgendwie wissend, aber keiner erklärte mir irgendetwas. Ich konnte ja nicht ahnen, dass ich soeben von Rinpoche praktische Philosophiebelehrungen bekam. Mit diesen wollte er mir am eigenen Leib verdeutlichen, dass wir zwar Begriffe verwenden, um unsere Erfahrungswelt zu benennen, die Erfahrungen selbst sind jedoch keine knallharte „Realität" und letztendlich nicht vorhanden. Abschließend meinte er, ich solle wiederkommen, wenn ich ihm sagen könne, wo mein Gesicht sei.

In dieser Nacht zermarterte ich mir mein Gehirn, konnte aber keine zufriedenstellende Antwort finden. Nichtsdestotrotz marschierte ich am nächsten Tag wieder zum Kloster. Rinpoche sprach über Lehrer: „Es gibt viele Lehrer. Diejenigen, die du persönlich treffen kannst, Bücher können Lehrer sein und das Leben selbst." Im Original klang es so: „There are many teachers. The ones you can meet personally, books can be teachers and life itself." Zum Abschied schenkte er mir eines seiner Bücher, versah es mit einer Widmung und meinte ich könnte dort alles finden, was ich wissen müsse. Ich starrte auf das Buch, blätterte darin und ich wusste, dass es ein kostbarer Schatz ist. Aber ich verstand kein Wort! Auch das Englisch, in dem es verfasst war, war mir völlig unverständlich. Der Titel lautete „The Union of Mahamudra and Dzogchen". Es sollte noch ein paar Jahre dauern, bis ich anfing, mich durch den Text zu arbeiten und ihn wenigstens ansatzweise zu verstehen.

Meine Zuflucht

Kaum zuhause im schwäbischen Reutlingen angekommen, versuchte ich Kontakt zu einer buddhistischen Gruppe zu bekommen.

Ich hatte jetzt eine Verbindung, aber keine Mittel oder Erklärungen, wie ich weitermachen könnte. Aber das Haus einer buddhistischen Gruppe, das ich schließlich in Neckartenzlingen ausfindig machte, war wohl gerade eben verlassen worden: Die Gruppe hatte sich aufgelöst. Ich schlich durch den Garten um das Haus herum, spähte in die leeren Räume, doch nur noch ein paar tibetische Gebetsfähnchen gaben einen Hinweis darauf, dass dies einmal ein buddhistisches Zentrum war.

Internet- und Google-Suchmaschinen gab es noch nicht, auch im Telefonbuch war nichts zu finden. Das hieß, man musste abwarten, bis aufgrund der eigenen inneren Prozesse eine Verbindung oder Spiegelung im Außen, im eigenen Leben passierte.

Kurz danach, es war der 10. Mai 1990, war ich mit einem Freund, Klaus, zum Tanzen verabredet. Doch als wir uns trafen, meinte er, er würde lieber zu einem buddhistischen Vortrag gehen. Ein dänischer Lama namens Ole Nydahl sei in der Stadtbibliothek. Na ja, warum nicht? Schon als ich den Raum in der Stadtbibliothek betrat spürte ich, dass etwas Besonderes in der Luft lag. Offensichtlich kannten sich die Anwesenden und waren befreundet. Als der Lama dann mit ziemlicher Verspätung eintraf und seinen Vortrag auf Deutsch über das Wesen des Geistes hielt, in dem er eine schlüssige Erklärung über Zusammenhänge gab, darüber, wie die Dinge sind, war ich völlig überzeugt. Ich war so froh, dass es offenbar eine stimmige Philosophie und einen theoretischen Unterbau für das gab, was ich selber schon lange dachte und glaubte. Nur hatte ich bis zu diesem Moment niemals ein passendes System dafür gefunden. Die esoterischen Mittel und Methoden, die ich vorher kennengelernt und ausprobiert hatte, waren immer nur Stückwerk und damit auf einer rein praktischen Ebene sehr begrenzt wirksam gewesen. Der Vortrag war gegen ein Uhr nachts zu Ende. Jemand bot an, noch gemeinsam ins Buddhistische Zentrum zu gehen, wo man auch Zuflucht nehmen könne. Zuflucht ist ein buddhistisches Ritual, um der Gemeinschaft beizutreten. Für mich gab es keinen Zweifel, dass ich das wollte. Mein Freund Klaus hatte erst einmal genug. Ich fuhr also mit einigen anderen Leuten ins Buddhistische Zentrum Reutlingen, das sich damals im Wohnzimmer einer jungen Familie im 10. Stock eines Hochhauses befand. Um Zuflucht zu nehmen, knieten wir uns damals noch in der Bodhi-sattva-Position (rechtes Knie oben, linkes am Boden) vor Lama Ole auf den Boden. Wir wiederholten einige Sätze auf Tibetisch und dann schnitt uns Lama Oles wunderschöne Frau Hannah ein paar Haare ab, wir bekamen eine Karte mit einem tibetischen Namen und ein Segensband. Ich weiß nicht mehr, ob Lama Ole uns irgendetwas dazu erklärte, heute macht er das immer recht ausführlich, aber das war mir auch egal. Ich wusste innerlich, dass ich hundertprozentig das Richtige und etwas außerordentlich Bedeutsames tat!

Ich war jetzt ein Mitglied der ehrwürdigen Karma Kagyü Linie, einer seit ca. 1000 Jahren bestehenden Meditationsschule des tibetischen Buddhismus mit dem Karmapa als Oberhaupt. Die Karma Kagyü Linie gehört zu den sogenannten drei alten Linien, zusammen mit Nyingma und Sakya, während die Anhänger des Dalai Lama als Gelugpas (die reformierte Schule oder die Tugendhaften) bezeichnet werden.

Der 16. Karmapa Rangjung Rigpe Dorje (1924-1981) war 1959 nach der chinesischen Invasion aus Tibet geflohen und lebte später im indischen Exil in Sikkim und in Nepal. Dort trafen ihn in den 1960er Jahren Hannah und Ole Nydahl, als sie auf der Suche nach geistigen Freiräumen lange Reisen in Asien unternahmen. Sie wurden seine Schüler und erhielten den Auftrag, die Lehre Buddhas in den Westen zu bringen. Lama Ole beschreibt diese Jahre in seinem Buch „Die Buddhas vom Dach der Welt". Seitdem reist er unermüdlich um die Welt und erfüllt so die Wünsche seines Lehrers. Als ich nachts um halb drei nach Hause fahren wollte, rief mir Gunnar, der Bewohner dieser „buddhistischen" Wohnung, noch hinterher, ich könne gerne wiederkommen. Dann würde er mir erklären, was eben passiert sei.

Schon am nächsten Tag klingelte ich wieder bei ihm, seiner jungen Frau Sibylle und ihren drei kleinen Kindern. Es erwies sich als außerordentlich wichtig, jemanden zu haben, der einer Anfängerin zeigen konnte, wie man meditiert. In der buddhistischen Zuflucht wird die Gemeinschaft der Praktizierenden „Sangha" genannt. Zuerst nimmt man Zuflucht zur Erleuchtung als Ziel, das man erreichen möchte. Dann nimmt man Zuflucht zum Weg, den Belehrungen und Methoden. Als Drittes nimmt man Zuflucht zur Sangha, denn alleine würde man den Weg kaum gehen oder durchhalten. Ich lernte damals sehr nette Menschen kennen, die bis heute zu meinen guten Freunden zählen: zum Beispiel der begnadete Musiker, Komponist und Grafikdesigner Stephan.

Ich besuchte das Zentrum in Reutlingen weiterhin regelmäßig und nahm an den wöchentlichen „Meditationen auf den 16. Karmapa" teil. Das ist die weltweit am häufigsten verwendete Übung in allen Diamantwegs-Zentren, die Lama Ole Nydahl gegründet hat. Der Diamantweg wird auf Sanskrit „Vajrayana" und auf Tibetisch „Dorje theg pa" genannt und ist eine praxisorientierte Schule des tibetischen Buddhismus.

Man verwendet dabei die Identifikation mit den Qualitäten der Buddhas, meditiert auf ihre Formen und verwendet ihre Schwingungen, die sogenannten Mantras.

Der Diamantweg steht in der Tradition einer mündlichen Übertragung, die seit zweieinhalb Jahrtausenden, seit der Zeit des historischen Buddhas, jeweils von Lehrer zu Schüler weitergegeben wurde. Deshalb war es damals üblich, dass ein erfahrenes Mitglied die gemeinsame Meditation auswendig vortrug. Je nach Inspiration schmückte der Vortragende die Beispiele aus oder gab spontane Erläuterungen. Besonders beliebt war das klassische Beispiel einer blinden Schildkröte, die im unendlichen Ozean schwimmt. Alle hundert Jahre taucht sie einmal auf. Die Chance, dass sie dabei mit ihrem Kopf durch ein umhertreibendes hölzernes Joch stößt, ist genauso gering wie die Chance, heute einen kostbaren Menschenkörper zu besitzen und Buddhas Belehrungen praktizieren zu können.

Ich wollte noch tiefer in die Arbeit mit meinem Geist einsteigen und deshalb mit den sogenannten Grundübungen beginnen. Die Grundübungen (tib: Chag Chen Ngöndro) bestehen aus vier vorbereitenden Übungen, die jeweils 111.111 Mal wiederholt werden. Diese Meditationen bereiten uns auf die Erkenntnis des Großen Siegels, auch Chag Chen oder Mahamudra genannt, vor. Mahamudra ist Grundlage, Weg und Ziel einer weiterführenden Erleuchtungspraxis und eine befreiende Sichtweise. Die Grundübungen selbst sind schon eine sehr umfangreiche Praxis, die durchaus einige Jahre in Anspruch nehmen können. Durch die hunderttausend Wiederholungen jeder Übung werden nicht nur alte, unter Umständen leidverursachende Muster in unserem Bewusstsein erkannt, sondern neue glückbringende Gewohnheiten geschaffen. Das geht weit über ein rein intellektuelles Verständnis hinaus.

Grundübungen in Graz

Im Sommer 1990 fuhr ich deshalb mit meinen neuen Freunden Gunnar, Sybille, Stefan und Armin nach Graz, um an einem Grundübungs-Kurs, auch „Ngöndro"-Kurs genannt, mit Lama Ole teilzunehmen. Ähnlich wie bei der Zufluchtnahme erlebte ich auch hier bei den Meditationen starkes Vertrauen und regelrechte Rückkopplungseffekte. Bilder aus meinem Speicherbewusstsein tauchten auf, Erinnerungen an frühere Leben und intensive Träume.

Zu Lama Ole hatte ich einerseits tiefes Vertrauen, andererseits störte mich einiges. Ich ließ mich auf eine Interview-Liste setzen, denn ich wollte Lama Ole meine Zweifel wissen lassen. Er antwortete vollkommen ehrlich und direkt. Ich war zwar immer noch nicht mit ihm einig, konnte es aber so stehen lassen. Mein Vertrauen, das ich in seine Belehrungen setzte war keineswegs beeinträchtigt, es war eher sein Lebensstil, mit dem ich meine Schwierigkeiten hatte. Am Ende des Kurses gingen alle zusammen mit Lama Ole ins Kino, um einen Schwarzenegger-Film zu sehen. Damals fand ich Actionfilme blöd, deshalb blieb ich zusammen mit einer jungen Mutter und ihrem Kleinkind als Einzige zurück. Ich war zwar einsam, aber ich hatte feste Grundsätze, man könnte auch sagen: starre Konzepte!

Mein Freund Guy, mit dem ich immerhin fünf Jahre zusammengelebt hatte, stand meiner neuen Entwicklung äußerst skeptisch gegenüber. Erst die ständigen Asienreisen und jetzt noch die Kurse und neuen Freunde... Er konnte und wollte mir nicht folgen und so kam es zur Trennung. Ich zog nach Frankfurt und erlebte dort einen fantastischen Sommer gemeinsam mit der Crew des Buddhistischen Zentrums, es war alles sehr freudvoll und irgendwie magisch. Zusammen mit den Frankfurter Freunden Roland, Daniel, Familie Reimer und der flotten Sängerin Stefanie, mit denen ich mich schon wochenlang auf die Meditation des Bewussten Sterbens vorbereitet hatte, flog ich an Pfingsten 1991 nach Südspanien, um an einem sogenannten Phowakurs teilzunehmen. Bei dieser Meditation lernt man, das eigene Bewusstsein im Moment des Todes in einen reinen Buddha Bereich, in das Land der großen Freude, zu schicken.

Das Bewusste Sterben üben

Im Flugzeug besorgte ich mir sicherheitshalber noch eine Stange Zigaretten. Ich wusste ja nicht, ob es an diesem abgelegenen Ort, ein paar alte Häuser auf einem Hügel mit dem buddhistischen Namen Karma Gön in der Nähe von Málaga, welche gab.

Der Kurs war sehr intensiv. Jeden Tag drei lange Sitzungen mit jeweils drei bis vier Stunden Praxis. Nach ein paar Tagen tat mir und den anderen wohl ebenso, alles weh: der Rücken, die Beine, der Hintern und der Kopf. Lama Ole, der die Meditationen leitete, lachte und meinte, wir bezahlten nur für die Kopfschmerzen, der Rest sei umsonst. Aber ich bemerkte noch etwas Erstaunliches: durch die Meditation baute sich in mir ein Kraftfeld auf, das sofort zusammenfiel, sobald ich eine Zigarette rauchte. Ich konnte es körperlich wahrnehmen. Obwohl ich seit über 12 Jahren aktive Raucherin war, wollte ich doch nicht so dumm sein und die hart „ersessenen" Resultate einfach in die Luft blasen. Ich beschloss also mit dem Rauchen solange aufzuhören, bis ich wirklich wieder Lust dazu hätte. Doch dieser Tag kam nie wieder. Ich legte das Rauchen mühelos für immer ab. Ich denke, so ist es mit allen dummen, ungesunden oder unangenehmen Angewohnheiten: Wenn man eine echte Einsicht dazu gewinnt, kann man alles ändern. Nur mit Druck alleine funktioniert es nicht. Dazu ist unser Ego normalerweise zu stark. Durch die Meditationen des Diamantwegs üben wir positive Gewohnheiten ein, die ganzheitlich auf Körper, Rede und Geist wirken. Das Gefühl, der Körper zu *sein,* verändert sich zu einer Bewusstheit *das* zu sein, was gerade jetzt durch unsere Augen schaut und durch unsere Ohren hört. Wir *sind* nicht mehr der Körper und dadurch die Zielscheibe für Alter, Krankheit und Tod, sondern wir *haben* ihn, um ihn als ein kostbares Werkzeug zum Nutzen und Schutz für andere auf unserem Weg zur Erleuchtung einzusetzen.

In Karma Gön begegnete ich auch zum ersten Mal Lopön Tsechu Rinpoche. Er wurde 1918 bei Punakha in Bhutan geboren und starb am 10. Juni 2003 in Bangkok. Die Namen der großen Lehrer sind oft Ehrentitel und weisen auf ihre Ausbildung oder Meditationspraxis hin. Es sind niemals ihre Geburtsnamen, so wie wir das in unseren Gesellschaften kennen. In Tibet wird ein Kind oft zuerst nach dem Wochentag benannt, an dem es geboren wurde, zum Beispiel Nima oder Dawa (Sonntag, Montag). Später erhält es weitere Namen, die meistens mit seiner spirituellen Ausbildung zusammenhängen. Lopön bedeutet Lehrer, wobei hier ein Lehrer, der alle Zweige der buddhistischen Lehre gemeistert hat, gemeint ist. Tsechu bezeichnet den 10. Tag nach Neumond des tibetischen Mondmonats. Dieser Tag ist dem tantrischen Meister Guru Rinpoche geweiht. Rinpoche, wörtlich Kostbarer, ist ein Ehrentitel. Er war der erste Lehrer von Hannah und Ole, dem sie auf ihrer Hochzeitsreise nach Nepal begegneten. Lama Ole beschreibt diese Begegnung in seinem Buch „Die Buddhas vom Dach der Welt". Lopön Tsechu Rinpoche war ein großer Meditationsmeister, der von seinem Onkel Sherab Dorje in Bhutan ausgebildet wurde, später jedoch über Jahrzehnte äußerst umfangreich in Nepal tätig war. Er unterstützte mittellose Flüchtlinge aus Tibet und verhalf hohen Lehrern, die aus Tibet geflohen waren, zu neuen Klöstern im Kathmandu-Tal. Durch seine guten Beziehungen zum Königshaus konnte er den Buddhismus im überwiegend hinduistischen Nepal schützen und unterstützen. Seine Anwesenheit war wie die Sonne, die auf alle Wesen mit gleicher Liebe und Kraft scheint.

Die Henkersmahlzeit

Als ich wieder in Frankfurt war, stellte ich fest, dass ich mir einen siebenjährigen Sparvertrag ausbezahlen lassen konnte. Fernweh war bei mir eine Dauerkrankheit, deshalb beschloss ich das Geld in eine Pilgerreise nach Indien zu investieren. Ich lud alle meine Freunde und meine Familie zu einer großen Abschiedsfeier ein. Ich wollte für längere Zeit wegbleiben, zudem waren Reiseroute und Ziele nur sehr vage geplant: Ich dachte daran, vorwiegend allein im Himalaya zu wandern.

Es war mir sehr wichtig, mich von allen ordentlich zu verabschieden. Doch dann geschah etwas Schockierendes: *Keiner* meiner guten Freunde und niemand aus meiner Familie kam zu meinem Abschiedsfest! Alle riefen an, bedauerten es und jeder hatte einen triftigen Grund, nicht zu kommen, und so war ich an diesem Abend alleine.

Das war für mich eine echte Belehrung und eine Chance mit meinen Erwartungen („Sicher kommen alle zu meinem Abschiedsfest."), Hoffnungen („Wird die Reise gut, was werde ich alles erleben?") und Befürchtungen („Schaffe ich das alles ganz alleine?") zu arbeiten. Die Pilgerreise ins Innere meines Geistes hatte damit schon begonnen. Ich öffnete meinen wichtigsten Schatz, einen tibetischen Text aus dem 16. Jahrhundert, verfasst vom 9. Karmapa, dem König der Yogis. Es waren Belehrungen zur Zuflucht und zur Entwicklung des Erleuchtungsgeistes, der erste Teil der Grundübungen. Darin steht ein Satz, mit dem ich sowohl in dieser Nacht als auch in den folgenden Monaten auf meiner Reise immer wieder arbeitete. Es geht darum, die Unvollkommenheit des Daseinskreislaufs zu verstehen. In etwas altmodischer und kantiger Ausdrucksweise heißt es: „Orte, Freunde, Freuden und Besitz im Daseinskreislauf sind wie die Henkersmahlzeit auf dem Weg zur Hinrichtungsstätte. [...] Daher schneide ich das Anhaften ab und werde mich mit freudvoller Anstrengung dem Erreichen der Erleuchtung widmen."

Ich hing nicht besonders an Orten und konnte ohne Probleme meine Koffer packen und umziehen. Auch Besitz war mir nicht wichtig, im Gegenteil: Je weniger ich besaß, desto besser fühlte ich mich. Meine Philosophie damals war, dass meine ganze Habe in ein Auto passen musste. Aber Freunde waren mir wichtig. Ich beobachtete meinen Geist, inwiefern ich meine Entscheidungen von anderen abhängig machte: wo ich hinging, was ich tat, etc. Ich wollte unabhängig sein, meinem Weg folgen und nicht an Freunden „anhaften".

Auch in den Monaten der Reise war dies ein wichtiger Punkt, den ich immer wieder reflektierte. Allzu oft bleibt man oder geht man nur irgendwohin, weil andere es auch tun. Aber dieses Mal stieg ich erst einmal alleine ins Flugzeug nach Delhi/Indien.

Der Mönch aus Ladakh

Im Hochsommer herrscht auf dem indischen Subkontinent ein für uns Europäer mörderisches Klima: Hitze und/oder Monsun sind schwer auszuhalten, aber es ist eine gute Reisezeit für Ladakh, ein Hochland mit tibetisch-buddhistischer Kultur, das auf durchschnittlich 3.500 Metern Höhe im Norden Indiens liegt. Aufgrund der politischen Konflikte zwischen Pakistan und Indien war Ladakh jedoch immer wieder für Touristen gesperrt. Der militärische Kampf um Kaschmir versperrte den Landweg über die hohen Pässe, aber man konnte von Delhi aus einfliegen. Das musste man allerdings in Indien selbst organisieren. Das Heißeste was ich im wahrsten Sinne des Wortes je erlebt habe, war ein zwanzigminütiges Telefonat in einer indischen Telefonzelle in Delhi. Ich versuchte von dort meinen Flug nach Leh, Ladakhs Hauptstadt, zu buchen. Es war vor dem erlösenden Monsun in Delhi extrem schwül und ich war kurz vor einem Kollaps, als ich aus der mindestens 80 Grad Celsius heißen Telefonzelle wankte. Ich flog also nach Leh und ich erlebte viel Spannendes: große Feste mit Maskentänzen auf Klosterdächern an fantastischen Orten, die wie Zauberbilder aus den hoch gelegen Wüsten und Tälern auftauchten; berühmte Orakel, die in Trance mit schweren Kostümen herumwirbelten und etwas weniger bedeutende lokale Orakel, die teilweise ziemlich betrunken, aber dennoch eindrucksvoll ihre Weissagungen machten; sogenannte Amchis, kräuterkundige Volksärzte, die einem Freund von mir mitten auf der Straße ein Pülverchen verabreichten, als er sich unter Magenkrämpfen krümmte; schamanische Heiler, die fähig sind, Krankheiten aus dem Körper zu saugen und sie in Form von Asche und schwarzen Steinchen auszuspucken. Ich ließ mich einmal selbst behandeln: Eine Frau saugte „etwas" aus meinem Bauch, es war ein merkwürdiges, aber nicht unangenehmes Gefühl.

Die Bevölkerung ist noch vorwiegend buddhistisch, aber die Klöster waren damals oft in einem ziemlich schlechten Zustand und die Leute wussten kaum etwas über Buddhas Lehren. Zumal ist der Druck aus dem benachbarten Kaschmir groß und es drängen immer mehr Moslems in die Provinz, die wesentlich aggressiver ihre Interessen und Geschäfte betreiben als die alt eingesessenen Ladakhi.

Ich lernte einen jungen, außerordentlich energischen Mönch kennen, den Ehrenwerten Bikkhu Sanghasena. Er war Ladakhi und erzählte, dass er als Kind oft die Lamas fragte, was die Abbildungen der Schützer oder andere kraftvoll-schützende Buddha Aspekte bedeuteten.

Waren das Dämonen? Keiner konnte es ihm erklären, sie wussten es selber nicht. Er schloss sich später Theravada-Mönchen aus Südindien an und wurde in dieser buddhistischen Tradition ausgebildet. Die Theravada Tradition heißt auch die Schule der Älteren und bezieht sich auf einen ersten Lehrzyklus des historischen Buddha Shakyamuni. Es geht ihnen vor allem darum, selber Befreiung vom Leid des Daseinskreislaufs zu erlangen und das Gesetz von Ursache und Wirkung vollständig zu verstehen. Später, als ausgebildeter Mönch, kehrte Sanghasena zurück in seine Heimat, um seine Landsleute zu unterrichten. Viele der ungebildeten Kinder in den abgelegenen Dörfern aus ärmsten Verhältnissen wurden von den altruistisch gesinnten Mönchen mit nach Südindien genommen, dort versorgt, auf Grundlage des Theravada erzogen und buddhistisch ausgebildet. Für die Eltern war dies oft die einzige Chance, ihren Kindern eine Ausbildung zu sichern. Ich war erschüttert! Das hieß, der Diamantweg, das Vajrayana, der ja in Ladakh zuhause war, war nahe daran zu verschwinden. Inzwischen engagieren sich auch andere buddhistische Lehrer wieder stärker in Ladakh. So sind zum Beispiel die Drukpa-Kagyü mit Gyalwang Drukpa Rinpoche vertreten und bauen Klöster und Schulen auf. Sanghasena gründete in Leh das Mahabodhi International Meditation Center und initiierte im Laufe der Jahre viele wichtige soziale Hilfsprojekte für Frauen, Kinder, Behinderte und Kranke. Er war unglaublich rührig. Damals, im Sommer 1991, steckte natürlich alles noch in den

Kinderschuhen, aber wir beide organisierten zusammen ein kleines Meditationszentrum in Leh. Wir trafen uns jeden Abend und Sanghasena leitete eine Shine-Meditation. Dabei versucht man seine Aufmerksamkeit ganz auf den Atem zu richten. Wir hatten einen kleinen Raum über dem Wohn-Ess-Schlaf-Kinderzimmer einer großen indischen Familie gemietet. Wenn der Lärm allzu viel wurde, lächelte Sanghasena breit und erklärte, dass wir sie dafür bezahlten, damit sie die Türen zuschlügen. Dies prüfe unsere Vertiefung. Originalton: „You know, we pay them to clap the doors. The noise is good to test our meditation."

Er nahm mich mit auf eine Wanderung ins ländliche Ladakh. Wir besuchten sein Heimatdorf und ich übernachtete unter einem gigantischen Sternenhimmel auf dem Flachdach seines Elternhauses. In unseren Rucksäcken hatten wir Berge von Bleistiften, Heften und kleinen Geschenken für die Schulkinder. Das alles wurde überall mit großer Begeisterung aufgenommen. Er wollte mich für seine Arbeit gewinnen. Er schlug mir vor, die Nonnen anzuleiten: ihnen lesen, schreiben und meditieren zu lehren; am besten sollte ich natürlich selbst Nonne werden. Obwohl ich seine Arbeit sehr schätzte und ihn wirklich gerne unterstützt hätte, wollte ich doch auf keinen Fall meine soeben erst gewonnene geistige Heimat verlieren, und das war nun mal der Diamantweg in der Tradition der Karma Kagyü Linie. Ich wusste genau, dass man sich in Asien in sozialen Projekten endlos engagieren kann, es gibt so viel Leid und man kann sogar mit geringen Mitteln viel bewirken. Ich war jedoch auf der Suche nach einem spirituellen Weg und suchte keine sinnvolle Beschäftigung in sozialen Projekten. Das kannte ich schon aus meinem Beruf als Erzieherin in Heimen für schwer erziehbare Kinder.

Mit der Ponykarawane durch Zanskar

Nach einigen Monaten in und um Leh beschloss ich, Ladakh über den Landweg zu verlassen und zu Fuß zurück ins indische Mutterland zu wandern. Zusammen mit zwei Freundinnen aus Montreal und Frankreich machten wir uns auf den Weg. Wir lernten bald zwei junge Tibeter kennen, die mit ihren Ponys auf dem Weg zurück nach Dharamsala waren. So bildeten wir eine kleine Karawane, die auf dem Weg über die hohen Pässe und durch wilde Bäche durch das einsame Zanskar zog. Diese Wochen mit der Ponykarawane über den Himalaya gehören zu einer meiner schönsten Erfahrungen. Wir hatten so viel Spaß miteinander: Abends erzählten wir uns Geistergeschichten, spielten Karten, sangen Lieder aus unseren verschiedenen Heimatländern und wir kamen an wundervolle Orte. Unsere Mahlzeiten kochten wir auf einem kleinen Gaskocher. Wir verwendeten stets einen Druckkochtopf, da durch die Höhe bedingt der Siedepunkt viel niedriger ist und Wasser bereits lauwarm in gasförmigen Zustand übergeht. Gemüse gar zu bekommen war langwierig und manches Mal lagen mir die steinharten Erbsen schwer im Magen.

Bei der Anreise trafen wir sogar den König von Zanskar. Er hatte eine leuchtend rote Wollmütze auf und saß ganz vorne auf dem besten Platz mit uns im öffentlichen Bus, der von Kargil aus ins Zanskartal fuhr. In Ladakh und auf meinen anderen Touren begegneten wir natürlich auch ab und zu anderen Touristen, die mit einer von einem Reisebüro bestens organisierten Mannschaft unterwegs waren. Minibusse, Pferde, Träger, Köche, Guides, Zelte, ein halbes Dorf hatte dadurch Arbeit und ein gewisses, wenn auch geringes Einkommen. Das meiste Geld blieb aber üblicherweise bei den Agenturen im Ausland hängen. Bei allen meinen Reisen hatte ich nie irgendetwas gebucht, vorher geplant oder gar pauschal organisiert. Ich vertraute immer dem Raum und alles, was geschah, passte auch.

Manchmal war ich allerdings zu sorglos. Ich hatte mein gutes Zelt in Leh vor unserem Aufbruch verkauft, in der Annahme, dass es ja sowieso nicht regnen würde. Ladakh war eine Hoch-Wüste fast ohne Niederschläge. Da ich mein Gepäck selber trug, sparte ich natürlich jedes Gramm an „überflüssigem" Gewicht. Ich hatte meinen Schlafsack und schlief im Freien. Aber es regnete dreimal, außerdem war es nachts schon ziemlich kalt und windig. Also flüchtete ich in den einfachen Unterschlupf unserer tibetischen Boys und so verbrachten wir ziemlich unbequem die Nacht.

In einem Dorf kurz vor dem 5.100 Meter hohen Shingo La-Pass erzählten uns die Bewohner des letzten Dorfes die Schauermär des kopflosen Reiters, der hier die Gegend unsicher machte. Ich schlief wieder einmal im Freien neben einer Mani-Mauer und erwachte mitten in der Nacht von Hufgetrappel und Glockengeläut. Der kopflose Reiter! Ich wagte nicht, die Augen zu öffnen: Falls ich tatsächlich einen Reiter ohne Kopf erblicken sollte, würde ich vor Schreck tot umfallen. Ich beruhigte mich damit, dass es sicher unsere Ponys wären, die nachts Fußfesseln trugen und damit zum Grasen umherzogen. Morgens mussten wir sie suchen, was manchmal richtig lang dauerte. Als ich meinen Freunden am anderen Morgen die Geschichte erzählte, zog Dorje die Augenbrauen hoch: „Unsere Pferde haben keine Glocken", meinte er. So gelangten wir schließlich nach Dharamsala, genauer gesagt nach McLeod Ganj, dem Sitz der Exiltibeter und des Dalai Lamas.

Besuch beim Dalai Lama

Für spirituell Interessierte bot dieser Ort eine reiche Auswahl. Man konnte verschiedene Kurse in buddhistischer Meditation, tibetischer Medizin, Yoga, Astrologie usw. besuchen. Ich entschied mich für ein zweiwöchiges Seminar über buddhistische Belehrungen zum Stufenweisen Weg, Lamrim, das vom Tushita-Institut angeboten wurde.

So lernte ich Schüler von Lama Yeshe und Lama Zopa kennen und hörte Belehrungen von Kirti Tsenchab Rinpoche, einem angesehenen Meister der Gelugpas. Jede Gruppe hat ihre eigene Schwingung, die wiederum stark durch die Persönlichkeit des Lehrers geprägt wird. Die tugendhaften Gelbmützen unterscheiden sich schon stark von den wilderen Kagyü. Einmal hatte ich die Gelegenheit, den Dalai Lama zu treffen. Er gab eine öffentliche Audienz und Segen. Er war beeindruckend und ich war erstaunt, wie unbürokratisch dieses Treffen vor sich ging. Ich konnte einfach hingehen und einen Segen bekommen. Kirti Tsenchab Rinpoche riet mir zu meditieren, also beschloss ich nach Nepal zu reisen. Dort wollte ich im abgelegenen Thametal, das sich im Nordosten von Nepal im Solo Khumbu-Gebiet befindet, praktizieren.

Der heilige Ganges

Doch zuvor machte ich einen Abstecher nach Vārānasi, von den Engländern Benares genannt, dieser unglaublichen, uralten, heiligsten, unerträglichsten und essenziell indischsten Stadt am Ganges. Mark Twain bemerkte schon 1897 in seinem Reisebericht „Following the Equator": „Benares is older than history, older than tradition, older even than legend, and looks twice as old as all of them put together." Frei übersetzt heißt dies, dass Benares älter ist als Geschichte, älter als Tradition, sogar älter als Legende, und doppelt so alt aussieht, wie dies alles zusammengenommen.

Heutzutage kommen zu den hunderten von uralten Hindutempeln in den verwinkelten Gassen die Errungenschaften des modernen Lebens hinzu. Diese zeigen sich in ohrenbetäubendem Lärm durch pausenlos plärrende Lautsprecher, mit durch Fahrzeuge verstopften Straßen, Chemikalien im Ganges, verpesteter Luft und unzähligen, extrem aufdringlichen Teppich-Händlern und Verkäufern aller Art.

Wenn man sehr früh, also kurz vor Sonnenaufgang, hinunter an den Fluss zu den Ghats geht wo die Leichen verbrannt werden, kann man einen tiefen Frieden und vollkommene Gelassenheit spüren. Verbringt man ein paar Stunden am Flussufer, zieht der ganze Lebenskreislauf von Geburt bis zum Tod aller Daseinsbereiche von Göttern, Menschen, Tieren und Geistern an einem vorbei und man kann alles werden und vergehen sehen. Im Buddhismus wird dieser Daseinskreislauf das „Rad des Lebens" genannt und in sechs unterschiedliche Lebensformen eingeteilt. Es war unglaublich eindrucksvoll, diese ganze Vielfalt des Daseins einfach nur zu beobachten. Die unablässig rauchenden Scheiterhaufen der Toten sind keinesfalls unangenehm, sondern alles geschieht, eher im Gegenteil, ruhig und völlig in Übereinstimmung mit den Wünschen der Sterbenden. Diese schleppen sich irgendwie noch hierher, um an diesem heiligsten Platz der Hindus verbrannt zu werden. Der gewaltige, träge dahinfließende Ganges nimmt alles mit sich: Kadaver, Exkremente, Müll, die Asche der Leichen und nur halb verbrannte Leichenteile, es fahren Boote, Menschen waschen sich, ihre Kleidung und ihre Mopeds, die Abwässer der Stadt werden eingeleitet und mittendrin sprang plötzlich ein Delphin! Ich traute meinen Augen nicht, aber es gibt tatsächlich eine Spezies von Süßwasserdelphinen, die im Ganges leben.

Als ich langsam am Ufer entlangschlenderte, winkte mich ein Saddhu, ein heiliger Mann der Hindus und Asket, zu sich. Er saß an einem kleinen Feuerchen und lud mich zu einer Tasse Tee ein. Ich saß eine Weile bei ihm und trank zwei, drei Tassen Tee. Dann stand er auf, nahm den kleinen verbeulten Teekessel vom Feuer, ging die paar Schritte hinunter zum Ganges, spülte den Kessel aus, füllte ihn mit Flusswasser und setzte ihn wieder aufs Feuer. Erst in diesem Moment wurde mir bewusst, was ich da getrunken hatte! Wasser, zwar mit viel Zucker, aber auf einem mickrigen Dungfeuer erhitzt und nur lauwarm, ganz bestimmt keine zehn Minuten sprudelnd bei 90 Grad abgekocht. Ein halber Liter Gangeswasser, direkt vor den Toren Vārānasis, für Europäer sicher tödlich! Doch mitten in diesem Schock blitzte in mir ein Gedanke auf: „Der Ganges ist heilig. Er ist der heiligste Fluss der Welt. Ich werde nicht krank. Das Wasser ist heilig." So war es dann auch: Ich bekam nicht einmal Durchfall oder Bauchgrimmen.

Natürlich besuchte ich auch das nahe gelegene Sarnath, eine der vier wichtigsten buddhistischen Pilgerstellen: Hier hat Buddha Shakyamuni nach seiner Erleuchtung das erste Mal gelehrt. Der Hirschpark war die reinste Erholung nach Vārānasi, doch ich reiste gleich weiter zu meinem nächsten Ziel: nach Kathmandu, der Hauptstadt von Nepal.

Hoch oben in der Lawudo Höhle

Von Kathmandu aus fuhr ich zehn holprige Stunden mit dem Bus nach Jiri. Wie immer kletterte ich gleich nach der Stadtgrenze hoch auf das Bus Dach und machte es mir zwischen dem aufgetürmten Gepäck gemütlich. Es ist offiziell zwar verboten so zu reisen, wird aber vom Fahrer geduldet. Man sieht mehr von der Gegend und kann sein Gepäck im Auge behalten. Die nächsten neun Tage wanderte ich den Everest-Treck entlang. Man fand den Weg auch ohne Karte, man musste nur der Spur aus Müll folgen.

Es gibt sehr verschiedene Arten von Touristen. Auf dem Everest-Treck trifft man vor allem die Ehrgeizigen und die Sportlichen, die keine Zeit zum Grüßen haben. Trotz ihrer Eile bleiben sie meistens irgendwann doch auf der Strecke, niedergestreckt vom Durchfall, Symptomen der Höhenkrankheit oder einer anderen Unpässlichkeit. Obwohl es aufgrund der Höhenanpassung und für die eigene Kondition besser ist, den neuntägigen Fußmarsch auf sich zu nehmen, fliegen doch die meisten nach Lukla. Von dort aus geht es mit Sherpas, die das Gepäck tragen, weiter nach Namche Bazaar, dem Ausgangspunkt zum Mount Everest Base Camp. Ich trug meinen Rucksack selber und weil ich den Trubel in Namche Bazaar vermeiden wollte, rastete ich ein Dorf weiter unten. Da es noch früh am Nachmittag war, wollte ich ein wenig die Gegend erkunden. Ich kletterte einen Berg hoch, weil ich von unten eine große Höhle entdeckt hatte. Gerade als ich hineingehen wollte, kam ein Leopard heraus. Ich blieb wie angewurzelt stehen. In meinem Hirn formte sich eine Erkenntnis: „Dies ist kein Hund. Das ist eine große Katze. Sie ist sehr nah. In zwei Sprüngen ist sie bei mir. Hoffentlich sieht sie mich nicht." Der Leopard schaute zu mir herüber und ich stand stocksteif. Er blinzelte, doch dann verschwand er in die andere Richtung. Als ich später meinen Gastgebern davon erzählte, bestätigten sie, dass es hier viele Leoparden gäbe. Die zahlreichen Everest-Bezwinger sahen keine Leoparden, sie hatten keine Zeit für Abstecher. Einige Stunden hinter Namche trennen sich die Wege. Rechts geht es zum Everest-Base Camp wohin 99 % aller Touristen wollen; links geht es ins Thametal, ins Grenzgebiet Richtung Tsang, Süd-Tibet. Dort gab es noch ein paar abgelegene Sherpa-Dörfer und eben auch das Kloster von Lama Zopa, das ich besuchen wollte. Ich bog also links ab und erreichte nach ein paar Stunden Fußmarsch Lawudo Gompa, ein wundervoller Ort, auf einer Höhe von über 4000 m gelegen. Es waren nur Rinpoche's Schwester Ani und ein Mönch da. Ich durfte eine Retreathütte außerhalb des Klosters bewohnen. Zum Essen ging ich in die Klosterküche. Es gab dreimal am Tag in altem Fett ausgebackene geriebene Rettich- Küchlein, die mir wie ein Stein im Magen lagen. Was hätte ich jetzt für ein Dal Bhat gegeben, das traditionelle allgegenwärtige Linsengericht mit Reis, das es sonst immer und überall gab! Ich träumte von Schokolade. In den Nächten war es bitter kalt und außerdem so still, dass ich eines Nachts von dieser absoluten Stille erwachte und angestrengt lauschte. Ich hörte ein ganz feines Pling-Kling-Pling. Das waren Atome, die aneinanderstießen! Natürlich weiß ich, dass man so etwas nicht hören kann. Deshalb dachte ich, dass dies ein Zeichen dafür sei, dass ich verrückt werde oder schon übergeschnappt bin.

Ich schlief wieder ein und erwachte am nächsten Morgen wie immer vom in der Morgensonne geschmolzenen Reif, der mir als Wassertropfen auf das Gesicht fiel. In dieser Einsamkeit erfuhr ich, wie sehr der eigene Geist Bilder und Wahrnehmungen erschaffen kann, wenn äußere Eindrücke reduziert werden. Man kann aus vorbeiziehenden Wolken ganze Filme produzieren. Doch so abgelegen diese Stelle auch war, hatte ich einige sehr bemerkenswerte Begegnungen dort. Es gab einen alten Lama, der in der Nähe eine ausgebaute Höhle bewohnte. Er war blind und saß seit vielen Jahrzehnten in seiner Meditationskiste, zum Laufen taugten die Beine schon lange nicht mehr. Er hatte vor einigen Monaten angekündigt, dass er bald sterben werde. Daraufhin hatten seine Schüler und Verwandten alles besorgt, was für ein solches Ereignis nötig ist: Feuerholz für die Verbrennung, jede Menge Butter, Fleisch, Tsampa und anderes Essen für die zahlreich erwarteten Gäste. Der Lama starb aber nicht. Nach einiger Zeit kamen seine Verwandten zu ihm und beklagten sich, dass das gute Essen verderben würde und sie kein Geld hätten, nochmals alles neu zu kaufen. Daraufhin entschied der Lama die ganzen Feierlichkeiten vorzuziehen. Später sollten sie ihn dann ohne weiteres Aufhebens einfach nur verbrennen. Genau zu diesem Zeitpunkt war ich da und erlebte die tagelangen Zeremonien mit. Das Verhalten der Sherpas war verwirrend: Einen Tag waren sie sehr freundlich und luden mich zum Tee und Essen ein, am nächsten Tag waren sie abweisend und schroff. Sie statteten ihrem verehrten Lama Besuche ab und während sie unter Verbeugungen rückwärts die Höhle verließen, stahlen sie etwas von seinen wenigen Habseligkeiten.

Die Leute dieser Gegend waren rau und ich hörte ein paar Geschichten, dass sie auch nicht davor zurückschreckten, Besucher zu vergiften. Es gab zwei Schüler von Lama Zopa, die ebenfalls schon länger dort lebten: Mary, eine Amerikanerin, die sich eine Höhle sehr nett und behaglich hergerichtet hatte und dort meditierte. Und Harry, ein westlicher Mönch, der in einer sehr einfachen Höhle unter schwierigsten Bedingungen praktizierte. Diese Beiden beeindruckten mich sehr. Sie waren eine Quelle unerschöpflichen Wissens und auch ein gewisser Halt in einer mir teilweise unverständlichen Kultur. Ich hatte auf meinem Weg und den zahlreichen Trekking-Touren in all den Jahren eigentlich nur positive Erfahrungen mit den Nepalesen gemacht: Die Leute waren immer ausgesprochen hilfsbereit und freundlich gewesen. Aber die Sherpas hier waren anders. Vielleicht war auch einfach nur die Situation eine andere, ich weiß es nicht. Jedenfalls war es interessant und ich war ganz froh aus „meinem" Kloster zu entwischen und etwas zu erleben.

Ich war nicht vorbereitet für ein Retreat, eigentlich wusste ich auch gar nicht genau, was ich den ganzen Tag machen sollte. Bevor man sich in ein Retreat begibt, sollte man genaue Belehrungen zur eigenen Praxis, zum Aufbau und der Durchführung erhalten und diesen Regeln strikt folgen. Das alles fehlte mir und so entwickelte ich ein Gemisch von traditionellen Meditationstechniken und eigenen Ideen, was letztlich zu keinem befriedigenden Resultat führte. Ich war mit meinen Grundübungen nicht wirklich vorangekommen und die Gedanken in meinem Kopf erschienen mir wilder als je zuvor: von Geistesruhe keine Spur. Auch ist es für Anfänger viel leichter an einen geschützten oder vertrauten Ort zu gehen, dann muss man sich nicht um die Äußerlichkeiten sorgen. In meinem Fall dachte ich oft über Essen nach oder ich fror nachts oder ich fühlte mich einsam. Das Leben in meiner Hütte war ungewohnt und nicht eben luxuriös.

Einmal beschloss ich die warme Mittagssonne für eine gründliche Körperwäsche zu nutzen. Ich füllte also einen Eimer mit eiskaltem Bachwasser und stellte ihn zum Wärmen in die Sonne. Als ich nach geraumer Zeit zurück kam stand ein Yak vor meiner Hütte und soff mein Badewasser aus!

Ende Oktober verließ ich Lawudo, ich wollte im November zurück in Kathmandu sein, um an einem vierwöchigen Lamrim-Seminar unter der Leitung von Lama Zopa in Kopan teilzunehmen. Ich hatte keine besonders große Lust, wieder mindestens eine Woche lang den ganzen Weg zurück bis Jiri zu laufen.

Unterwegs lernte ich einen netten nepalesischen Offizier kennen. Seine Kontakte zur Luftwaffe ermöglichten mir einen Rückflug mit dem Hubschrauber ab Lukla. Das war ein spektakuläres Ereignis, denn das Tal ist eng, die Winde sind böig und die Berge ganz nah. Es liegen etliche zerschellte Flugzeuge neben der wirklich sehr kurzen Landebahn herum.

Ich habe gehört, dass Lukla als der gefährlichste Flughafen der Welt gilt. Zurück blieben zahllose entnervte Touristen, die zum Teil schon tagelang auf einen Flug warteten, denn sehr oft wurden die Flüge ab mittags wegen der starken unberechenbaren Winde abgesagt. Anscheinend musste man entweder viel Glück, gute Beziehungen oder ordentlich Bakschisch haben, um mit zu kommen.

Im Kloster Kopan

In Kopan geriet ich stark unter den Einfluss der monastisch geprägten Gelbmützen, Gelugpas, die Tugendhaften, wie sie sich selbst nennen.

Mehr oder weniger offen legten sie einem nahe, dass man schon die Nonnen- bzw. Mönchsgelübde nehmen sollte, wenn man ernsthaft den buddhistischen Weg praktizieren wolle.

Ich nahm meinen Weg durchaus ernst, aber ich wollte ihn als Laie, ohne buddhistische „Berufsuniform", als sogenannter Haushälter, gehen. Buddha selbst hatte Belehrungen für die verschiedensten Gruppen und Menschen gegeben. Von Lama Ole hatte ich Belehrungen für Menschen erhalten, die voll im Leben stehen, Beruf, Familie und Freunde haben und zusätzlich über genug Kraft, Mitgefühl und Intelligenz verfügen, um auch noch einem geistigen Weg zu folgen. Diese Extra-Energie, sich auf den Weg zu begeben, mit der Motivation Anderen nutzen zu können, nennen wir Überschuss. Aber mir fehlte die entsprechende Sangha, die mich unterstützt hätte. So begann ich zu zweifeln und geriet zwischen alle Stühle.

Eines Tages saß ich wie immer zum Lunch auf dem Dach des Klosters. Man musste aufpassen, dass einem die Adler nicht das Essen aus der Hand rissen: Sie hatten die schlechte Angewohnheit entwickelt, sich ihr Futter von den Mahlzeiten der Touristen zu stehlen. Da sah ich zu meinem Erstaunen meine Mutter die

Straße heraufkommen. Ich hatte wohl schon längere Zeit nichts mehr von mir hören lassen und jetzt kam sie selbst, um nachzuschauen wie es mir ging. Damals waren die Rucksacktouristen noch eine große Familie und auch die Einheimischen kannten diejenigen, die schon länger da waren oder öfter wiederkamen. Insofern war es für meine Mutter ein Leichtes gewesen, herauszufinden, wo ich war und wie sie dorthin kam. Ich freute mich sehr, sie zu sehen und wir verbrachten einige schöne Tage zusammen. Sie hatte eine große Tasche mit Kuscheltieren mitgebracht, die wir an Kinder in einem Heim verschenkten. Sie pressten das Spielzeug fest an ihre Brust und blickten mit strahlenden Augen in den Fotoapparat meiner Mutter. Auf einem wunderschönen Weg durch Reisfelder und mit herrlicher Aussicht auf die Schneegipfel wanderten wir zusammen nach Namo Buddha, ein Pilgerort im Kathmandutal. Dort bot Buddha der Legende nach in einem früheren Leben seinen eigenen Körper einer halb verhungerten Tigerin an, die fünf Junge zu versorgen hatte. Er baute auf diese Art eine karmische Verbindung zu ihnen auf. Diese jungen Tiger wurden in einem späteren Leben, als er Erleuchtung erlangte, seine ersten Schüler. Wir alle haben in zahllosen Leben Verbindungen miteinander geschaffen und was wir jetzt erleben ist das Resultat davon. Je nachdem, ob wir positives oder weniger gutes Miteinander geteilt haben, erleben wir jetzt unterschiedliche Begegnungen und Beziehungen. Leider ist der karmische „Klebstoff" aus schlechten Verbindungen sehr haltbar und wir begegnen deshalb schwierigen Partnern oder Feinden aus früheren Leben in immer neuen Konstellationen wieder.

Meine Mutter ging noch einige Tage zum Trekking nach Pokhara. Wir wollten uns dann in Indien, in Bodhgaya, dem Ort von Buddhas Erleuchtung, wiedertreffen.

Der große Yogi Urgyen Rinpoche

Zuvor hatte ich noch die seltene und kostbare Gelegenheit einen anderen alten Meister der Yogis zu treffen: Tulku Urgyen Rinpoche, der Vater von Chökyi Nyima Rinpoche, meinem ersten Lehrer. Man hörte von ihm Geschichten über seine unglaublichen Konzentrationsfähigkeiten. Zum Beispiel sollte er an den Augen operiert werden, aber er weigerte sich eine Narkose zu nehmen. Er sagte, er werde die Augen während der OP offen und absolut stillhalten und nicht einmal blinzeln! Das hat er dann auch getan.

Zitat: Urgyen Rinpoche wurde 1920 in Ost-Tibet geboren und vom 15. Karmapa als eine hohe Wiedergeburt anerkannt. Seine außergewöhnlichen Fähigkeiten sowohl Kagyü- als auch Nyingma-Lehren zu übertragen, machten ihn zu einem Lehrer einiger der bekanntesten Lamas im Tibetischen Buddhismus. In Nepal errichtete Urgyen Tul-

ku sechs Klöster und Zurückziehungsstellen; er selbst ver-
brachte insgesamt über 20 Jahre im Retreat. Seine Familie
hält die Barom Kagyü Linie, eine Unterschule innerhalb
der Kagyü-Tradition. Seine drei Söhne gelten allesamt als
Wiedergeburten hoher Lamas. Urgyen Tulku starb 1996
in Nepal.

(Aus: Über alle Grenzen, von Lama Ole Nydahl, Aurum Verlag)

Sporadisch gab er Belehrungen in Nagi Gompa, ein Ort weit oberhalb des Kathmandutal gelegen. Als diese Kunde zu uns drang, wollten wir natürlich alle diese besondere Chance ergreifen. Man musste ein gutes Stück durch den wunderschönen Bergwald wandern und abends auch wieder zurück, denn in seinem Zurückziehungsgelände waren keine Übernachtungsgäste erlaubt.

Rinpoche empfing uns sehr freundlich und sprach über die kostbare Gelegenheit Dharma-Belehrungen hören zu können.

Und dann gab er seine berühmten Belehrungen, die direkt auf die Natur des Geistes zeigen, die sogenannten „Pointing out directions". Er sagte, wir sollten alle mal nach innen schauen, es sei keine besondere Vorbereitung oder Sitzhaltung nötig. Dennoch entstand ein allgemeines Geraschel, jeder versuchte möglichst korrekt in Meditationshaltung zu sitzen. Nach einer kurzen Pause, in der man die Dichte des Moments fast schneiden konnte, sagte er: „Jetzt!" Seine Bewusstheit verschmolz mit unserer Offenheit. Nach einer Weile fragte er, was wir gesehen hätten. Ich murmelte etwas verlegen aber ehrlich: „Nichts". „Genau das ist es. Es gibt nichts zu sehen.", antwortete Rinpoche. Die Präsenz und Schärfe dieses Augenblicks führten zu einer Erfahrung, die mich noch heute lächeln lässt, wenn ich mich erinnere: Da ist kein „Geist" oder Intellekt oder Seele, es gibt nichts zu sehen. No mind, no problem.

Das Gesetz von Ursache und Wirkung

Als ich nach Indien ausreisen wollte und am Flughafen in Kathmandu zur Passkontrolle kam, begannen ernsthafte Schwierigkeiten. Ich hatte nämlich dummerweise meine dreimonatige Aufenthaltserlaubnis eigenhändig verlängert. Da ich länger als erlaubt im Land geblieben war, hatte ich dilettantisch in meinem Pass herumgeschmiert und das Datum verändert. Ich wurde verhört und in Polizeigewahrsam genommen. Mein Pass wurde konfisziert und mein Schicksal war ungewiss. Der diensthabende Offizier spielte seine Macht aus und drohte mir schreckliche Strafen an. Ich musste eine Selbstkritik schreiben und stand unter Arrest.

Mein guter Freund Karma hörte von meinem Schicksal. Er war der Einsiedler gewesen, den ich auf meiner Trekkingtour nach Helambu ein Jahr zuvor in der Höhle getroffen hatte. Als ich diesmal nach Kathmandu kam, stießen wir „zufällig" in einer Trekking-Agentur wieder aufeinander, wo er gelegentlich mitarbeitete. Wir hatten eine Herzensverbindung, daran gab es keinen Zweifel und wir teilten nahe Momente und schöne Erlebnisse. Karma hätte unsere Verbindung gerne vertieft. Er gestand meiner Mutter, die er kennen lernte als sie mich in Kopan besuchte, dass er den Wunsch hatte, mich zu heiraten. Für mich war es schwieriger. Mir fehlte der intellektuelle Austausch, der nicht zuletzt wegen fehlender Sprachkenntnisse kaum möglich war und ich wollte mich auch nicht binden und meine Freiheit aufgeben.

Wie üblich damals in Kathmandu, verbreiteten sich Nachrichten in Windeseile und so erfuhr auch Karma, was mir bei der Kontrolle meines Passes zugestoßen war. Er eilte herbei und bot an, an meiner Stelle ins Gefängnis zu gehen. Doch das kam natürlich nicht in Frage. So verbrachte ich eine bange Woche unter Arrest, bis sie mich schließlich nach Bezahlung eines Bußgeldes laufen ließen. Allerdings bekam ich einen Vermerk in meinen Pass: unerwünschte Person in Nepal!

Der lange Weg nach Bodhgaya

Ich reiste dennoch wie geplant zunächst nach Indien und kam nachts in Gaya an, einer schrecklichen Stadt in einem der ärmsten indischen Bundesstaaten, in Bihar. Von dort wollte ich weiter nach Bodhgaya, das, wie ich annahm, ganz in der Nähe war. Ich verbrachte ein paar unangenehme Stunden im Bahnhof von Gaya, bis ich frühmorgens mit dem ersten Morgenlicht eine Fahrgelegenheit nach Bodhgaya suchte. Wie immer wurde ich von Taxifahrern bedrängt, die alle ihre Dienste anboten. Ich wählte schließlich die günstigste Möglichkeit, eine Fahrrad-Rikscha. Wir fuhren los, in die aufgehende Sonne hinein, ich war in Hochstimmung. Nach einer Stunde hatten wir eine Reifenpanne. Nach zwei Stunden besuchte der Fahrer Verwandte, was ausgiebiges Tee trinken einschloss. Nach drei Stunden musste eine längere Mittagspause eingelegt werden. Nach vier Stunden hatten wir wieder eine Panne. Nach fünf Stunden kam allmählich Bodhgaya in Sicht, aber der Fahrer war völlig erschöpft. Ich war sowieso schon meistens nebenher gelaufen, aber jetzt konnte ich ihn endlich davon überzeugen, dass er mich in die Pedale treten ließ. Es war ihm äußerst unangenehm, aber wir wären sonst niemals angekommen. Ich glaube, wir haben ungefähr sechs Stunden mit der Fahrrad-Rikscha gebraucht. Das hatte ich so nicht erwartet, denn mir war nicht klar gewesen, wie weit Bodhgaya tatsächlich von der Hauptstadt Gaya entfernt war, aber eigentlich war es die beste Art, sich langsam und bewusst einem der wichtigsten buddhistischen Pilgerorte zu nähern: Genau hier hatte Buddha Sakyamuni vor über 2550 Jahren Erleuchtung erlangt!

Bodhgaya ist für Buddhisten der Mittelpunkt der Welt und eine außerordentlich bedeutsame und sehr kraftvolle Stätte. Jede buddhistische Tradition hat dort einen Tempel oder ein Kloster. Alle treffen sich bei der 55 Meter hohen Stupa bzw. dem sogenannten

Mahabodhi-Tempel, der ca. 250 Jahre nach Buddhas Erleuchtung von König Ashoka erbaut wurde. Nach einer wechselvollen Geschichte wurde er inzwischen mehrfach renoviert.

Natürlich versucht jeder unter dem berühmten ur-alten Mahabodhi Baum zu meditieren und jedes Blatt das herunterfällt, wird sofort aufgehoben und als Kost-barkeit mit nach Hause genommen. Aber es ist wie überall: wo viel Heiligkeit, da viel Geschäft!

Ich war lange genug in Bodhgaya, um zu beobachten, wie ganze Busladungen von organisierten Bettlern anka-men. Sie schlugen sich um die besten Plätze, postierten sich der Hauptstraße entlang und nach erfolgreichen Ge-schäften verließen sie die Stadt wieder, um zum nächs-ten Event zu fahren. Es ist ein harter Menschenschlag. Die Kinder werden als Kapital betrachtet, das man nach Belieben verstümmeln, schlagen oder verkaufen kann.

Man kann vor den Toren der Stupa Fische erwerben, um sie im bereits von Karpfen überquellenden heiligen Teich freizulassen. Das gilt als gute Tat. Kleine Jungen fangen abends die Fische aus dem Teich und am nächs-ten Tag kann man sie dann wieder freikaufen. Dasselbe Prinzip funktioniert auch mit Vögeln. Außerdem muss man höllisch aufpassen, dass einem niemand während der tiefen andächtigen Versenkung den Geldbeutel klaut. Dennoch ist Bodhgaya großartig: Man trifft Pil-ger aus aller Welt und das Praktizieren geht leicht und mühelos, das betrifft vor allem Verbeugungen direkt an der Stupa. Ich traf dort auch meine Mutter wieder, aber aufgrund meines Zwangsaufenthalts in Kathmandu blieb uns nicht mehr viel gemeinsame Zeit, sie fuhr nach einigen Tagen zurück nach Deutschland.

Wie wirklich ist die Wirklichkeit?

Ich lernte in Bodhgaya einen sehr interessanten Mann kennen: Er war ursprünglich ein gebürtiger Sikh, der dieser Religion auch folgte und mit einer Sikkimesin verheiratet. Doch dann konvertierte er zum Buddhismus, nahm die Mönchsgelübde und wurde ein naher Schüler des Dalai Lama. Dieser gab ihm den Namen Dharmakirti, nach einem berühmten Philosophen und Logiker des 7. Jahrhunderts in Indien. Der jetzige Dharmakirti war ein exzellenter Didaktiker und unterrichtete buddhistische Philosophie (Madhyamaka: der Mittlere Weg) in Englisch. Ich nahm sehr gerne an seinem Unterricht teil, doch schon bald zeigten sich fundamentale Unterschiede in unserer Sichtweise. Das erste war wie immer der Dauerbrenner „Monastische Dominanz gegen freien Yogi-Geist." Das zweite waren feinere Differenzen in der Sichtweise über die Leerheit. Natürlich war ich didaktisch lange nicht so versiert wie Dharmakirti, der die Rangtong-Sicht „Von sich aus leer" (Alles ist leer, das heißt frei von letztendlicher Existenz) vertrat. Ich aber verteidigte die Kagyü-Sicht des Schentong „Leer von Anderem" (Alles ist leer, aber es gibt eine Bewusstheit, die wahrnimmt) so gut ich konnte. Dennoch entstanden Zweifel in mir. Die Gelugpas hielten unsere Sichtweise für untergeordnet, da wir angeblich immer noch „etwas" für existent hielten. Hatten sie Recht? Sagte Lama Ole nicht auch immer: Das einzige was niemals verschwindet ist unser eigener Geist? War der Geist also „etwas", das in einer Form wirklich existiert? Später stellte ich Lama Ole genau diese Frage, und er berichtigte mich: er sage nicht, der Geist würde niemals verschwinden, sondern die offene klare Unbegrenztheit des Geistes wäre das einzig Dauerhafte, auf das man sich verlassen könnte. Man kann nur begreifen, was dem eigenen Verständnis entspricht. Schon allein deshalb sind viele Lehren des Diamantwegs „geheim", selbst wenn sie in einer Halle vor tausenden Zuhörern laut dargelegt werden. Interessant, was man so alles auf einem Vortrag hören und verstehen kann!

Später erfuhr ich, dass die Schentong-Sichtweise sogar noch um die Freudenerfahrungen der Yogis ergänzt werden kann, die Sichtweise des Detong (Freude und Leerheit untrennbar). Lama Ole drückt es mit einem Funkeln in den Augen so aus: „[...] und es fühlt sich gut an!" Die Natur des Geistes ist leer, aber die Erfahrung davon ist äußerst freudvoll.

Für mich führte die philosophische Auseinandersetzung mit dem Thema Leerheit unter der Leitung der Gelugpas zu einem plötzlichen Schock, zu einem Gefühl von Nichts. Das ist ein typischer Fehler, der auftreten kann, wenn man „die Leerheit des Geistes" falsch versteht. Man kann sogar zum Nihilisten werden. Das entspricht überhaupt nicht dem buddhistischen Sinn. Es ist gar nicht so leicht, das konzepthafte Denken, die festen Vorstellungen von sich und der Welt loszulassen und den eigenen Geist als ungeboren, unzerstörbar, furchtlos und freudvoll zu erleben.

Das geschieht auch nicht durch ein langes Studium der Schriften und gelehrten Kommentare. Die einzige Chance ist vollkommene Offenheit einem Lehrer gegenüber, der diese Verwirklichung vorlebt. Ich war immer noch auf der Suche nach genau diesem meinem Lehrer, dem sogenannten Wurzellama.

Ein neuer Pass in Bangkok

Inzwischen war mein indisches Visum fast abgelaufen, doch ich hatte noch einige Pläne und wollte noch nicht nach Hause. Allerdings brauchte ich mich mit dem Vermerk aus Nepal in meinem Pass in keiner Botschaft mehr blicken lassen. Zum Glück hatte ich noch einen nagelneuen unbenutzten zweiten Pass in petto. Ich hatte ihn mir vor meiner Abreise ganz legal ausstellen lassen, mit der Begründung, dass ich sowohl Israel, als auch arabische Länder besuchen wolle. Mit dem Stempel des jeweilig anderen Landes war dies aber nicht möglich, deshalb konnte man in diesem Fall einen zweiten Reisepass beantragen. Ich fuhr also mit dem Zug 26 lange Stunden nach Bombay, in einem sogenannten Frauenabteil. Diese Abteile sind angeblich zum Schutz allein reisender Frauen vor Belästigungen eingerichtet worden, sind jedoch tagsüber völlig überbevölkert mit (Ehe) Männern, sämtlichen Kindern, Verwandten, Nachbarn und Freunden der reisenden Frauen, nur nachts sind tatsächlich nicht mehr Personen anwesend, als es die vorhandenen Plätze erlauben. Von Mumbai flog ich nach Bangkok und warf während des Fluges das „Corpus delicti" ins Klo. Mit meinem jungfräulichen Pass bekam ich ohne Probleme ein neues indisches Visum. Thailand irritierte mich auf eine besondere Art: Äußerlich war alles perfekt, das reinste Paradies, vor allem auf den Inseln. Aber zu sehen, wie sich die westlichen Männer mit den thailändischen Mädchen, die sich und ihre Familien durch Prostitution ernähren, „vergnügten", offenbarte viel seelisches Leid. Das war fast schlimmer, als das offensichtliche, harte körperliche Leid auf den indischen Straßen.

Treffpunkt Kolkata

Zurück in Indien, beeilte ich mich nach Nordosten zu gelangen, denn ich wollte nach Sikkim, um dort den Feierlichkeiten zu Tibetisch Neujahr im Kloster Rumtek beizuwohnen. Rumtek war der Hauptsitz des 16. Karmapa in seinem Exil. Für Sikkim war ein spezielles Permit (staatliche Reiseerlaubnis) erforderlich; ich hoffte es in Kalkutta zu erhalten. Ich hatte bereits eines in Deutschland auf der indischen Botschaft bekommen, aber das war in meinem alten Pass gewesen. Doch mein Glück schien mich verlassen zu haben, es gelang einfach gar nichts: Für das Permit sollte ich ans andere Ende des Landes reisen: nach Delhi. Außerdem schienen alle Traveller Hostels ausgebucht und ich konnte nicht einmal einen günstigen Schlafplatz finden. Kalkutta ist eine Megametropole mit 15 Millionen Einwohnern, die mich zugleich faszinierte und schockte: ein heißer, brodelnder, von Leben überschäumender Kessel am Ganges Delta. Sie wird von den Einheimischen „Stadt der Freude" genannt, und allem Elend und schrecklicher Armut zum Trotz scheint eine Vibration von Freude oder Lebenskraft in der Luft zu liegen. Es war die einzige Stadt in Indien, in der es noch von Männern gezogene Rikschas gab. Die Rikschafahrer hatten demonstriert und sich erfolgreich gegen ihre eigene Abschaffung bzw. human gemeinten Ersatz durch Fahrrad-Rikschas gewehrt.

Ich schlug mich also durch Kolkata (das ist die indische Schreibweise) und war nahe daran aufzugeben und einfach nach Hause zu fliegen, als ich die Straße hinunterging und direkt mit Lama Ole und Hannah Nydahl zusammenstieß. Meine Freude und Überraschung waren groß und siehe da, von nun an klappte alles. Ich fand einen günstigen Schlafplatz auf dem Dach eines Hotels und völlig unerwartet bekam ich meine Reiseerlaubnis für Sikkim. Lama Ole schlug mir vor, mit ihnen zusammen zu reisen, was ich natürlich gerne annahm. Er und eine kleine Gruppe von Freunden waren ebenfalls auf dem Weg nach Rumtek. Wojtek, ein unwiderstehlicher Pole, war auch dabei. Erotik lag in der Luft und wirbelte meinen Geist durcheinander. Meine damalige Lebensweise konnte man als Mischung zwischen Bergziege und Nonne beschreiben: Entweder trabte ich durch den Himalaya und meditierte in irgendwelchen Höhlen oder ich saß in Klöstern und hörte Belehrungen. Verglichen damit war die Schwingung in dieser Gruppe eindeutig flotter. Auf der holprigen Fahrt nach Gangtok redete ich mit Lama Ole, denn ich war ja auf der Suche nach meinem Wurzellama. Ich erklärte Lama Ole, dass ich ihn zwar sehr schätze, aber nicht als meinen Lehrer ansehe. Er lachte und schlug mir Jamgön Kongtrul Rinpoche, einen der vier jungen Linienhalter Karmapas, vor: Er würde gut passen und dann hätte ich zwei Lehrer: Einen fürs Heilige und einen fürs Unheilige. Das erschien mir einleuchtend und außerdem hatte Lama Ole damit den Nagel auf den Kopf getroffen.

Einweihungen im Kloster Rumtek

Den Rest der Strecke verbrachte Tomek, Lama Oles langjähriger Freund und Begleiter, der sich um alles Organisatorische kümmerte, damit seinen Kopf auf meine Schulter zu legen. Er schaffte es tatsächlich auf dieser kurvigen und holprigen Straße mehrere Stunden lang so zu schlafen! Noch Jahre später dankte er mir immer überschwänglich dafür, dass ich ihm meine Schulter geliehen hatte. Wir erreichten Rumtek mitten in der Nacht, aber alte Freunde von Lama Ole und Hannah aus Dänemark waren noch wach und gewährten uns Unterschlupf.

In den folgenden Tagen hörten wir Belehrungen von Shamar Rinpoche, dem ältesten Linienhalter, von Pönlop Rinpoche und anderen hohen Lamas. Gyaltsab Rinpoche, ein weiterer Linienhalter, gab mehrfach eine Rote Krone-Zeremonie und verteilte sogenannte Dharma-Medizin, das sind Kräuterpillen, die durch viele gute Wünsche, Gebete und Zeremonien gesegnet werden. Alles schien perfekt, wir trafen hier im indischen Exil ein Stück des alten heiligen Tibets mit seinem reichen Schatz an Übertragungen und tiefem geistigen Wissen.

Besonders kraftvoll und segensreich waren die Meditationen in einem ganz besonderen Raum des Tempels: Das Herz des 16. Karmapa wurde hier in einer goldenen Stupa aufbewahrt. Man konnte sich zur Meditation dort einschließen lassen, ein Privileg, das wir gerne in Anspruch nahmen. Wir vereinbarten mit dem diensthabenden Mönch eine Zeit, zu der er wieder aufschließen sollte. Manchmal vergaßen sie uns und dann standen wir klopfend und rufend an der schweren Eingangstür und versuchten mit aller Kraft Blase oder Darm zu kontrollieren. Es regnete und war kalt, und viele der westlichen Besucher waren krank. In Rumtek gab es damals nur jeden zweiten Tag Strom, der allerdings meist schon nach kürzester Zeit wieder ausfiel. Sobald es nämlich Elektrizität gab, schaltete jeder seine Geräte, vor allem Herdplatten und Wasserkocher ein; in wenigen Minuten war das Netz überlastet und die Lichter gingen wieder aus. In den beiden einzigen „Restaurants" oder besser gesagt Imbissbuden des Ortes konnten wir zwischen „Fried Noodles" und „Fried Rice" wählen, aber wir waren hier ja nicht wegen eines Luxusurlaubs hergekommen. Bäder oder Duschen gab es auch nicht. Wir wohnten bei netten Tibetern, die uns in ihre eigenen kleinen Häuser mit hineinstopften und selber noch enger zusammenrückten.

Die Mönche zeigten uns noch mehr Reliquien und Schätze: Es gab einen Raum im Kloster, der die größten Kostbarkeiten barg. Als wir uns alle hineindrängten, beschlugen sofort die Glasfenster der Vitrinen und wir ahnten mehr, als wir sehen konnten. Da gab es die berühmte Schwarze Krone, das Wahrzeichen aller Karmapas, sie war allerdings in einer großen Hutschachtel verborgen. Auch eine Statue, die vom 8. Karmapa Mikyö Dorje eigenhändig angefertigt worden war und ihn selbst zeigte, stand auf einem Bord. Sie war in viele Kataks, das sind weiße Seidentücher, gehüllt. Als ich meinen Kopf gegen die Scheibe der Vitrine hielt, bekam ich den stärksten Segen, den ich bis dahin erlebt hatte. Es war wie ein Blitz, der in mich fuhr und für einen Augenblick schienen alle Fragen zum Sinn unserer Existenz gelöst: Ich glaubte zu verstehen „wie die

Dinge sind". Mit Tränen in den Augen wankte ich hinaus. Ich wusste nun, dass diese Gegenstände Kraft haben.

Der junge Jamgön Kongtrul Rinpoche bezauberte nicht nur mich durch seine liebevolle Ausstrahlung und sein gutes Aussehen. Ich glaube fast alle Frauen waren in ihn verliebt. Ich fragte ihn, ob ich seine Schülerin sein dürfe, er lächelte und nickte. Ich malte mir in meinen Tagträumen die schönste Lehrer-Schüler Beziehung aus: Ich würde mit ihm durch Asien und Europa reisen und über viele Jahre würde sein Vertrauen in mich wachsen, ich wäre ihm immer nah.

Tibetisch Neujahr rückte näher und damit verbunden eine ganze Reihe von Zeremonien, Feierlichkeiten, Lama Tänzen und besonders langen Mahakala-Pujas (Sanskrit: Mahakala, Großer Schwarzer, tibetisch Bernagchen; eine kraftvoll-schützende schwarzblaue Buddha-Form; Puja: gesungene Meditation). Als ich die tiefen Trommelschläge, den Klang der großen Becken und den rhythmischen Gesang Dutzender von Mönchen das erste Mal hörte, fühlte sich mein ganzer Körper an, als würde es ihn gleich zerreißen. Ich konnte nicht in den Tempel gehen, ich blieb draußen an der Mauer sitzen, so stark war das Erleben. Im Lauf der Zeit gewöhnte ich mich an die Schwingung und ging von da an gerne zu der abendlichen Schützer-Meditation.

Ein wichtiges Ritual, das an Neujahr durchgeführt wird, ist das Verbrennen aller schädlichen Einflüsse, alles Negative in Form eines riesigen „Tormas" (rituelle Opferungen, meist konische Figuren, die aus Mehl und Butter hergestellt und farbig verziert werden) und einer großen Puppe, die aus Gräsern, Lehm und Stoffen hergestellt wird. Doch sie wollte einfach nicht brennen. Die Mönche begannen unruhig zu werden, denn dies galt als schlechtes Omen und übergossen sie schließlich mit Benzin und zündeten sie an. Wir wussten zu diesem Zeitpunkt noch nicht, dass die heile Welt in Rumtek längst zerbrochen war und hinter der perfekten Kulisse bereits Machtkämpfe zwischen den vier Linienhaltern entbrannt waren.

Jamgön Kongtrul Rinpoche gab uns einen zentralen Einweihungszyklus: das „Kagyü Ngag Dzö", Es beinhaltete die wichtigsten Yidams der Kagyü Linie. Yidam ist ein tibetisches Wort und bedeutet Yi=Geist, Dam=Band, also ein geistiges Band zu bestimmten Buddha Formen und deren Kraftkreisen.

Die Einweihungen, bzw. die Vorbereitungen begannen morgens und endeten spätabends, so ging das drei Wochen lang. Den Abschluss bildeten immer die mit voller Inbrunst gesungenen „Wünsche von Samanthabadra". Dadurch werden alle guten Eindrücke und positiven Taten millionenfach verstärkt und es wird auf eine sehr poetische Weise für das Glück aller Lebewesen gebetet. Dieses Kraftfeld der Einweihungen und tiefgehenden Wünsche zum Wohle aller Lebewesen waren wie ein Schlüssel zu einer Schatzkammer. Sie öffneten mir die Tore zum unglaublichen Reichtum und der Vielfalt des Diamantwegs. Ich hatte dabei immer das innere Bild vor Augen, in einen Palast einzutreten, eine Tür aufzustoßen und einen hell erleuchteten Tanzsaal mit Musik und wunderschönen Tänzern zu erleben. Durchquerte man den Raum, kam man an eine andere Tür zu einem noch schöneren Raum und so ging es immer weiter. Wir hatten das große Glück ein spezielles Meditationsvisum zu bekommen, normalerweise gab es höchstens sieben Tage für Sikkim. Aber aufgrund der besonderen Situation, dass wir als Buddhisten an dieser besonderen Ermächtigungs-Serie teilnahmen, verlängerte der Gouverneur unsere Permits auf insgesamt drei Wochen.

Natürlich fand alles auf Tibetisch statt, die Einweihungen wurden in erster Linie für die Mönche von Rumtek abgehalten. Ab und zu gab es ein paar Erklärungen für uns wenige Westler, aber manchmal wussten wir nicht einmal welchen Buddha-Kraftkreis (Sanskrit: Mandala) Jamgön Kongtrul Rinpoche gerade eben aufgebaut hatte und weitergab. Wir befanden uns ständig in einem spürbaren Energiefeld. Ich kann noch genau sagen, bis zu welcher Kurve auf der Straße Richtung Gangtok es zu fühlen war.

Einmal lief ich die gewundene Straße vom Kloster herunter, als ich plötzlich einen sehr starken Sog nach oben an meinem Kopf fühlte. Mir flog fast die Schädeldecke weg. Als ich kurz darauf um die Ecke bog, sah ich was geschehen war: ein tödlicher Autounfall. Die Mönche waren bereits vor Ort und praktizierten Phowa für den Verstorbenen. Dabei wird das Bewusstsein des Verstorbenen in das Reine Land der Großen Freude von Buddha Amithaba (tibetisch Öpame) transferiert. Ihre Praxis war so kraftvoll und eindeutig, dass ich die nach oben ziehende Energie sogar mehrere hundert Meter entfernt bemerkt hatte.

Zwischendurch gab es einmal ein paar Tage Pause. Einige junge Mönche, mit denen ich mich angefreundet hatte, wollten zu ein paar besonderen Pilgerorten und heißen Quellen gehen. Bei strömendem Regen zogen wir los. Kaum waren wir außer Sichtweise des Klosters, packten die jungen Mönche ihre Roben in die Rucksäcke, darunter trugen sie praktische Jeans. Silke und Libeth aus Hamburg und die beiden Hans' aus Regensburg und Stuttgart waren auch mit dabei. So wanderte unsere ungleiche kleine Reisegruppe durch die Berge von Sikkim, bis wir abends die heißen Quellen erreichten. In Indien badet man in voller Montur, das heißt als Frau behält man Rock und Bluse an, alles andere wäre skandalös, vor allem im Beisein von Mönchen. Sönam behielt sicherheitshalber seine Sonnenbrille auf, obwohl es bereits Nacht war und regnete.

Die Jungs meditierten im dampfenden sternenbeschienenen Wasser die 8. Karmapa Meditation, eine Praxis, die mir damals noch nicht geläufig war, denn man beginnt damit erst nach den Grundübungen. Im alten Tibet war es üblich, Fremde, die an die Klostertore klopften und um Einlass baten, nach ihrer Meditationspraxis zu fragen. Konnten sie die Übung des 8. Karmapa auswendig, waren sie herzlich willkommen. Wir schliefen in einfachen Strohhütten und besuchten noch ein paar Höhlen, in denen berühmte Yogis praktiziert hatten. Es war ein wunderbarer Ausflug!

Zurück im Kloster kam der langweilige Teil der Einweihungen. Tagelang, acht bis zehn Stunden täglich, wurden uns, natürlich auf tibetisch, die Texte vorgelesen. Das ist der sogenannte „Lung" und man muss nichts anderes tun, als die Laute an sein Ohr dringen zu lassen. Auch den Tibetern war langweilig. Während der langen Stunden der Textrezitationen vergnügten wir uns wie unartige Schüler mit kleinen Spielchen wie Papierkugeln schießen, Comics zeichnen, usw. Der junge Nendo Rinpoche fertigte eine Karikatur über mich an. „Pema", wie sie mich nannten, im „Eat-Retreat": Ich saß meditierend in einer Höhle und wurde immer dicker. Eine ältere Nonne war besonders gut im Austricksen. Sie bot uns Bonbons an, aber sie hatte nur das leere Papier kunstvoll zusammengebunden; das Gelächter war groß, wenn jemand darauf hereinfiel. Auch fragte sie gern einmal nach einer Zigarette. Wenn sie dann eine erhielt, zerbröselte sie die Kippe vor den Augen des edlen Spenders und lachte laut und lange.

Kurzum: Wir fühlten uns wie eine Familie. Als nur wenige Wochen darauf die ganze Linie zerbrach war das richtig schmerzhaft, denn die Spaltung ging mitten durch Freunde, Verwandte, Familien. Für viele der Mönche war die Klostergemeinschaft auch gleichzeitig Familie und Heimat. Entweder waren sie ganz jung, zum Teil noch Kinder, oder sie waren sehr alt. Sie alle hatten schon einmal alles verloren, als sie aus Tibet fliehen mussten. In Rumtek hatten sie unter der Obhut des 16. Karmapa als mittellose Flüchtlinge ihr Kloster aufgebaut und jetzt standen sie schon wieder vor den Trümmern ihrer Welt.

Schließlich waren alle Einweihungen vorbei, wir bekamen unsere Pässe wieder und damit die Aufforderung zum Verlassen Sikkims. Ich fuhr noch einmal kurz nach Bodhgaya, aber es war inzwischen unerträglich heiß, und so machte ich mich auf den Heimweg nach Deutschland.

Ein tödlicher Unfall

Doch wo sollte ich eigentlich hin? Ich hatte alles aufgelöst, meine Möbel untergestellt, die große Freiheit, aber was wollte ich mit ihr anfangen? Ich beschloss, im Norden zu beginnen und mich langsam nach Süden vorzuarbeiten. Irgendwo würde es mir bestimmt gefallen, und dann bliebe ich da. Ich besuchte also zuerst meinen Freund Nils, der in der Nähe von Kiel in einer netten WG in einer alten Villa am See wohnte. Es war wunderbar, alles bestens, doch als ich morgens erwachte, fühlte ich mich so elend und leer und mir war nur noch nach Heulen zumute. Ich konnte es selber nicht verstehen und dachte, es sei vielleicht so eine Art Kulturschock. Viele Leute erleben das, wenn sie das erste Mal nach Indien kommen. Vielleicht war es bei mir umgekehrt: Vielleicht war ich nicht mehr an den Westen gewöhnt? Aber dann erhielt ich noch am selben Tag einen Telefonanruf, der alles erklärte: Jamgön Kongtrul Rinpoche war in der Nacht tödlich mit dem Auto verunglückt. Mein Lehrer, mein kostbarer Lehrer, den ich gerade eben erst gefunden hatte, der mir diese einzigartigen Einweihungen gegeben hatte, war mit seinem neuen schnellen BMW gegen einen Baum gerast und gestorben! Durch unsere Verbindung hatte ich es gespürt, deshalb war mir so elend zumute gewesen. Was für ein Verlust! Warum konnte so etwas geschehen?!

Der Bruch der Linie

Aber es kam noch schlimmer. Direkt nach Jamgön Kongtrul Rinpoche's Tod kursierten wilde Gerüchte, darunter auch, dass sein Auto manipuliert worden sei. Es entstanden Meinungsverschiedenheiten zwischen den übrigen drei Linienhaltern Tai Situ Rinpoche, Shamar Rinpoche und Gyaltsab Rinpoche. Situpa (man kann die Namen der Rinpoche auch abkürzen, indem man ein „pa" anhängt, was so viel wie „Herr" bedeutet) entdeckte plötzlich, elf Jahre nach dem Tod des 16. Karmapa am 05.11.1981, dass er einen Brief des 16. Karmapa besaß, in dem Karmapa Kennzeichen zur Auffindung seiner nächsten Wiedergeburt bekanntgab. Er hatte diesen Brief „vergessen", obwohl die ganze Linie seit zehn Jahren intensiv nach irgendwelchen Hinweisen forschte. Shamar Rinpoche bezweifelte die Echtheit dieses Briefes und verlangte ein grafologisches Gutachten, was Situpa keinesfalls zulassen wollte. Gyaltsabpa stellte sich auf die Seite Situpas und die beiden machten sich auf die Suche. Sie fanden einen Jungen in Tibet, den sie als Karmapa identifizierten. Das Pikante daran war, dass sogar die atheistisch-kommunistische chinesische Regierung den Jungen als den angeblichen 17. Karmapa feierten wie einen zweiten lebenden Buddha. Sie beehrten seine Familie mit Geld und Geländewagen und boten ihre fürsorgliche Erziehung im Mutterland an. Bei mir schrillten sofort alle Alarmglocken. Im marxistischen Weltbild war Reinkarnation nicht vorgesehen, üblicherweise wurden Tibeter, die ihre Überzeugung praktizierten, bedroht, eingesperrt, gefoltert oder gar getötet. Natürlich steckten Überlegungen dahinter, den Tibetern einen kontrollierbaren Karmapa zu präsentieren, der von Chinesen erzogen eine wichtige politische Rolle im Unruheherd Tibet spielen sollte. Da sie momentan keinen Zugriff auf den Dalai Lama haben, sollte nun der der junge Karmapa sein Volk im Sinne der Besatzer beeinflussen.

Shamar Rinpoche blieb als einer der wenigen Tibeter skeptisch und auch Lama Ole mochte nicht schlucken, dass aufgrund eines nicht überprüften Briefes nun ein von den Chinesen eingesetzter Karmapa das lang erwartete Oberhaupt der Kagyü Linie sein sollte. Hinzu kamen einige politische Schachzüge Situpas, in die auch der Dalai Lama und die indische Regierung mit hineingezogen wurden. Dies ist jetzt natürlich nur eine sehr grobe Darstellung eines Ereignisses, das in seiner Tragweite und Komplexität tausende von Menschen verunsicherte und zur Spaltung der alten glorreichen Karma Kagyü Linie führte. Die Details und Hintergründe können in Tomek Lehnerts Buch: „Rüpel in Roben" nachgelesen werden.

Für uns idealistische und, wie man im Nachhinein sagen kann, naive westliche Schüler, die wir alles tibetische schon als fast heilig angesehen hatten, brach eine Welt zusammen: offene Kämpfe und Schlägereien zwischen Mönchen in Rumtek, gefälschte Briefe und weitere manipulierte Dokumente um Unterschriften zu sammeln, Lügen und Feigheit unter den höchsten Lehrern. Wir waren zutiefst schockiert. Viele wandten sich ab, man musste nicht Buddhist werden, um so etwas zu erleben. Da konnte man gleich in der katholischen Kirche bleiben. War das etwa die Zuflucht, die geistige Freiheit, die wir gesucht hatten?

Auch ich war zutiefst erschüttert. Inwieweit konnte ich der Karma Kagyü Linie noch vertrauen? Wie authentisch war die Übertragung? Inwieweit konnte diese Linie noch eine Zuflucht sein? In dieser Zeit setzte ich mich intensiv damit auseinander, was eine „echte Zuflucht" sein kann und gelangte schließlich zu der Erkenntnis, dass sie im eigenen Geist liegt. Die Linie dient als Mittel, sie gibt uns die wirksamen und erprobten Methoden und Belehrungen. Aber sie ist selbst auch nur ein bedingtes Konstrukt, das zu einer gewissen Zeit entstand, aufblühte, jetzt in einer schweren Krise war und irgendwann einmal ganz verschwunden sein wird. Und was das Verhalten der Lehrer betraf, musste man wohl zwischen den buddhistischen Belehrungen zur Natur des Geistes und allgemeinem politischen Verhalten unterscheiden. Im ersten Fall waren sie perfekt und im zweiten spielten die Umstände eine große Rolle. Viele der tibetischen Lehrer hatten Schüler oder Familie in Tibet und fürchteten Repressalien der Chinesen gegenüber ihren Angehörigen. Meine eigenen Erfahrungen in Asien, vor allem in China, und meine Fähigkeit politisch Denken zu können, schützten mich davor, einfach nur den Worten der meisten tibetischen Lehrer und dem Dalai Lama zu vertrauen und dem Kandidaten Urgyen Trinley als Karmapa nachzulaufen. Shamar Rinpoche stand ziemlich alleine da, außer der Familie von Lama Tönsang und Lama Ole und Hannah unterstützte ihn kaum mehr jemand. Viele Schüler von Lama Ole waren verunsichert: Einige folgten Tenga Rinpoche und anderen hohen Lehrern auf die Seite des chinesischen Kandidaten und so gab es auch in den europäischen Zentren Spaltungen und Verluste.

DIE VERTIEFUNG

*Der beste Rohstoff für
eine schnelle menschliche Entwicklung
war schon immer die Begeisterung.
Nur sie bringt die Kraft
für große Durchbrüche.*

Lama Ole Nydahl

DIE VERTIEFUNG

Das Herz des russischen Bären

Im Juni 1992 begleitete ich Lama Ole und Hannah auf
eine Reise mit dem Zug quer durch Russland. Jeden Tag
kamen Faxe mit neuen Hiobsbotschaften aus Indien. Es
gab Machtkämpfe zwischen den höchsten tibetischen
Lehrern, von denen wir noch im Februar Belehrungen
und Einweihungen erhalten hatten. Die glorreiche Kagyü Linie, von Lama Ole immer in den höchsten Tönen
gepriesen, fiel auseinander wie ein Bienenschwarm im
Herbst. Lama Ole presste den Kopf zwischen seine
Hände. „Wie erkläre ich das nur meinen Schülern?",
fragte er sich. In dieser Zeit erlebte ich Lama Ole wie
einen Felsen in der Brandung. Er war der Einzige, der
absolut ehrlich war und auf den man sich bedingungs-
los verlassen konnte. Plötzlich fiel es mir wie Schuppen
von den Augen: **Lama Ole war mein Lehrer!** Er war
mein lang gesuchter Wurzellama. Er war es schon die
ganze Zeit gewesen. Von ihm hatte ich Zuflucht, die
Erklärungen zur Praxis, die Grundübungen, Phowa,
Mahamudra-Belehrungen, die Sangha und vieles mehr
bekommen, er hatte mir alles gegeben, was ich brauchte. Wie konnte ich nur so blind gewesen sein?!

Wie gesagt, wir kreuzten drei Wochen lang mit einem Sonderzug durch die zerfallende Sowjetunion, ein ganzer Zug mit drei oder vier Waggons voller Diamantwegsschüler. Wir fuhren von Stadt zu Stadt, Lama Ole gab Belehrungen und wir, Russen und westliche Ausländer, hatten die intensivsten Begegnungen: Etwas, das man sich während der Zeit des Eisernen Vorhangs gar nicht vorstellen konnte. Gerade eben brach das alte kommunistische Regime zusammen und ein neues System war noch nicht in Sicht. Das brachte die interessantesten Blüten hervor. Damals gab es so gut wie keine spirituellen Möglichkeiten in Russland, aber was wir sahen war spannend. In Sankt Petersburg zog eine große Parade der Krishnas die Leute in ihren Bann. Unter lautem Singen („Krishna Krishna Hare Krishna, Hare Hare ...“), mit Blumen geschmücktem Wagen und ausgelassenem Tanz bewegten sie sich in ihren leuchtend orangeroten Saris den Newski Prospekt hinunter. Und ich sah, wie alte Frauen ihre Einkaufstaschen wegwarfen und fröhlich hinterhertanzten. Warum auch nicht? Wann hatte es das letzte Mal ein solches Spektakel gegeben? Ich hatte nur einmal in Mumbai (Bombay) einen ähnlich großen Umzug dieser Art gesehen.

Wenn wir mit unserem Zug in irgendeiner Stadt ankamen, wurde Lama Ole meistens am Bahnhof von den Einheimischen abgeholt und verschwand. Wir, die Touristen, erhielten keinerlei Informationen. Zusammen mit den russischen Freunden aus den anderen

Städten, die ebenfalls mitreisten, fragten wir uns zum Stadtzentrum durch. Dort kauften wir auf dem Markt oder auch direkt am Bahnhof, wo alte Mütterchen selbstgekochtes Hühnchen oder Plini anboten, etwas zu essen. Manchmal hingen irgendwo Plakate und wir versuchten mit unserer stümperhaften Kenntnis des kyrillischen Alphabets herauszufinden, wann und wo Lama Oles Vortrag war. Irgendwie erreichten wir den Veranstaltungsort, mit einem Bus oder per Anhalter mit einem „Privattaxi". Da die Vorträge oftmals in einer Sporthalle waren, gelang es uns meistens noch nebenan zu duschen. Nachts ging es auf die gleiche Art zurück zum Bahnhof und dann mussten wir erst mal unseren Zug suchen, der auf irgendeinem Abstell-gleis stand. Diese Reise erforderte ein gewisses Impro-visationstalent von allen Teilnehmern, aber sie war unvergesslich und meiner Meinung nach durchaus gut organisiert und geplant. Im Gegensatz zu meinen anstrengenden Alleingängen im Himalaya konnte ich mich hier einfach dem Strom überlassen und wurde schon irgendwie an die richtigen Stellen gespült. So empfand ich das jedenfalls.

Der heilige Baikal

Als wir in Irkutsk in Sibirien aus dem Zug stiegen, stan-den in weiße Togas gewandete Christen barfuß und er-greifend singend vor dem Bahnhof und wollten unsere

Seelen retten. Irkutsk ist eine wunderschöne Stadt, mit einem alten Kern aus bunten Holzhäuschen. In einem davon lebte ein Schamane, ein Heiler, zusammen mit seinem Braunbären! Die Menschen sind selbstbewusst, frei und stark und haben ein riesiges warmes Herz. Ich liebe die Russen und ihr großartiges Land. Wenn ich die Wahl hätte, ein Jahr meines Lebens entweder in San Francisco oder Irkutsk zu verbringen, würde ich ganz sicher Sibirien wählen. Die Sommer sind kurz und heiß, die Winter lang und knackig kalt, aber immer wölbt sich ein klarer blauer Himmel über einem unendlich weiten Land und die Bewohner zeigen alle Extreme, es gibt die Besten, aber sicher auch die Schlechtesten dort. Wir waren jedoch auf dem Weg zum größten Süßwassersee der Welt, dem unvergleichlichen Baikal. Von Irkutsk waren es noch ein paar Stunden Busfahrt und hinter jedem der vielen Hügel und am Ende der endlosen Wälder erwarteten wir ungeduldig das Meer Sibiriens. Er ist der tiefste, älteste, sauberste und wasserreichste Süßwassersee unserer Erde. 636 Kilometer lang, 80 Kilometer breit und 1642 Meter tief. Selbst in den heißesten Sommern Sibiriens wird er kaum wärmer als 5 Grad Celsius. Er beherbergt einzigartige Tiere wie die endemische Baikalrobbe oder den Omul, einen wohlschmeckenden Fisch, der sogar gern roh verzehrt wird. Unser Ziel war genau die Stelle, wo der Fluss Angarra aus dem See herausfließt, denn da befand sich das Camp, in dem der Phowakurs mit Lama Ole stattfinden sollte. Unsere sibirischen Freunde transportierten uns alle in einem klapprigen Bus ins Camp, dann machte der Bus kehrt, um unser Gepäck und das Essen zu holen. Doch der Bus kam nicht wieder. Wie wir drei Tage später erfuhren war er zusammengebrochen und es war unseren Freunden trotz aller Anstrengung nicht gelungen, ihn wieder flott zu bekommen oder unser Gepäck und die Verpflegung anderswie zum Kursort zu bringen. Lama Ole blieb cool. Er meinte, ein paar Tage zu fasten wäre gesund, danach passen die Hosen besser und begann mit dem Kurs.

Wir improvisierten. Einigen fehlte der Schlafsack, den meisten ihre Klamotten, aber die russischen Sangha-Freunde waren unglaublich gastfreundlich und großzügig. Sie nahmen uns in ihre Zelte auf und teilten ihre Vorräte. Zum Glück gab es einen großen Topf und frisches Wasser. Den Topf hängten wir über das Lagerfeuer, dann sammelten wir ein paar Kräuter und Beeren im umliegenden Wald in der Taiga. So hatten wir wenigstens etwas Warmes im Bauch.

Auf dieser und den vielen Russlandreisen, die noch folgen sollten, habe ich oft daran gedacht, dass mein Opa im zweiten Weltkrieg sein Bein verloren hat und für meine Mutter „die Russen" der Inbegriff des Schreckens waren. Mein Vater erzählte, wie russische Soldaten seine Großmutter in die Weichsel getrieben hatten und sie daran hinderten wieder heraus zu kommen. Die Familie musste zuschauen, wie die alte Frau ertrank. Von den Eltern eines Freundes aus Samara an der Wolga hörten wir von den Gräueltaten der deutschen Wehrmacht, die sie selbst erlebt hatten. Es kostete sie Überwindung, uns, die Nachfahren des Erzfeindes, zum Tee einzuladen, aber es geschah dennoch. Wir überwanden wirklich alle Grenzen und ersetzten die zum Teil schwer belasteten alten Verbindungen mit neuen guten Eindrücken. Darüber bin ich sehr froh und meinem Lehrer Lama Ole zutiefst dankbar, denn er war der Erste, der in alle ehemals kommunistischen Länder reiste und die wundervollen Menschen dort zu einem Teil unserer Diamantweg Familie machte. Politische Entwicklungen beeinflussen unseren Alltag durchaus, auch wenn wir den Anspruch haben unsere Meditationszentren von Politik frei zu halten. Momentan wird das Klima zwischen Russland und der Europäischen Union wieder rauer, Säbelrasseln und Propaganda erfüllen ihren Dienst und treiben Keile zwischen Freundschaften. Auch in einigen unseren buddhistischen Zentren sprechen Ukrainer und Russen plötzlich nicht mehr miteinander oder trauen sich gegenseitig nicht. Deshalb ist es umso wichtiger sich der zeitlosen und überpersönlichen Werte bewusst zu sein, die wir als buddhistische Freunde auf internationaler Ebene teilen. Ein wichtiger Teil unserer Arbeit und Zukunft ist es, diese niemals aufzugeben und durch gegenseitiges Kennenlernen und Verständnis füreinander zu vertiefen.

Der Phowakurs in Irkutsk ging zu Ende und für den Rückweg hatten Grisha und Sascha, Urgesteine der russischen Sangha, ein ganzes Flugzeug für uns gechartert. Morgens um 6 Uhr sollten wir fliegen. Das Flugzeug stand bereit, aber es war keinerlei Besatzung zu sehen.

Schließlich luden wir unser Gepäck selber ein, setzten uns auf unsere Plätze und warteten. Die Sitzplätze reichten nicht für alle, deshalb hockten ein paar Leute auf dem Boden. Schließlich stürmte ein Pilot, gefolgt von einer eindrucksvoll stämmigen Stewardess nach vorne ins Cockpit, sie knallten die Tür hinter sich zu und starteten. Wir hoben ab und landeten kurz danach wieder zum Tanken in Omsk, weiter ging es nach Tomsk und „Plomsk", immer wieder rauf und runter. So hoppelten wir durch Sibirien. Offenbar gab es nirgends genug Benzin, deshalb flogen wir kreuz und quer, bis wir schließlich unser Ziel Kiew erreichten. Da es keinen Service an Bord gab, kaufte ich an einem der Stopps eine große Gallone Birkensaft und verteilte sie an meine Freunde. Irgendjemand hatte noch ein paar Kekse, das reichte bis zum Abend, wir waren nicht besonders anspruchsvoll.

Auf den vielen Reisen mit Lama Ole durch Russland war es besonders beeindruckend, das Verhältnis zwischen Lehrer und Schüler zu beobachten: die Hingabe seiner Schüler einerseits, seine unermüdliche Offenheit und ständige Erreichbarkeit andererseits. Wenn der Zug durch eine Stadt fuhr, in der es zwar ein Diamantwegs-Zentrum gab, aber kein Vortrag organisiert werden konnte, warteten sie mitten in der Nacht oder frühmorgens in eisiger Kälte am Bahnsteig auf Lama Ole. Meistens war nur eine Viertelstunde Zeit, in der Lama Ole aus dem Zug kam, Belehrungen oder Zuflucht gab. Immer nahm er sich Zeit zum Segnen, oft sprang er im letzten Augenblick auf den schon anfahrenden Zug. Er selbst verzichtete auf Schlaf und sein warmes Zugabteil, um seine Schüler zu treffen.

Jahrelang war Tschita, eine Stadt mitten in Sibirien, wo der Zug immer nachts um 3 Uhr hielt, ein solcher Treffpunkt. Die Freunde kamen auch niemals mit leeren Händen: Meistens brachten sie Essbares mit wie Würste, eingelegte Pilze, gebratene Hähnchen, Honig und natürlich Hochprozentiges.

Mit dem Eisenpferd durch den Kontinent

Am Ende dieser Reise fragte mich Gabi, die bis dahin die Organisation übernommen hatte, ob ich vielleicht in Zukunft solche Reisen mit Lama Ole organisieren wolle, sie hätte keine Zeit mehr dazu. Sie war von Lama Ole gebeten worden, sich um den Aufbau der russischen Zentren zu kümmern und tat das auch viele Jahre mit großer Ausdauer und unendlicher Geduld.

Viel später erzählte mir Lama Ole, dass er mich beobachtete hätte und sah, dass ich eine Aufgabe brauchte. Sonst wäre ich womöglich zu den Gelugpas gegangen und eine Nonne geworden, meinte er augenzwinkernd.

Die Reiseorganisation entsprach ganz meinen Neigungen, ich liebte es, dieses riesige Land zusammen mit meinem Lehrer und vielen Freunden in alle Richtungen zu durchqueren und kennen zu lernen.

So konnte ich an Lama Oles Seite den spannenden historischen Prozess miterleben, wie sich die Prophezeiungen von Guru Rinpoche (Sanskrit: Padmasambhava, der Lotusgeborene; er brachte den Buddhismus aus Indien nach Tibet) aus dem 8. Jahrhundert erfüllten. „Wenn der Eisenvogel fliegt und die Reitpferde auf Rädern rollen, wird der Mann aus dem Schneeland seine Heimat verlassen müssen und die buddhistische Lehre wird die Länder des rotwangigen Mannes erreichen."

Mit dem robusten russischen Eisenpferd durchquerten wir diese schier endlose Landmasse: mit bis zu zehn Zeitzonen von Westen bis weit in den äußersten Osten, von St. Petersburg und Moskau bis Wladiwostok, von Nord nach Süd, vom Polarkreis bis tief in den Kaukasus, über die Berge des Ural, wo sich Europa von Asien trennt, die Städte an der Wolga entlang, durch die Taiga, durch Sibirien, durch die kalmückische Steppe und am wundervollen Baikalsee entlang bis zum Pazifik. Noch heute gibt es diese legendären wochenlangen „Wintertouren", seit damals haben sich tausende Schüler von Lama Ole in dieses Abenteuer gestürzt. Ein Höhepunkt ist immer der Sprung in den eiskalten Baikalsee, bei minus 30 Grad Außentemperatur. Wenn man nach tagelanger Zugfahrt endlich wieder festen Boden unter den Füßen hat, wiegt sich der Körper weiter im gemächlichen Takt der Schienen ähnlich wie nach einer Schiffsreise. Inzwischen sind die Reisegruppen allerdings viel größer: Im Januar 2013 waren wir fünfhundert Teilnehmer!

Zusammen mit Tolek, der damals noch ziemlich schüchtern und unsicher wirkte, aber ein großes Organisationstalent war, planten wir vor allem die Versorgung der mitreisenden „Touristen". Das war in Russland Anfang der Neunziger Jahre des letzten Jahrtausends eine echte Herausforderung. Bei der Reservierung von Zügen oder Flügen passierte es oft, dass die Plätze doppelt vergeben wurden. Wenn wir vor Ort einsteigen wollten, ließen uns die Schaffner nicht rein, weil die Plätze bereits belegt waren. Überhaupt sind russische Zugbegleiter, die sogenannten „Provodniks", Könige in ihrem rollenden Reich. Sie entscheiden, ob und wann Toilettentüren zu- oder aufgeschlossen werden, Fenster geöffnet werden dürfen, wann der lebenswichtige Samowar mit Wasser aufgefüllt wird, ob es etwas Ess- oder Trinkbares zu kaufen gibt, ob und wie stark geheizt wird, oft wird es unerträglich heiß in den Abteilen, und vor allem hüten sie die gemietete Bettwäsche wie ihren Augapfel. Wehe, ein Stück fehlt! Das gibt Ärger, das wird teuer.

Einige Male verlangten die Bahnbehörden kurz vor Abfahrt einen deutlich höheren Preis als abgesprochen und wenn wir nicht auf der Strecke bleiben wollten, mussten wir zähneknirschend auf die Erpressung eingehen. Bei den Hotels wusste man nie, ob sie noch nicht fertig oder schon wieder kaputt waren: Es gab entweder gar kein Wasser oder es kam nur kochend heiß und rostig aus der Leitung und vegetarisches Essen war absolut unbekannt. Von den Toiletten ganz zu schweigen, das war ein Abenteuer für sich. Oft waren Backsteine neben den Klos aufgeschichtet, damit man das Etablissement im Stehen nutzen konnte. Immer waren sie schmutzig, meistens undicht und im Vorraum stand manchmal zentimeterhoch das Wasser, in dem ebenfalls ein paar Ziegelsteine lagen, damit man besser durchwaten konnte. Außerdem hatten viele keine Türen. Das Gemeinschaftliche beim Toilettenbesuch schien in vielen sozialistischen Ländern wichtig zu sein. In China hatte ich ganz ähnliche Zustände angetroffen: Türen, Zwischenwände und Klopapier wurden wohl als kapitalistischer überflüssiger Luxus betrachtet.

Ich erinnere mich noch an eine eisige Winternacht irgendwo an der mongolischen Grenze. Es waren bestimmt Minus 30 Grad und ich musste dringend aufs Klo. Tolek fragte in einer Kneipe nach einer Toilette, aber die Bedienung schüttelte nur den Kopf und zeigte achselzuckend auf eine abgesperrte Türe. Das Klo sei herausgerissen und gestohlen worden und nicht mehr vorhanden. Also ab nach draußen. Ich folgte dem Trampelpfad hinter eine Hütte, und dort lagen statt Papier lauter Rubelscheine – so wertlos war inzwischen das Geld geworden. Ein deutliches Zeichen, wie es um das Land bestellt war.

Manchmal fantasierten Tolek und ich von komfortablen Unterkünften, wo es sogar Toiletten mit Papier gab, aber dann schüttelte Tolek den Kopf und sagte, jetzt würden wir im Fieberwahn reden, so etwas gäbe es einfach nicht.

In den (ehemals) kommunistischen Ländern traute man den Leuten nicht zu, dass sie verantwortlich mit wertvollen Rohstoffen umgingen, deshalb durfte man beispielsweise seinen Tee nicht selbst süßen. Man bekam ihn völlig überzuckert, es gab keine Alternative.

Aber die russische Banja, die Sauna, war Entspannung pur und die heißen Quellen, Mineralny Wodi, die es zum Beispiel im Kaukasus gibt, wo wir alle gemeinsam stundenlang scherzend und/oder meditierend im heißen Wasser lagen und zur Erfrischung Bier und Wodka tranken, waren einfach eine Wonne.

Abenteuer Taiga

Auf diesen Reisen lernte ich tolle Leute kennen, unter anderen Hubita, Heb genannt, ein burjatischer Physiker, und Ravil, einen hünenhaften Arzt aus Samara. Anfang der Neunziger Jahre herrschte in Russland Aufbruchsstimmung und gemeinsam schmiedeten wir Pläne, eine Reiseagentur zu eröffnen. Das Pilotprojekt sollte eine 14tägige Trekkingtour am Baikalsee sein; Ravil und Heb waren die Reiseführer, da sie viel Outdoor-Erfahrung hatten. Es gelang mir, drei Teilnehmer, oder nennen wir sie passender Versuchskaninchen, zu gewinnen. In meiner Werbekampagne klang es wohl nicht besonders verlockend, wenn ich „Wandern in Sibirien" anpries. Die meisten fragten mich, ob es denn dort nicht zu kalt sei. Ich antwortete stets, dass wir doch nach **Süd**sibirien gehen. Außerdem herrscht in Russland extremes Kontinentalklima, das bedeutet im Sommer wird es richtig heiß!

Tatsächlich habe ich in Sibirien mehr geschwitzt als gefroren mit einer Ausnahme, das war im Januar 1994 auf einer vierwöchigen Fahrt in einem ungeheizten Zugabteil nach Wladiwostok.

So brachen wir also im August 1993 mit dem Flugzeug über Moskau nach Ulan Ude auf: Lucia und Nico aus Freiburg, die über eine Annonce dazu gestoßen waren, mein guter Freund Jürgen und ich.

Bei der Abreise am Freiburger Bahnhof trafen wir zufällig noch Rüdiger Nehberg, den Survival-Guru, das war wohl als Omen zu verstehen. Schon die Anreise verlief mit Hindernissen, unter anderem verpassten wir in Moskau unseren Anschlussflug nach Ulan Ude. Vor Ort tauchte der Busfahrer nicht auf, bis ihn Heb schließlich zuhause fand und aus seinem Rausch weckte, aber schließlich erreichten wir unseren Ausgangspunkt, eine Hütte in der Taiga am südlichen Ufer des Baikalsees. Dort genossen wir ein Bad in herrlich heißen Schwefelquellen. Genau genommen war es folgendermaßen: direkt neben unserer Hütte lag ein großes Wasserbecken, aus dem es in den Nachthimmel dampfte. Ravil und

Heb stiegen ins Becken und warfen sich ins Wasser. Jürgen und ich hinterher. Doch als unsere Füße das Wasser berührten, zuckten wir erschrocken zurück, denn es war kochend heiß. Jürgen brummte: „Schau dir die Russen an, die gehen da rein, als sei nichts." Das war die erste Situation, in der uns vor Augen geführt wurde, aus welchem Holz unsere Freunde geschnitzt waren. „Wenn die das können, können wir es auch", zischte ich und zwang mich weiter zu gehen. Allmählich gewöhnte sich mein Körper an die Temperatur und entspannte sich schließlich sogar. Ich dümpelte eine Weile in den Fluten und schaute dabei in den funkelnden Sternenhimmel. Wie wunderbar, was für ein herrliches Land, dieses Sibirien! Irgendwann kletterte ich krebsrot aber stolz aus der Therme. Bald darauf begann Lucia zu jammern und zu heulen, sie litt unter einer schmerzhaften Nebenhöhlenentzündung. Das fing ja gut an. Mussten wir etwa abbrechen, noch bevor wir richtig begonnen hatten oder sollten wir sie zurücklassen? Ravil wusste, was zu tun war. Er setzte Lucia eine Mütze auf, deren rotbraune Wolle jedoch nicht von Schafen, sondern aus Hundehaar gewonnen war. Dann legte er ihr ein erwärmtes Salzsäckchen auf das Gesicht und flößte ihr ordentlich Wodka ein. Am nächsten Morgen waren die Schmerzen weg und wir wanderten los. Wir durchquerten zahllose Flüsse, sahen Bärenspuren und orientierten uns nur mit Kompass, Karte und am Lauf der Flüsse. Wege und andere „Urlauber" gab es nicht. Wir verloren den Pfad und hatten nach einer Woche nichts

mehr zu essen. Ich bekam durch das ständige Durchwaten der Flüsse mit meinen leichten Trekkingstiefeln
und dem sumpfigen Tundra-Boden eine Achillesseh-
nenentzündung an beiden Füßen.

Eigentlich konnte ich nicht mehr laufen, aber was
blieb mir mitten in der Wildnis anderes übrig als weiter zu gehen? Die Schmerzen waren so heftig, dass
mein Körper ab und zu Endorphine ausschüttete und
ich kurz einen leichten euphorischen Rausch bekam.
Der Kater folgte immer sehr schnell. Diese Tour brachte uns mehrfach an unsere körperlichen und psychi-
schen Grenzen. Ich könnte eine eigene Geschichte
darüber schreiben. Eine Geschichte vom Gewitter, das
losbrach, als wir mitten im Fluss standen; über Ravil,
der mich einfach unter den Arm klemmte, als mir die
Strömung die Beine wegriss und mich wie einen nassen
Sack ans rettende Ufer warf und dann einen nach dem
anderen über den reißenden Fluss brachte. Geschichten von starken und mutigen Männern, die heldenhaft
mein Gepäck schleppten, als ich mich kaum selber
mehr schleppen konnte. Ich könnte auch von langen
und geduldigen Gesprächen am Lagerfeuer zwischen
Menschen erzählen, die sich wirklich verstehen wollen, die ihr Gegenüber kennen lernen wollten, auch
wenn es kaum eine gemeinsame Sprache gab. Ein weiteres berichtenswertes Abenteuer könnte sich um den
Außenbordmotor unseres ersehnten Bootes, das uns
zur nächsten Stadt bringen sollte, drehen, der plötzlich
in den Tiefen des Baikal versank und wir deshalb stun-

denlang rudern mussten, um das Ufer zu erreichen. Es wurde dunkel und Wind kam auf, der den bis dahin glatten See in ein aufgepeitschtes Meer verwandelte. Der Förster, der uns fluchend des „Bösen Blicks" bezeichnete, Wilderer, die uns mit Gewehren empfingen, köstlicher Omul, eine rohe Fisch-Spezialität des Baikal, Trapper Hütten mit Sauna, kurz alle Höhen und Tiefen, die ein solches Abenteuer bereithält.

Jürgen, ein topfitter Sportler und Baum von einem Mann, der vom Bodensee stammt, schwor, nie wieder das Drei-Länder-Eck Deutschland-Österreich-Schweiz zu verlassen. Wenn ich seither durch ein Zugfenster in Sibirien blicke und die endlose Taiga sehe, weiß ich, wie es sich anfühlt, sich durch Dickicht und Sumpf zu schlagen, verfolgt von Millionen Moskitos, so groß wie Heuschrecken und mit Rüsseln, die sogar durch Schuhe stechen. Dazu kommen hungrige Zecken, die man abends zu Dutzenden vom geschundenen Körper sammeln muss. Ich sitze dann immer ganz zufrieden in meinem komfortablen Zugabteil und trinke gemütlich eine Tasse Tee. Heb sagte, es gibt in Russland langsame und **zu** langsame Züge. Wir hatten Glück, auf dem Rückweg erwischten wir einen langsamen Zug nach Moskau, es war insgesamt eine fast hundertstündige Fahrt. Die Idee, mit organisierten Abenteuerreisen in Sibirien mein Geld zu verdienen, verlor nach dieser Tour etwas an Reiz.

9 ½ tausend Kilometer

In der Zwischenzeit beschränkte ich mich auf die nicht minder spannenden Reisen mit Lama Ole. Schon ein paar Monate später, nämlich am 1.Januar 1994 drückte mich der russische Bär wieder an seine breite Brust. Diesmal begann die Fahrt mit einer großen Silvesterparty in Berlin, direkt danach stiegen wir in den Zug und fuhren zunächst durch Polen. An der weißrussischen Grenze gab es den ersten längeren Aufenthalt. Die Achsen an den Zügen mussten getauscht werden, damit sie auf die schmaleren russischen Schienen passten. Weiter ging es durch sehr ländliche, schneebedeckte weißrussische Landschaften, bis wir schließlich St. Petersburg erreichten. Tolek wartete schon auf uns, doch er hatte unangenehme Neuigkeiten. Wir hatten zwei Waggons für uns gebucht, die jeweils an reguläre Züge angehängt werden sollten und uns neuneinhalbtausend Kilometer weit in den Osten, bis nach Wladiwostok, bringen sollten.

Doch im letzten Augenblick verlangte die Bahn einen viel höheren Preis als abgesprochen. Wir hatten als große Gruppe keine andere Möglichkeit, als dieser Räuberei nachzugeben. Deshalb musste ich als erstes von allen dreißig Teilnehmern je hundert Dollar extra einsammeln. Ich kalkulierte damals die Reisen nur mit den reinen Kosten. Unter anderem deshalb waren unsere Fahrten so billig, aber wir hatten keinerlei Puffer. Wenn etwas Unvorhergesehenes geschah, mussten alle zusammenlegen, was meistens auch ohne Murren geschah. Als wir unsere Waggons besichtigten, traf mich fast der Schlag: Sie waren völlig verdreckt und unter den Sitzen, wo wir unser Gepäck unterbringen wollten, waren Kohlen gebunkert. Nachdem wir mühsam die betrunkenen Zugbegleiter geweckt hatten, erklärten sie uns, dass wir selbst zuständig für unsere Heizung seien. Wir würden keine Kohlen unterwegs von der Bahn, beziehungsweise vom Staat bekommen. Also wenn wir es warm haben wollten, müssten wir die Kohlen mitnehmen. Es stellte sich aber bald heraus, dass einer der Waggons nicht isoliert und sowieso kaputt war.

Trotz aller Bemühungen ließ er sich nicht heizen. Wir saßen in unsere Daunenjacken und Schlafsäcke gehüllt in eisigen Abteilen. Es war so kalt, dass sogar die Äpfel gefroren, die ich in einer Tüte dabeihatte. Auch die Toiletten waren eingefroren, die Soße hing in dicken Klumpen am Zug und wurde alle paar hundert Kilometer an den Bahnhöfen mit Eisenstangen abgeschlagen. Die Fenster waren so dreckig, dass kaum Tageslicht hereinkam. Das war alles sehr rustikal.

Vier Wochen in einem ungeheizten Zug im Januar durch Sibirien, das konnte ja heiter werden! In diesem Fall haben wir dann doch mehr gefroren als geschwitzt. Aber echte Kagyü lassen sich die Stimmung nicht verderben. Wir rückten eng zusammen, kochten viel Tee und Instant- Suppen und meditierten Stunden vorwiegend auf Buddha Diamantgeist (Dorje Sempa auf Tibetisch, Vajrasattva auf Sanskrit). Hin und wieder putzten wir die Scheiben, damit wir beobachten konnten, wie wochenlang die immer gleichen Eindrücke von Taiga, Birken und Schnee an uns vorbeizogen, nur ab und zu unterbrochen von einigen Dörfchen, die an „Doktor Schiwago" erinnerten, und an deren bunten Holzhäuschen die Farbe schon recht abgeblättert war. Im Falle von Sibirien ist es kein Klischee von endloser Weite und unermesslicher Größe zu sprechen. Es ist so groß wie ganz Europa und der Rest Russlands zusammen. Die Höhepunkte waren natürlich Lama Oles Vorträge in den der Wildnis abgerungenen hingeklotzten Städten und der magische Baikalsee, in dem wir bei minus 30 Grad das obligatorische Eisbad nahmen. Es war ein Sport der hart gesottenen Russen eine Stelle am See zu finden, wo das ansonsten meterdicke Eis offen war und dort einzutauchen. Lama Ole und die meisten von uns wollten natürlich nicht als Warmduscher gelten und nahmen die Herausforderung an. Es war wirklich heftig: raus aus den dicken Mänteln, den warmen langen Unterhosen und mehreren Schichten Klamotten und dann in dieses eiskalte Wasser zu springen. Die Luft bleibt weg, das Herz steht still und um das Gehirn legt sich ein Schraubstock. Es gibt nur diesen einen Moment, keine Gedanken an die Vergangenheit oder Ideen zur Zukunft. Wenn man genug hatte, kam man wieder heraus, aber damit begannen erst die echten Schwierigkeiten. Die Haut der Füße blieb am Eis kleben und innerhalb von Sekunden war man so steif gefroren, dass man sich nicht mehr selber

anziehen konnte. Wie gut, dass Freunde mit Handtü-
chern, Kleidern und heißem Tee am Ufer warteten
und den tollkühnen Schwimmern behilflich waren.
Unsere russischen Freunde haben einen spannenden
Film über diese Reise gedreht. (Titel: 9 ½ Thousand
Kilometer, Russian Wintertour 1994)

Für mich war diese Reise insofern sehr bedeutend,
weil einer der Teilnehmer ein junger und charmanter
Hamburger war: Alexander, mit dem ich schon ein
Jahr später verheiratet sein sollte und immer noch sehr
glücklich zusammenlebe, inzwischen als Familie mit
Kind. Diese Reise war aber auch für Lama Ole, seine
rechte Hand Caty, Tomek, Sascha, Tolek und alle weiteren Organisatoren besonders aufregend, weil wir
ständig versuchten mit Lama Oles Frau Hannah in
Indien in Kontakt zu bleiben. Wir warteten gespannt
auf den Karmapa, diesmal auf den „echten", der jeden Tag in Delhi ankommen konnte. 1992 hatten die
Chinesen mit einer groß angelegten internationalen
Pressekampagne die Wiedergeburt des 16. Karmapa
angekündigt, dem Oberhaupt der Kagyü Linie, einer
seit ca. 1000 Jahren bestehenden Meditationsschule
des tibetischen Buddhismus. Die Kagyü Linie gehört
zu den sogenannten drei alten Linien, zusammen mit
Nyingma und Sakya, während die Anhänger des Dalai Lama als Gelugpas (die reformierte Schule oder die
Tugendhaften) bezeichnet werden. Der 16. Karmapa
Rangjung Rigpe Dorje (1924-1981) war 1959 nach der
chinesischen Invasion aus Tibet geflohen und lebte spä-

ter im indischen Exil in Sikkim. Die Chinesen feierten den Jungen als den angeblichen 17. Karmapa wie den zweiten lebenden Buddha, beehrten seine Familie mit Geld und Geländewagen und boten ihre fürsorgliche Erziehung im Mutterland an. Bei mir schrillten sofort alle Alarmglocken. Im marxistischen Weltbild war Reinkarnation nicht vorgesehen. Das Vertrauen der Tibeter in buddhistische Lehrer wurde ständig von den Chinesen untergraben und sogar mit Gefängnis und Folter bestraft. Wie konnten sie da die bewusste Wiedergeburt eines Karmapa gut heißen? Da musste anderes politisches Kalkül hinter stecken, wie sich später auch zeigte.

Lama Ole war für diesen Fall jederzeit bereit die Reise abzubrechen und sofort nach Indien zu fliegen. Mit einem abenteuerlichen Plan war es der Familie Gomez gelungen, ihn aus Tibet herauszuschmuggeln. Die Telefon- und Faxverbindung von Russland nach Indien war mühsam, und der unermüdliche Tomek verbrachte viele Stunden seines Lebens in tristen russischen Postgebäuden bei dem Versuch wichtige Nachrichten zu übermitteln oder zu erhalten.

Familiengeschichte

Russland hat mich immer stark berührt, vielleicht liegen die Gründe weit in meiner Familiengeschichte zurück?

Meine Urgroßeltern väterlicherseits, Nachfahren der Hugenotten, wanderten nach Samara an der Wolga aus, damals gab es dort für deutsche Bauern fruchtbares Land und Boden in Hülle und Fülle. Katharina II., die deutschstämmige Zarin, holte damals ihre Landsleute nach Russland und viele folgten ihrem Ruf. Als dann jedoch die Revolution ausbrach und die Zarenfamilie ermordet wurde, hatten auch sie unter Repressalien zu leiden und kehrten deshalb zurück; im Fall meiner Vorfahren nach Sezimyn an der Weichsel, in der Nähe von Warschau, Polen.

Ich habe dieses kleine Dörfchen 2002 besucht. Ich wollte meinen Wurzeln nachspüren. Ich war zu Vorträgen und gemeinsamen Meditationen als sogenannte „Diamantwegslehrerin" (von Lama Ole autorisierte buddhistische Nachwuchslehrer) in den polnischen Zentren des Diamantwegs Buddhismus eingeladen und Jaiko, ein Freund aus Warschau, fuhr mit mir die ganze Tour im Auto. Wir erreichten in der Abenddämmerung das ehemalige Siedlungsgebiet der Deutschen, die in den Wirren des 2. Weltkriegs vertrieben wurden. Zuerst fiel uns die bescheidene Holzkirche auf, damals ein Mittelpunkt der lutherisch-deutschen Gemeinde, umgeben von katholischen Polen. Wir fuhren den Damm entlang, vorbei an einzelnen Gehöften und ungepflegten Obstgärten.

Es war Jaiko, der plötzlich spürte, dass wir wohl da waren und anhielt. Wir fanden nur noch die verkohlten Grundmauern eines Bauernhofs und gingen durch die verwilderten alten Obstplantagen Richtung Weichsel. Ich erinnerte mich an die Erzählungen meines Vaters über das einfache harte Leben damals und die anschließende Flucht und Vertreibung. Mir kam die Lebensgeschichte Milarepas, Tibets größtem Yogi, in den Sinn: Erst als er in der zerfallenen Hütte seiner Heimat auf den Knochen seiner Mutter meditierte, spürte er den scharfen Schmerz der Vergänglichkeit in vollem Ausmaß.

Extreme Situation Training

Ich hatte eigentlich immer sehr wenig Geld, weil ich kaum Zeit in bezahltes Arbeiten investierte. Doch inzwischen hatte ich herausgefunden, dass ich gut organisieren konnte. Deshalb plante ich Reisen, die mich interessierten auch für andere und konnte so wenigstens meine Kosten decken. Gemeinsam erlebten wir dann die besten Abenteuer.

So kam es 2001 in St. Petersburg zu einem Kurs, den ich gemeinsam mit Bea, einer außerordentlich kreativen Freundin, organisierte. Er wurde von Kommandant Victor S. geleitet, zusammen mit seinen Soldaten der russischen Elite Omon, eine Spezialeinheit, die direkt dem Innenministerium unterstand. Sie kam in ganz Russland bei gefährlichen Situationen zum Beispiel bei Entführungen, politischen Geiselnahmen, Amokläufen, Selbstmordattentaten und Operationen in Tschetschenien zum Einsatz. Wir nannten unseren Kurs „Extreme Situation Training" (EST). Wir kannten Victor durch unsere Reisen mit Lama Ole, er war einer seiner Schüler.

Diesmal hatten wir immerhin 20 Teilnehmer. Wir übten unter anderem Nahkampf, schießen, Kopf unter klettern, Tauchen in der trüben kalten Newa, Geiseln befreien, Häuser stürmen – kurzum Selbstverteidigung in Extremsituationen. Für uns gab es keine Hindernisse, die nicht zu überwinden gewesen wären. Die Erfahrungen waren nicht nur eindringlich, atemberaubend spannend, sehr gruppendynamisch und ebenfalls ein echtes Grenzerlebnis, sondern auf einer tieferen Ebene auch verstörend.

Ich wollte den Geist dieser Männer verstehen. Sie sahen sich selber als Beschützer, hatten aber schon so oft getötet. Wie kann man einen dermaßen heftigen Eindruck im eigenen Geist verarbeiten?

Wie wirkt sich das auf lange Sicht aus? Für mich als Buddhistin stellte sich die Frage, wie ein solch belastetes Bewusstsein den eigenen Tod, den Zwischenzustand (Bardo) nach dem Tod und den Eintritt in das nächste Leben erfährt.

Bea und ich schrieben an einem Drehbuch, das diese Thematik berührte. Ich hatte durch Tomeks Beziehungen die großartige Chance, unser Exposé Jerry Schatzberg zu zeigen, einem berühmten Fotografen und Filmemacher, der mit Al Pacino, Faye Dunaway, Gene Hackman und anderen Hollywoodstars gearbeitet hatte. Tomek arrangierte ein Treffen, als Lama Ole wieder einmal in Amerika war und so flog auch ich nach New York und traf mich mit Jerry in einem Café. Er las das Exposé und gab mir wertvolle Tipps.

Der Film wurde leider nie gedreht, nach Hollywood reichten unsere Beziehungen dann doch nicht, aber wer weiß, vielleicht klappt es in der Zukunft. Bea beschäftigte sich noch längere Zeit mit diesem Projekt und gab viel Energie hinein, aber damals kamen wir nicht weiter damit.

Begegnung mit dem jungen 17. Karmapa Thaye Dorje

Alexander flog direkt nach unserer Russlandreise nach Delhi, um dort im KIBI (Karmapa International Buddhist Institute) auf den jungen Karmapa zu warten. Er hielt mich mit Faxen auf dem Laufenden, damals der letzte Schrei der modernen Technik, denn 1994 gab es noch kein öffentliches Internet! Auch ich kaufte mir sofort ein solches Gerät. Schon Ende Februar verstärkten sich die Gerüchte, dass der Karmapa angekommen sei. Kurz darauf folgte die Einladung Shamar Rinpoche's als amtierendes Oberhaupt der Linie an alle Kagyü-Zentren weltweit, an der offiziellen Willkommenszeremonie am 19. März 1994 teilzunehmen.

Ich reiste ohne zu zögern nach Delhi. Wir brachten das KIBI auf Hochglanz, alle putzten und schmückten das Institut, um unserem langersehnten spirituellem Oberhaupt einen würdigen Empfang bereiten zu können. Doch nicht nur Shamar Rinpoche's Mönche und hunderte Schüler von Lama Ole waren an dem Ereignis interessiert, es rief auch die Gegner von Shamar Rinpoche auf den Plan. Sie versammelten sich vor dem KIBI, demonstrierten gegen den „falschen Karmapa", pöbelten Besucher an und waren zu jeder Gewalttat bereit. Die ursprüngliche Idee von Shamar Rinpoche war, den Karmapa frühmorgens ins KIBI bringen zu lassen. Doch nachdem sich mehr und mehr Störenfriede zusammenrotteten, schlug Hannah Nydahl vor, den Karmapa schon in der Nacht zuvor einzuschleusen und morgens eine Limousine wegbrausen zu lassen, um eine falsche Spur zu legen. Hannahs List ging auf, tatsächlich ließen sich die Randalierer eine ganze Weile ablenken, während im KIBI die Zeremonie begann. Es war sehr berührend zu erleben, wie ernst und würdevoll der zarte elfjährige Karmapa Trinle Thaye Dorje zum ersten Mal seinen Thron bestieg und seinen Schülern aus Ost und West begegnete.

Am Ende der Zeremonie ertönte plötzlich lautes Geschrei, Fensterscheiben gingen zu Bruch, Steine flogen herein und offenbar herrschte draußen großer Tumult. Wir blieben zwar ruhig, waren aber dennoch angespannt: Jetzt kamen unsere Security-Pläne zum Einsatz. Alex stand Seite an Seite mit einem jungen tibetischen Mönch neben Karmapas Thron. Sie wechselten einen Blick: Beide waren bereit ihr Leben für die

Sicherheit des Karmapa einzusetzen. Auch an anderen Stellen bezogen die Teams ihre Posten. Einige der jungen tibetischen Mönche waren sehr aufgebracht und unsere europäischen Jungs mussten sie davon abhalten, hinauszustürmen und Gewalt mit Gewalt zu beantworten. Wir beschränkten uns darauf die Tore und Mauern zu sichern, um zu verhindern, dass der Pöbel eindringen konnte. Die Angreifer waren wie Mönche gekleidet, vermutlich waren es jedoch bezahlte Schläger, aber genau wussten wir es nicht. Die indischen Soldaten, die von der Regierung gestellt zum Schutz Karmapas als Wache vor dem Tor stehen sollten, waren weggelaufen, als es brenzlig wurde.

Ich denke, mit diesen Vorkommnissen endeten die letzten naiven Vorstellungen von heiler Welt, die wir Westler eventuell noch über Tibeter und Buddhismus hatten. Wir müssen uns auch oder gerade auf geistigem Gebiet unser kritisches Denken bewahren und genau abwägen, welche Belehrungen für uns passen. Dabei sollten wir unterscheiden können, was Überbleibsel einer feudalistischen asiatischen Kultur und Einflüsse von Machtkämpfen zwischen Familienclans und Linien sind und was Ausdruck jahrtausendealter Weisheit ist, die auf dem Dach der Welt bewahrt wurde.

DIE AUFGABE

*Wenn ihr etwas tut,
werden Hindernisse erscheinen und
ihr könnt sie überwinden.
Hindernisse sind ein Zeichen des Erfolgs.*

S.H. 16. Gyalwa Karmapa

DIE AUFGABE

Brief an Lama Ole

Alex und ich fuhren zurück nach Deutschland. Die Umstände waren sehr günstig: Wir waren frei, hatten Zeit und Energie und den tiefen Wunsch mit unserem Leben etwas Sinnvolles anzufangen, das über das rein Persönliche hinausging.

Schon früher hatten wir beide eine idealistische Einstellung gehabt. Damals suchten wir unser Glück zeitweise in politischen Aktivitäten. Ich kämpfte zum Beispiel gegen die Stationierungen der Pershing II-Raketen und verbrachte meine Freizeit auf Protestmärschen. Alex war Gegner vom Ausbau der Startbahn West und loses Mitglied der autonomen Szene. Später vermuteten mein damaliger Freund Wolfgang und ich den Sinn des Lebens als Aussteiger aus dem bürgerlichen Leben und überzeugte Vegetarier auf einem autarken Biohof. Aber die Arbeit auf dem Hof war tierisch anstrengend und oft schlief ich vor Erschöpfung auf dem Klo ein, einfach weil ich fünf Minuten ruhig sitzen durfte. Besonders deutlich erinnere ich mich an Berge frischgeschorener stinkender Schafwolle, die ich in eiskaltem Wasser versuchte sauber zu bekommen, um das kostbare Wollfett, das Lanolin, zu erhalten. Auch Tonnen von unreifen Tomaten, die ich mit Melasse und Essig einlegte und zu den anderen Dutzenden von Gläsern mit grünen Tomaten in den Keller stellte, die schon in den letzten Jahren keiner gegessen hatte, fallen mir ein. Nein, ich musste es mir eingestehen, ich war keine Bäuerin.

Außerdem bemerkte ich, dass mein Gesichtsfeld immer enger wurde, ich witterte überall Verschwörungen und Machenschaften der Chemiekonzerne. Meine Freude, die Lebensfreude, nahm ab und schließlich beschloss ich, das um jeden Preis autarke Leben aufzugeben. Das „gesunde Essen" konnte doch nicht Selbstzweck und Sinn des Lebens sein!

Ein Schlüsselerlebnis dazu war der Besuch bei meiner lieben Freundin Gudrun. Wir beide hatten unsere gemeinsame Ausbildungszeit als Erzieherinnen mit unzähligen Gesprächen verbracht, in denen wir oft genau analysierten, was um uns herum und in unserem eigenen Geist geschah. Es waren außerordentlich anregende Diskussionen, die immer neue Blickwinkel eröffneten, gerade weil wir so verschieden waren. Jetzt war ich nach langer Zeit wieder einmal bei ihr und sie hatte eine leckere Kaffeetafel vorbereitet. Wir beide freuten uns darauf, endlich wieder einmal ausgiebig schwätzen zu können.

Ich starrte auf den Tisch und in meinem Hirn formten sich viele Argumente über die böse Welt, wie zum Beispiel „Maisbrötchen, aus ungesundem Weißmehl und siebenfach gespritztem Mais gebacken; ha, und da der Kuchen mit Zucker, dem schlimmsten Calciumräuber für unsere Knochen; Kaffee, mit Gift gedüngt und unter unmenschlichen Bedingungen von unterdrückten Indios angebaut" und so weiter und so fort. Mein Mund war dumm genug, das alles auszusprechen. Aber da kam Gudrun in Fahrt. War es mein „gesundes Leben" wert, dass ich unsere kostbaren Momente der Freundschaft mit meinen übertriebenen Prinzipien und meiner Rechthaberei zerstörte? War es wirklich so schlimm, ein paar Maiskörnchen zu essen und dafür einen wunderschönen Nachmittag mit der besten Freundin zu verbringen? In welchem Verhältnis standen menschliche Werte im Vergleich zu Ökomaterialismus für mich?

Ich verstand, dass sie Recht hatte. Von diesem Moment an wurde ich wieder menschlich, inkonsequent und lockerer. Ich hielt mich fortan, ohne es damals zu wissen an Buddhas Ratschläge, die er seinen Bettelmönchen mit auf den Weg gab: Macht kein großes Aufheben um das Essen. Esst, was euch angeboten wird, auch wenn es Fleisch oder Reste sind. Was immer es ist, es erhält den Körper.

Nach einer weiteren, diesmal esoterischen Phase, die sowohl Alex als auch ich unabhängig voneinander durchlaufen hatten, und in der wir alle möglichen und unmöglichen okkulten Techniken ausprobierten, bemerkten wir, dass uns auch Runenorakel, Edelsteine auflegen, Tarot Karten oder Rebirthing nicht wirklich weiterbrachten. Das waren bedingt wirksame Mittel für ganz bestimmte, spezifische Situationen, die völlig im Spannungsfeld von gut-böse, hell-dunkel, mögen-ablehnen angesiedelt sind. Sie erklärten uns nicht, wie wir jenseits einer dualistischen Sichtweise gelangen können und glücklicher wurden wir damit auch nicht.

Langsam dämmerte uns die Erkenntnis, dass man erst mit dem eigenen Geist arbeiten muss, bevor man die Welt „retten" kann. Außerdem bot der Buddhismus eine umfassende Philosophie mit schlüssiger Logik und überzeugenden Mitteln an. Damit wir nicht nur intellektuell verstehen „wie die Dinge sind", gibt es wirksame Methoden, um uralte Gewohnheiten aufzuspüren und wenn wir dadurch die eigenen Muster und Sichtweisen positiv verändern, erlaubt uns das auch, andere zu verstehen und zu unterstützen.

Ich hatte Lama Ole geschrieben, dass wir offen für ein Projekt oder bereit für eine Aufgabe wären und nun erwarteten wir seine Antwort. Wir trafen ihn im ehrwürdigen Retreatzentrum Schwarzenberg im Allgäu. Er saß vor einem Stapel Post und arbeitete wie üblich. Als er uns sah, nahm er seine Brille ab, schaute uns genau an, dann legte er die Arme um uns und sagte: „Ihr beide geht nach Griechenland und baut unsere Meditationsstelle dort auf. Ihr zwei sollt wie Vater und Mutter für Karma Berchen Ling sein. Berchen Ling ist eine Yogi-Stelle, frei und wild und zum Meditieren bestens geeignet." Dann erzählte uns Lama Ole noch, wie kostbar die Zeit für ihn und seine Frau Hannah in den siebziger Jahren gewesen war, die sie beide in Schwedens Wäldern in Zurückziehung verbrachten. Er war sich sicher, dass auch wir eine gute Zeit in Griechenlands Bergen verbringen würden. Wir waren überrascht, an Griechenland hatten wir bislang nicht gedacht. Ich kannte das Land noch gar nicht, Alex war einmal im Urlaub dort gewesen. Aber uns gefiel die Idee eine Stelle zu schaffen für Menschen, die mit ihrem Geist arbeiten und sich für die Meditationspraxis eine Weile aus dem Alltag zurückziehen möchten. So flogen wir bereits im Juni 1994 nach Athen.

Deutsche unerwünscht!

Doch was wir dort vorfanden, entsprach nicht unbedingt unseren Erwartungen: Die griechische Gruppe in Athen hatte sich im Verlauf der Karmapa-Kontroverse gespalten und stritt sich jetzt um den gemeinsamen Besitz: ihre Retreatstelle in den Bergen, Karma Berchen Ling. Es gab zu diesem Zeitpunkt sechs Besitzer: fünf Griechen, die alle einmal Freunde gewesen waren und Lama Ole selbst. Zwei der Besitzer hatten sich im Zuge der Karmapa-Kontroverse auf die chinesische Seite geschlagen und wollten nun die Stelle Tenga Rinpoche, der ebenfalls den politischen, von China protegierten Karmapa Urgyen Trinley, unterstützte, übergeben. Sie hatten schon verschiedene rechtliche Schritte unternommen, zum Beispiel einen Zaun um das Gelände gezogen und drohten uns mit einer Anzeige wegen Hausfriedensbruch, falls wir es wagen sollten, das Gelände zu betreten. Natürlich wollten wir unseren jährlichen Meditationskurs mit Lama Ole dort abhalten.

Lama Ole, der ja selber einer der sechs Besitzer war, sah natürlich nicht ein, warum er sein eigenes Land nicht betreten sollte. Es gab also etliche Treffen mit Polizei und Rechtsanwälten, während sich eine kleine tapfere Gruppe von ungefähr 30 Teilnehmern unter die Kiefern setzte und stramm meditierte. Aus Polen war ein klappriger Neun-Sitzer-Bus den weiten Weg in den Süden über Land gekommen und einige von Lama Oles ältesten und treuesten Schülern wie Misziek, Bartek und Spieszek unterstützten uns. Dieser „Kurs" konnte natürlich nicht vorher organisiert werden, und so improvisierten wir: kein Zelt, kein Wasser, das Essen holten wir aus der eine Stunde entfernten Taverne in Evrostina. Im benachbarten Dorf Jelini behandelten sie uns nicht besonders gastfreundlich: Sie spuckten auf den Boden, wenn sie uns sahen und drehten uns den Rücken zu. Einige alte Männer zeigten den Hitlergruß und riefen: „Kalavrita bumm, bumm." Kalavrita ist ein Bergdorf, unweit der Stelle ebenfalls auf dem Peloponnes gelegen. Die Äußerungen spielten auf ein Ereignis während dem Zweiten Weltkrieg an, als deutsche Soldaten zur Vergeltung eines Partisanenangriffs tausend männliche Bewohner des Ortes erschossen. Ein Polizist aus Korinth, den unsere Organisatoren vorher über den Kurs informierten, bemerkte laut und deutlich, dass er keine Deutschen möge. Alex und ich fanden die Vorstellung, hier „Vater und Mutter" zu sein, plötzlich gar nicht mehr so romantisch. Ich musste mit Lama Ole reden. Er willigte ein und schlug einen Spaziergang vor. Lama Ole rannte voller Kraft den Berg hinauf zum sogenannten Dorje Phagmo-Felsen und ich keuchte hinterher. Dazwischen presste ich ziemlich außer Atem ein paar meiner Bedenken heraus. Dann rannten wir wieder hinunter und der Lama sagte: „Gut, dass wir geredet haben."

Alex und ich gingen daraufhin nochmals hoch in die Berge und fanden einen sehr besonderen Felsen, der aussah wie eine Kobra. Darunter blieben wir sitzen und beratschlagten. Ergab es einen Sinn in dieser verfahrenen Situation zu bleiben? Konnten wir als Ausländer hier überhaupt irgendetwas bewirken? Oder sollten wir besser irgendwo anders hingehen, wo wir willkommen wären? Als ich Lama Ole gegenüber meine Zweifel geäußert hatte, war er sehr zurückhaltend gewesen. Er hatte uns nicht ermuntert. Er wollte uns nicht in etwas drängen, was wir nicht wirklich selbst wollten. Wollten wir es? Schließlich siegte unsere Abenteuerlust und das Vertrauen in unseren Lehrer, der uns wiederum auch einiges zutraute und wir entschieden uns, die Herausforderung anzunehmen.

Im Spätsommer desselben Jahres folgte Tenga Rinpoche einer Einladung seiner Schüler, die dem chinesischen Karmapa-Kandidaten Berchen Ling übergeben wollten. Unser guter Freund Yorgos, dessen Treue zu seinem Lehrer Lama Ole nie in Frage stand, ging mit einem eigenen Übersetzer zu Tenga Rinpoche und schilderte ihm die Situation. Daraufhin wies Tenga Rinpoche seine streitbaren Schüler an, sich aus Berchen Ling zurückzuziehen und die Stelle an Lama Ole zu geben. Jetzt war der Weg für uns frei.

Das Land der Kalmücken

Doch zuerst riefen mich andere Pflichten. Die Organisation der jährlichen Sommer-Russlandreise stand an. Diesmal führte sie uns zunächst im europäischen Teil entlang den geschichtsträchtigen Wolga-Städten wie Samara und Wolgograd (ehemals Stalingrad), dann ging es weiter in den Süden Richtung Kaukasus und in die Steppen bis nach Elista. Dort leben die Kalmücken, ein westmongolisches Volk, das im 17. Jahrhundert an die Wolga gelangte. Seit 1992 ist Kalmückien eine autonome Republik. Erstaunlicherweise wurden wir oft in einem altertümlichen Deutsch angesprochen. Die Kalmücken hatten es von den Wolgadeutschen gelernt, mit denen sie zusammen von Stalin in sibirische Arbeitslager gesteckt wurden, nachdem sie beim Einmarsch der Deutschen mit Hitlers Armeen kollaboriert hatten. Die Kalmücken sind traditionell Buddhisten und erwarteten nun gespannt Lama Oles frische und zeitgemäße Belehrungen.

Wir wurden als Ehrengäste empfangen, was unter anderem das Privileg beinhaltete, umsonst die öffentlichen Verkehrsmittel benutzen zu dürfen. Der damals noch recht junge gutaussehende Präsident Kirsan Iljumschinow war begeisterter Schachspieler und träumte davon, die Schachweltmeisterschaft nach Elista zu holen. Er hatte eigens dafür bereits begonnen ein olympisches Dorf bauen zu lassen. Allerdings wäre der Phowakurs mit Lama Ole um ein Haar geplatzt, da eine Cholera-Epidemie in der Stadt ausgebrochen war. Ein Camp mit vielen Leuten, darunter Ausländer aus allen Teilen der Welt, und nur unzureichenden sanitären Anlagen (zwei Toiletten für ca. 1000 Personen!) ließ die Behörden aufhorchen. Zur Vorbeugung bekam jeder von uns Vitamin C, das wir einnehmen sollten. Dank Gabis rigorosem Durchgreifen was die Hygiene betraf und Saschas Verhandlungskünsten genehmigten sie uns dann aber doch den Kurs. Nur zum Ende gab es noch einmal Probleme mit den Behörden. Dieses Mal wollten sie uns nicht ausreisen lassen, sondern wegen der Seuchengefahr unter Quarantäne stellen.

Auf der Rennbahn

Der Kurs selbst lief ohne Hindernisse. Immer wenn ich in die Weiten der Steppe blickte, überkam mich ein ziehendes und sehnsüchtiges Freiheitsgefühl und ich hätte mir am liebsten ein Pferd geschnappt und wäre einfach losgaloppiert. Tolek wurde in diesem Fall zu meinem wunscherfüllenden Juwel. Ihm gelang es, den Kontakt zum ansässigen Pferdeleistungssport-Zentrum herzustellen und einen Ausritt zu vereinbaren. Als die Profireiter unseren bunt gewürfelten Haufen sahen, hatten sie durchaus berechtigte Zweifel, uns ihre Tiere anzuvertrauen. Die besten Pferde Russlands wurden hier auf internationale Turniere und Meisterschaften vorbereitet. Unsere Dollars zerstreuten jedoch die Bedenken und schließlich bekam doch jeder ein Ross zugeteilt. Ich wartete, bis alle ein Tier hatten. Meine Freunde waren schon langsam im Schritt Richtung Rennbahn geritten. Die meisten von ihnen hatten gar keine Erfahrung, geschweige denn, dass sie Reitstunden genossen hatten. Da ich die anderen einholen wollte, kam ich im leichten Trab von hinten heran. Für die Pferde war dies offenbar ein Signal: Sie hoben die Köpfe, spitzten die Ohren und galoppierten los. Das Rennen war eröffnet. Der plötzliche Vollstart der bis dahin ruhigen Tiere warf fast alle unsere ungeübten Reiter aus dem Sattel. Die restlichen klammerten sich so gut es ging an Sattel oder Mähne fest. Die Pferde hatten ihren Spaß. Sie liefen das Rennen mit oder ohne Reiter. Anke aus Konstanz und ich waren die Einzigen, die reiten konnten. Wir galoppierten neben den letzten noch auf den Pferderücken hängenden Überlebenden her und riefen ihnen gute Ratschläge zu wie „Lehn' dich nach hinten.", „Fass' die Zügel kürzer." oder „Halt dich an der Mähne fest." und versuchten vergeblich die

Herde zum Anhalten zu bringen. Nach drei Runden auf der Rennbahn hatten die Pferde genug und liefen von selbst zum Stall zurück.

Zum Glück wurde niemand ernstlich verletzt. Übrig blieben nur ein paar Schrammen, blaue Flecke und die Erinnerung an dieses Abenteuer: Dieser ganz besondere Moment, der einem die Luft nimmt und das Herz stehen bleiben lässt, das Erleben atemberaubender Schnelligkeit auf einem dahin jagenden Rennpferd.

Eine Stupa in den Bergen Andalusiens

Zurück aus Russland stiegen wir im September 1994 in meinen alten Golf und brausten hinunter nach Südspanien. In Griechenland konnten wir noch nichts tun, dort sondierten unsere griechischen Freunde, allen voran Yorgos, erst einmal die Rechtslage.

In unserem Landzentrum „Karma Gön", benannt nach dem ersten Kloster des ersten Karmapa Düsum Khyenpa in Ost Tibet, sollte die erste Kalachakra-Stupa Europas unter der Leitung von Lopön Tsechu Rinpoche entstehen. Bei diesem Ereignis wollten wir natürlich dabei sein. Eine Kalachakra Stupa ist etwas ganz Besonderes. Sie gehört nicht zu den acht üblichen Stupa-Formen, die sich auf Ereignisse im Leben des historischen Buddha Shakyamuni beziehen, sondern beruht auf Belehrungen des sogenannten Kalachakra Tantras. Der Begriff kommt aus dem Sanskrit und bedeutet Rad der Zeit. Dieses Tantra beschreibt nicht nur spirituelle Entwicklungen und erleuchtete Aktivität, sondern befasst sich auch mit weltlichen Aspekten. Gemäß der Überlieferung werden die Bedingungen in unserer Welt immer schwieriger und kriegerische Auseinandersetzungen nehmen zu. Wenn schließlich die Kräfte der Zivilisation und der Menschlichkeit unter stärksten Druck geraten, erscheint der König eines mystischen Reiches und stellt sich den Barbaren entgegen. Alle, die bis dahin Kontakt mit diesen Lehren hatten, werden dann an seiner Seite für Frieden und Freiheit kämpfen. In den alten Schriften werden die Angreifer als *mleccha* bezeichnet, was Moslems bedeutet. Auch schon in der Vergangenheit wurden die buddhistischen Kulturen Indiens und Zentralasiens von islamischen Armeen überrannt und vernichtet.

Um das Kraftfeld Kalachakras zu aktivieren und zum Schutz unserer freiheitlichen Demokratien, errichteten wir nun auf den ausdrücklichen Wunsch unserer Lehrer hier an der Südspitze Europas eine solche Stupa. In Karma Gön trafen wir unter anderen auch zum ersten Mal Misziek, den Helden aus der polnischen Retreatstelle Kuchary und Piotr und Mirka, Freunde, die uns bis heute begleiten und die inzwischen zum festen Team in Berchen Ling gehören. Piotr und Mirka waren polnische Lebenskünstler mit ausgeprägtem Freiheitswillen. Sie hatten einen kleinen Sohn, Matteusz, mit dem sie seit 2 Jahren in Karma Gön lebten. Es war phantastisch in Lopön Tsechu Rinpoche's Kraftfeld mitzuarbeiten. Rinpoche redete nicht viel darüber, was und warum er etwas tat. Er involvierte auch nur Wenige in die inneren Prozesse des Stupabaus. Nur bei der Herstellung der „Tsatsas", kleinen Stupas und Buddha Figuren aus Gips, durfte sich jeder beteiligen und konnte dadurch gute Eindrücke aufbauen. Das war seine Weise, die Arbeit zu schützen. Rinpoche erklärte, dass besonders große und wichtige Dharma-Projekte auch immer von Hindernissen begleitet werden. Außerdem bringt jeder der Beteiligten sein eigenes Karma mit, wodurch ebenfalls Störungen ausgelöst werden können. Er arbeitete darum eher im kleinen Kreis und erst wenn das Vorhaben in trockenen Tüchern war, öffnete er es für alle.

Tsechu Rinpoche legte besonders viel Aufmerksamkeit auf die Naturenergien und die nicht-menschlichen Wesen, die einen Platz bewohnen und die meistens bereits sehr viel länger da sind als wir. Sie fühlen sich als die eigentlichen Besitzer der Stelle.

Deshalb gibt es buddhistische Rituale, mit der die „Erddakini" (als Verkörperung unserer Welt, der Erde) und die Bewohner der Stelle um Erlaubnis gebeten werden, dort ein Gebäude, wie zum Beispiel eine Stupa errichten zu dürfen. Sie bekommen Geschenke, man ehrt sie, dankt ihnen und sorgt somit auch auf dieser Ebene für einen reibungslosen Ablauf.

Eines Tages, als wir beim Stupabau in Karma Gön mal wieder den Beton polierten, was eine ziemlich eintönige und anstrengende Arbeit ist, kam ein sehr auf-

fälliger Reiter auf einem weißen Pferd den Weg hoch-
geritten und umrundete die Stupa. Ich erinnere mich,
dass seine Kleidung ungewöhnlich war: Er trug einen
schwarzen Umhang, einen eigenartigen Hut und sah
überhaupt nicht zeitgemäß aus, sondern wie jemand,
der gerade einem alten Musketier-Film entsprungen
war. Sein Gesicht war sehr blass. Wir erzählten Rinpoche natürlich von diesem Besucher und er erklärte uns,
dies sei der Schützer Spaniens.

Santiago Matamoros, der Maurentöter, wie ihn die
Spanier nennen oder der Heilige Jakobus, wie er bei
uns heißt, wurde der Legende nach vom Jünger Christi
zum Schutzpatron Spaniens. Seinem Schutz wird im
Zuge der Reconquista die Rückeroberung des Landes
aus der Hand der Mauren zugeschrieben. So erschien
er auch 844 in der Schlacht von Clavijo in Nordspani-
en und führte die Christen zum Sieg. Der 25. Juli ist
der Gedenktag an den heiligen Jakobus. Er soll auch
schon in die Schlachten Karls des Großen eingegriffen
haben. Er tauchte auch später immer wieder in Karma
Gön auf und viele sahen ihn. Lopön Tsechu Rinpoche
sagte, dass er in einem Palast in einem Berg lebe und
immer dann erschiene, wenn er gebraucht werde.

Tag der Wunder

Bei der sehr besonderen Stupa-Einweihung durch
Tsechu Rinpoche am 21. Oktober 1994 in Karma Gön,

zeigten die Buddhas und Naturwesen ihre Präsenz: Ein Reigen von Blättern wirbelte um die Stupa und bildete ein Tor, 17 Adler flogen über ihr und das Phänomen der sogenannten „zwei Sonnen" erschien am Himmel. Wir beobachteten staunend, was geschah.

Plötzlich kam Pedro, der große Visionär, und legte ohne weitere Worte seine Stirn gegen meine. Ich sah eine Karte Europas und überall, wo Lama Oles buddhistische Zentren waren, bemerkte ich kleine leuchtende Sterne. Dazwischen blinkten wenige größere Sternchen, das waren die Stupas. Ich starrte angestrengt auf diese innere Karte, denn ich wollte wissen, ob in Griechenland auch eine Stupa zu erkennen sei, aber es sah nicht so aus. Später erzählte ich Lama Ole von diesem Erlebnis und er meinte, ich sei in seinen Geist eingetaucht, er sähe die Welt oft als Landkarte.

Pedro ist ein herausragender Visionär, Begründer und Patron des Buddhismus in Spanien, der allerdings zu dieser Zeit noch in Kopenhagen lebte und unermüdlich in seinem Restaurant hin und her flitzte, um damit die Stupa zu finanzieren. Außerdem spielten er und seine Frau mit den beiden Söhnen Nicolas und Peter die entscheidende Rolle, um den jungen 17. Karmapa Thaye Dorje und später dessen Familie aus Tibet heraus zu holen. Die Idee zur Kalachakra-Stupa sowohl in Spanien als auch in Griechenland wurde schon Ende der achtziger Jahre des letzten Jahrhunderts geboren. Pedro plante sie gegen viele Widerstände und er wollte sie mit Hilfe von Tenga Rinpoche bauen. Tenga

Rinpoche (1932-2012) wurde u.a. vom 16. Karmapa als Meditationsmeister ausgebildet und gab bis in die frühen 1990er Jahre viele Belehrungen und Einweihungen in unseren Zentren. Im Zuge der Karmapa Kontroverse hielt er sich jedoch an den chinesischen Kandidaten Urgyen Trinley, wahrscheinlich weil er noch sehr viele Klöster und nahe Verbindungen in Tibet hatte, die ansonsten noch stärker unter Druck geraten wären. Wie uns Tomek erzählte, redete Lama Ole schon damals davon, nicht nur den südlichsten Punkt Europas (Málaga) zu schützen, sondern auch an der südöstlichen Grenze in Griechenland ein Monument für die Freiheit und den Schutz Europas zu errichten. Aufgrund der Linienspaltung Anfang der Neunziger Jahre war es dann nicht mehr Tenga Rinpoche, sondern Lopön Tsechu Rinpoche, der 1994 die Kalachakra-Stupa in Karma Gön baute.

Tsechu Rinpoche schuf die Pläne zusammen mit dem Architekten Wojtek. Wojtek und seine damalige Frau Maggi entwickelten eine sehr nahe Verbindung und persönliche Beziehung zu Rinpoche. Maggi, übrigens die Schwester von Tomek, wurde seine enge Vertraute und begleitete ihn auf vielen Reisen. Wojtek lernte, eine uralte mündliche Übertragung aus Asien in westliche Maße und Ästhetik umzusetzen. Er vertiefte sich in die Herausforderungen des Stupa Baus und errichtete mehr als zwanzig solcher Bauwerke in ganz Europa und Mexiko. Es war unser größter Wunsch, ebenfalls eine Kalachakra Stupa in Griechenland unter der Führung von Tsechu Rinpoche zu bauen. Aber wir ahnten nicht, wie viele Bedingungen zusammenkommen müssen, damit ein solcher Wunsch in Erfüllung gehen kann.

Lama Ole und Hannah befanden sich zu dieser Zeit im September 1994 in einem vierwöchigen Retreat in Karma Gön. Während dieser Zeit erhielten sie eine vollständige Kalachakra-Ermächtigung von Tsechu Rinpoche. Hannah und Lama Ole haben in den gesamten Jahren ihrer Ausbildung beim 16. Karmapa die gleichen Übertragungen erhalten. Damit war Hannah ebenfalls völlig als buddhistische Lehrerin autorisiert. Sie überließ aber lieber ihrem Mann Ole den öffentlichen Part, ihre Aktivität schaffte die Verbindung nach Asien. Ihre Nähe zu Shamar Rinpoche und anderen großen Lehrern, ihr Studium der klassischen Texte, ihre Tibetisch-Kenntnisse und ihre Übersetzertätigkeit hielten den Zugang zu den tibetischen Quellen der Linie offen. Sie war Lehrerin am KIBI (Karmapa International Buddhist Institute) in Delhi und ermutigte die hellen Köpfe unter uns zu einem Studium der tibetischen Sprache und der klassischen buddhistischen Texte.

Das Hamburger Schanzenviertel

Im Herbst dieses Jahres reisten wir zurück nach Hamburg, wo wir eine kleine billige dunkle Hinterhof-

Souterrainwohnung im Schanzenviertel, im „Schulterblatt" als Basis bewohnten, um erst einmal wieder Geld zu verdienen und weitere Pläne für Griechenland zu schmieden. In dieser mit einem Kohleofen beheizbaren Wohnung war es so feucht, dass sogar Nacktschnecken über den Schlafzimmerboden krochen. Offenbar gelangten sie durch die Ritzen der Tür vom sogenannten „Garten" herein, ein schmaler Streifen Erde zwischen Haus- und Hofwand, der ebenso wenig direkte Sonneneinstrahlung abbekam wie die Wohnung selbst.

Die unmittelbare Nachbarschaft bestand aus Horst, dem „König" der Kleinkriminellen, bei dem dauernd Hehler und zwielichtige Burschen ein und aus gingen; dem stets tadellos gekleideten Blumenmann, der seine Ware im Torbogen anbot; dem ständig Teppich klopfenden „Saubertürken" mit seinen pyromanisch veranlagten Kindern, die mehrere Mal fast das ganze Haus abfackelten und der drei Zentner schweren Elsa mit ihrem bleichen spindeldürren Ehemann, die ihren kahlen Pinscher im Hof Gassi führte. Direkt neben uns wohnte Steffi, eine alte Freundin von Alex und ebenfalls Buddhistin. Aus unseren Wohnungen quoll der herbe Duft tibetischer Räucherstäbchen und der Klang von Pujas, das sind gesungene Meditationen auf Tibetisch. Damals verwendeten wir noch oft diese traditionelle Form der buddhistischen Praxis. Im „Garten" hatten wir Gebetsfahnen aufgehängt. Jahre später, als wir schon längst weitergezogen waren, wurde diese

Wohnung immer noch von buddhistischen Freunden bewohnt und viel praktiziert. So entstand im Hinterhof Milieu eine kleine Oase, von der aus viele gute Wünsche für alle Lebewesen hinausstrahlten.

Es fanden sich bald weitere Idealisten, die im nächsten Frühjahr mit nach Berchen Ling kommen wollten: Peter Ruser, der Alex die Grundbegriffe des Computers beibrachte und der 2001, drei Tage vor dem Anschlag der islamistischen Terroristen auf die Twin Towers in New York, in der Blüte seines Lebens bei einem Motorradunfall in Litauen starb, und Gunda, seine damalige Freundin. Wir vier teilten uns in den nächsten Jahren Gundas Wohnung in Hamburg-Winterhude: Während die beiden im KIBI in Delhi studierten, wohnten Alex und ich darin und wenn sie zurückkamen, gingen wir nach Griechenland oder auf Reisen. Auch der Schreiner Bruno aus dem Allgäu und Silke mit ihrem einjährigen Söhnchen Paco, Frank und seine Freundin Maria und Robert, das Allround-Genie vom Schwarzenberg, ließen sich von unserer Begeisterung anstecken.

Keiner von uns war vermögend, aber jeder gab was er hatte, ob es Werkzeug, ein Auto oder sonstiges Material war. Außerdem legten wir alle damals jeweils eintausend und Gunda sogar zweitausend Deutsche Mark auf den Tisch: so hatten wir insgesamt 10.000 DM als Startkapital. Damit konnten wir in Griechenland unser Herzensprojekt „Retreatzentrum Berchen Ling" in Angriff nehmen.

Kalimera Ellada

Als wir im Mai 1995 den Peloponnes erreichten, konnten wir den Platz erst einmal gar nicht finden, es herrschte dichter Nebel. Wir kamen mit dem Schiff aus Italien, also von Patras herüber. Auf dem Weg nach Griechenland wurde übrigens in Bari unser Auto ausgeraubt. Das Auto war natürlich voll beladen mit Werkzeug, Faxgerät und verschiedenen anderen Dingen, aber sie stahlen „nur" meinen Schmuck und einen kleinen goldenen Buddha. Dieser war mir allerdings sehr kostbar, denn er war ein Geschenk meines nepalesischen Freundes Karma, der ihn von seinem Großvater bekommen hatte.

Auf dem Weg in die Berge hielten wir auf einen Kaffee in Evrostina an, in Yorgos' Taverne. Yorgos entwickelte sich mit den Jahren zu einem treuen Freund und Unterstützer. Er war als Kriegsgefangener in Deutschland gewesen, hatte sich in ein deutsches „Fräulein" verliebt und mochte seitdem die Deutschen. Nicht nur unser gesamtes Geschirr, die typisch griechischen unbequemen Tavernen-Stühle und kistenweise Zitronen verdanken wir ihm, sondern auch jede Menge moralische Unterstützung und praktische Hilfe. Berchen Ling liegt abgelegen auf einer Höhe von 1200 m. Man holpert ca. eine Stunde vom Meer aus über kurvige und damals weitgehend unbefestigte Straßen und ruiniert garantiert sein Auto, den Auspuff nach vierzehn Tagen, die Stoßdämpfer nach vier Wochen.

Nachdem wir einige Zeit in den Bergen zwischen dichten Wolken herumgeirrt waren, entdeckten wir endlich die richtige Abzweigung. Doch als sich die Nebel lichteten, waren wir überwältigt. Die Aussicht war einfach atemberaubend. Man blickt über das ionische und das ägäische Meer, an klaren Tagen kann man die Küstenlinie und die Inseln des Golfs von Korinth gestochen scharf erkennen. Direkt gegenüber im Norden befindet sich Delphi, ein heiliger Platz der Antike. Dort beeinflusste Pythia über berauschenden Dämpfen als Staatsorakel Kriege, Bündnisse und politische Entscheidungen.

Im Westen liegt das antike Olympia, im Osten Mykene, wo man noch immer die eindrucksvollen Überreste des damaligen gewaltigen Reiches des Agamemnon besichtigen kann, und im Süden befindet sich Sparta. Von unserem Platz aus kann der Blick ungehindert über die zwei Meere und die Hügel des Peloponnes schweifen; im Süden jedoch schützt ein mächtiger Berg, der „Mavro Vuni", der Schwarze Berg, mit seinen über 2000 Metern Höhe unseren Rücken. Dahinter schließt sich das Kyllinimassiv an, dessen 2300 m hohe Gipfel bis in den Juni hinein schneebedeckt bleiben. Ein besonderes Wahrzeichen dieses kraftvollen Ortes ist eine Felsennadel, in der unsere tibetischen Lehrer eine weibliche tanzende Buddha-Form erkannten, die sogenannte Rote Weisheit oder Dorje Phagmo, wie sie auf Tibetisch heißt. Als guter Schüler kann man sie natürlich auch sehen, für alle anderen ist sie mal mehr, mal weniger deutlich sichtbar.

In der ganzen Umgebung befinden sich zahlreiche Höhlen, viele haben davon eine eigene Geschichte und wurden jahrhundertelang von der ansässigen Bevölkerung und den Hirten genutzt. Die uns am nächsten gelegene Höhle zum Beispiel wird von den Dorfbewohnern die „Aristoteles Höhle" genannt. Ein junger Mann, ein Ziegenhirte, hatte sich in jeder freien Minute in diese Höhle zurückgezogen und so viel gelesen und gelernt, dass er später zum Stolz des ganzen Dorfes Arzt wurde. Die großen Höhlen auf dem Schwarzen Berg wurden während des zweiten Weltkriegs im Kampf gegen die Deutschen von Partisanen als Unterschlupf genutzt.

Die Höhlen bei Evrostina bilden ein ganzes Labyrinth. Hier versteckten sich die Griechen vor den türkischen Invasoren und pflegten heimlich ihre Kultur und Sprache, sowie ihren orthodoxen Glauben. Es gab dort sogar eine Kapelle und eine Schule.

Eine sehr beeindruckende Höhle befindet sich in einer steilen Felsenwand auf dem Weg nach Jelini. Wie ein Adlerhorst klebt dort ein kleines Eremitenkloster. Schon vor eintausend Jahren kamen orthodoxe Mönche hierher und bauten sich diese Einsiedelei. Heute findet einmal im Jahr eine Liturgie statt, man kann dann die morschen Knochen der Heiligen bestaunen und in der Taverne im Dorf wird anschließend kräftig der Namenstag von St. Konstantin gefeiert. Lopön Tsechu Rinpoche gefiel dieses kleine Kloster sehr gut, es erinnerte ihn an das „Tigernest" in Bhutan im Himalaya und er hätte gerne einmal darin meditiert. Die orthodoxen Kirchen und Kapellen befinden sich meistens auf Berggipfeln oder an besonderen Orten, die schon in der Antike heilig waren. Sie wurden christianisiert, sozusagen „umgetauft", wie zum Beispiel die kleine Kirche auf dem Schwarzen Berg heute dem Heiligen Elias gewidmet ist. Dieser sieht allerdings dem alten Sonnengott Helios, der mit seinem Streitwagen über den Himmel zieht, verblüffend ähnlich.

Als 1978 der 16. Karmapa in Athen die Akropolis besuchte, da sah er die alten griechischen Götter. Er bemerkte allerdings, dass sie in einem sehr schlechten Zustand seien, und meinte, es wäre gut, wenn ihnen die Leute wieder mehr Beachtung und Opfergaben schenken würden.

Unsere Bergkuppe wird von den Einheimischen auch „Der Platz der fünf Winde" genannt, weil die Winde nicht nur aus allen vier Himmelsrichtungen, sondern sogar noch von oben kommen. Dass dieser Platz seinem Namen alle Ehre macht, haben wir in den kommenden Jahren noch oft erlebt, wenn uns Wohnwagen um die Ohren flogen, Zelte zerrissen oder in jedem Frühjahr alle Dachziegel kaputt am Boden lagen. Die schlimmsten und zerstörerischen Stürme kamen immer aus dem Süden, meist im Frühjahr. Sie haben uns ganze Bauten wie einen Schuppen, die Plumpsklos, das hölzerne Zeltgerüst und Bäume niedergerissen, sowie nicht festverschraubte Gegenstände wie Tische und Stühle ins Tal geschleudert.

Als Lama Ole 1987 zusammen mit seinen griechischen Schülern auf der Suche nach einem Retreatplatz das erste Mal auf den Berg kam, sah er nach der gemeinsamen Meditation die Licht- und Energieform des buddhistischen Schützers Mahakala, der sich auf dem Gelände niederließ. So bekam Berchen Ling seinen Dharma-Namen: Ling heißt auf Tibetisch „Platz, Ort" und Berchen ist die Kurzform von Bernagchen, also der Name des kraftvollen Schützers „Großer Schwarzer Mantel", auf Sanskrit Maha Kala. Das deutsche Retreatzentrum Schwarzenberg im Allgäu, hat übrigens den gleichen Dharma-Namen. Auch der einheimische Name der Orte ist derselbe: „Schwarzenberg" oder eben „Mavro Vouni" auf Griechisch.

Um das Land zu erwerben, legten Lama Ole und fünf seiner griechischen Freunde damals jeder 1.000 DM auf den Tisch und kauften so gemeinsam das Land. Die Griechen gründeten einen Verein zum Schutz der Natur, denn damals war es in Griechenland gefährlich, sich öffentlich als Buddhist zu erkennen zu geben. Dieser Verein sollte Kurse und andere buddhistische Aktivitäten auf dem Land ermöglichen.

In Berchen Ling, umgeben von wichtigen Orten abendländischer Geschichte, wollten wir also den Sommer verbringen. Außerdem wollten wir den europäischen Buddhismus, so wie wir ihn verstanden, am südlichen Ende der „Kagyü-Landkarte" mit den Freunden umsetzen. Wir fanden ein kleines, aber wunderhübsches Häuschen vor, ein echter Zufluchtsort. Das griechische Team hatte noch gemeinsam dieses Haus, das unter anderem wegen der Unterbringung der tibetischen Lehrer „Lamahaus" genannt wurde, eine halbfertige Werkstatt und ein angefangenes Küchenhaus errichtet. Außerdem hatten sie eine Quelle weiter oben in den Bergen gefasst und Wassertanks auf dem Platz installiert. Damit war die Grundlage für das Überleben gesichert. Darauf wollten wir aufbauen.

Das wichtigste war sicherlich die Wasserversorgung. Zwischen der Quelle und den Tanks gab es zu dieser Zeit keine Verbindung, sondern nur dorniges, steiles und unwegsames Gelände, ca. einen Kilometer in die Berge hinein. In einer gemeinsamen Kraftanstrengung schleppten wir bei sengender Hitze 800 m Schlauch durch Ginster, Wacholderhecken, Disteln und Geröll. Danach galt es abzuwarten. Aber das Wasser kam nicht. Immer wieder, jeden Tag mehrmals, patrouillierten wir durchs stachelige Gebüsch und ließen die Luft aus dem Schlauch. Unglaublich, wie sehr ein paar Luftblasen die Hoffnungen und Befürchtungen einer ganzen Pioniergruppe dominieren können! Vielleicht war auch das Gefälle zu gering? Die Quelle liegt nur knapp oberhalb unseres höchsten Punktes. Warum nur floss kein Wasser? Doch mit vielen weiteren Lüftungsaktionen und viel Geduld feierten wir nach fünf langen Tagen den Erfolg: Wasser marsch! Diese Prozedur sollten wir in den nächsten Jahren noch öfter wiederholen, weil es nette Nachbarn gab, die ab und zu ein paar Meter Schlauch stahlen oder durchschnitten.

Der gewaltige Waldbrand von 1998 ließ den gesamten Schlauch verschmoren.

Voller Schwung legten wir los, für uns war alles neu und spannend. Wir beherrschten die Sprache nicht und konnten die griechische Schrift nicht lesen. Keiner von uns wusste, wo man was findet oder bekommt. Jeder Tag war ein echtes Abenteuer. Damals waren die griechischen Dörfer auf dem Land noch sehr provinziell, die Läden hatten fast immer zu: Montag-Mittwoch- und Freitagnachmittags und am Wochenende natürlich auch. Man musste sich also sputen, um rechtzeitig vom Berg herunterzukommen und den richtigen Laden zu finden wo man eventuell einen Teil dessen erstehen konnte, was man brauchte. Man bekam niemals alles bzw. niemals genau das, was man wollte. Wir lernten sehr flexibel zu sein. Besonders Frank entwickelte ungeahnte Einkaufsfähigkeiten: Er hatte die Geduld überall herumzufahren und alles auszukundschaften. Nur eine Sache machte ihm zu schaffen: Er trank gerne Kaffee, aber wo immer er Kaffee bestellte, bekam er ihn eiskalt mit viel Zucker serviert, den berühmten Frappé. Cappuccino war damals in Griechenland ein Fremdwort. Natürlich gab es auch den kleinen braunen süß aufgekochten traditionellen Kaffee, der im Zweifelsfalle die richtige Wahl war. Frank lernte das Wort „sesto", das bedeutet „heiß" und bestellte dann immer hartnäckig heißen Kaffee. Später, als wir zusammen in Bulgarien waren und Frank immer ausdrücklich heißen Kaffee verlangte, schauten sie ihn dann verwundert an: „Was will der Mann nur, Kaffee wird doch immer heiß serviert!?"

Unterstützt wurden wir vor allem von Jannis und Yorgos, unseren griechischen Freunden. Sie kamen jedes Wochenende den weiten Weg aus Athen nach Karma Berchen Ling. Durch gemeinsames Arbeiten und viele Diskussionen lernten wir uns kennen und versuchten die unterschiedliche Mentalität zu verstehen.

Wir konzentrierten uns zunächst auf den Ausbau des bereits Vorhandenen, also der Fertigstellung des Küchenhauses und der Werkstatt. Bruno war Schreiner und Robert ein Allroundtalent, ansonsten hatten wir keine Ahnung vom Bauen. Zudem mussten wir mit den örtlichen Gegebenheiten zurechtkommen. Besonders in Erinnerung blieb mir das Verputzen des Küchenhauses. Auf Anraten eines griechischen „Experten", der seine Qualifikation durch den Umstand, dass sein Onkel ein Maler war, erworben hatte, sollte das mit dem sogenannten Mykonosputz geschehen. Adonis, der Experte, bestellte jede Woche großzügig Material, wie zum Beispiel Berge von Marmorsand, den er dann stümperhaft mehr auf den Boden als an die Wand warf. Er benötigte zudem Spezialmaschinen, die sofort kaputtgingen und wir sahen zunehmend erbost mit an, wie unser sauer verdientes Geld dahinschwand. In dem Moment als wir dieses Spiel nicht mehr mitmachen wollten, blieb er einfach weg. Das Wochenende zuvor hatten wir viel Besuch und da die Leute irgendwo schlafen mussten, gingen sie in den Gemüsekeller. Weil es ihnen zu kalt war, ließen sie nachts einen Gasheizer laufen; das Gemüse am nächsten Tag sah dementsprechend schlapp aus.

Auch die sogenannte „Büroarbeit" erforderte ein hohes Maß an Improvisation. Für uns war es das Wichtigste mit der (Kagyü-)Welt in Verbindung zu bleiben. Dabei darf man nicht vergessen, dass es 1995 weder Mobiltelefone noch Internet gab. Das können sich die jungen Leute heutzutage sicher gar nicht vorstellen. Der letzte Schrei der Technik war ein Faxgerät, das wir natürlich dabeihatten. Bei uns auf dem Platz gab es allerdings keine Telefonleitung und keinen Strom. Das ist bis heute so, Strom gewinnen wir nach wie vor bei Bedarf mit einem Generator. Also fragten wir in Jelini, ob wir irgendwo unsere Faxmaschine anschließen dürften. Ein Schäfer, Wassili, bot uns ein Plätzchen im Stall zwischen herabhängendem Käse, trocknenden Kräutern und allerlei Gerümpel an. Wir verwendeten eine Leitung, die bereits von drei weiteren Parteien angezapft wurde und stellten unser Fax in eine große Kiste. Man konnte sie abschließen und dadurch auch vor den Mäusen, Ziegen und Spinnen schützen. Jedes Mal wenn wir den Hörer hoben, gab es schon lebhafte Gespräche in der Leitung. Man musste warten, bis sie frei war, oft brach sie zusammen und bei Regen funktionierte sie gar nicht. Wenn wir den Deckel der Kiste hoben, quollen uns meterweise unleserliche Faxe entgegen und auch wir selber konnten kaum ein Fax versenden. Dazu kam, dass wir immer am „Kafenion" vorüber mussten, wo die alten Leute saßen, die sich, froh über jede Abwechslung, mit uns unterhalten wollten. Das war schon mühselig. Einmal versuchte Alex sich morgens um 7 Uhr heimlich vorbei zu schleichen, um ein sehr wichtiges Fax zu senden, aber der alte Christos erspähte ihn und nötigte ihm einen Becher warmer, gezuckerter Ziegenmilch auf. Um die Gefühle seines Gastgebers nicht zu verletzen, zwang sich Alex den Becher zu leeren. Noch bevor er entwischen konnte, war der Becher schon wieder gefüllt und Alex musste einen zweiten trinken. Der Arme kam ganz grün im Gesicht und hundeelend wieder heim.

Ein Haus für die Sangha

Wir begnügten uns aber nicht nur damit, die bereits vorhandenen Gebäude fertigzustellen, wir wollten auch ein weiteres Haus bauen: das sogenannte Sanghahaus. Als „Sangha" wird im Buddhismus die Gemeinschaft der Praktizierenden bezeichnet, es sind die Freunde, mit denen man gemeinsam den spirituellen Weg geht. Das Lama -Häuschen bot nur sehr begrenzt Platz: Es war schon zu klein, wenn wir zu acht aßen, meditierten oder uns besprechen wollten. Das einzige Zimmer bewohnten Bruno, Silke und ihr einjähriger Sohn Paco, der auf dem dornigen Gelände laufen lernte und niemals Schuhe trug. Alex und ich lebten in einem kleinen Wohnwagen, den wir geschenkt bekommen hatten, Frank und Maria errichteten ein schneeweißes, wunderschönes Zelt, einer Jurte ähnlich, und Robi begnügte sich mit einem schlichten Ein-Mann-Zelt unter den Kiefern. Auch alle anderen Helfer und Besucher mussten zelten.

Das Wetter zeigte sich wechselhaft und extrem: Entweder war es zu heiß oder zu kalt, eigentlich immer windig und niemals einfach nur angenehm. Wir wurden oft mit beeindruckenden Naturschauspielen überrascht: Drachenwolken, Nebelschwaden, Stürme und großartige Sonnenaufgänge und -untergänge. Ein ganz besonderes Phänomen stellen Wirbelwinde oder Mini-Tornados dar, die meist um die Mittagszeit auftauchen, wenn es ansonsten eher windstill ist. Von den alten Schäfern werden sie auch „Neraides" genannt: Nymphen, die uns Menschen necken wollen. Sie tanzen über den ganzen Platz, bilden einen kräftigen Kern aus Staub und Sand und reißen alles mit, was nicht festgeschraubt oder einfach zu schwer ist. Auf diese Art konnten wir fliegende Isomatten, Meditationshefte und sogar Stühle und Tische beobachten, die manchmal hunderte von Metern hoch in der Luft herumflogen. Hinterher mussten wir sie oben auf dem Hügel oder beim Schäfer im Tal suchen gehen.

Geschützter Raum war kostbar und wenn wir länger dort leben wollten, unverzichtbar. Zusammen mit Dora Manganaris, der großen alten Dame des Buddhismus in Griechenland, Lama Ole nannte sie oft die Mutter des Buddhismus in Griechenland, planten wir den

Neubau. Dora war seit den siebziger Jahren Buddhistin und hatte das Zentrum in Athen immer unterstützt, indem sie Räumlichkeiten zur Verfügung stellte. Trotz ihrer Pensionierung hatte sie ihre reichen Erfahrungen als Architektin nicht vergessen und wusste genau in welcher Ausrichtung das Haus stehen muss, damit es den extremen Wetterbedingungen standhält.

Die Innenraumplanung nahmen wir selber vor, gewonnen aus den Erfahrungen des täglichen Lebens. Die drei Zimmer im oberen Stockwerk konnten klein sein, Hauptsache sie boten Schutz! Eine größere Wohnküche mit der Möglichkeit, zusammen zu essen und sich zu treffen, ein kleines Bad und eine Speisekammer im Souterrain vollendeten das Haus.

Schon während der Arbeiten veränderten sich die Baupläne: sie dienten uns eher als grobe Orientierung und wir sahen sie nicht als absolut bindend an. So entstand auch die kleine Speisekammer, weil plötzlich Raum zwischen Felsen und Hauswand war. Letztlich gab es in Griechenland zum Glück die Möglichkeit, einen vorläufigen ungefähren Bauplan einzureichen. Am Ende, also meistens ein paar Jahre später, bezahlte man noch einmal und reichte Pläne der tatsächlichen Bauwerke ein, die dann sozusagen nachträglich genehmigt werden. Aber all dies wussten wir damals noch nicht und es gab viel Verwirrung über Vorgehensweisen, Gesetze und den tatsächlichen Bedingungen. Auch unsere Athener Freunde konnten uns keine eindeutigen Auskünfte geben, die nicht kurze Zeit später durch das

Gegenteil aufgehoben wurden. Die wichtigste Frage war: Wie weit müssen wir von der Grundstücksgrenze entfernt sein? Aber wo verläuft sie überhaupt?

Der alte Mann, der uns das Grundstück verkauft hatte, war geschäftstüchtig genug gewesen, uns mehr zu verkaufen als ihm gehörte. Obendrein hatte er dasselbe Grundstück schon zweimal an jemand anderen verkauft. Damals gab es kein Katasteramt in Griechenland und so hatten wir immer wieder Diskussionen mit der staatlichen Forstbehörde, die peinlich darauf achtete, dass wir ja nicht den sogenannten Wald berührten. Die Bezeichnung „Wald" hat nichts mit dem Baumbestand zu tun, auch markante Felsen oder trockene Hänge sind Waldgebiet und damit tabu zur Bebauung. Yorgos und wir haben wochenlang vermessen, Markierungen und Grenzsteine gesucht und wissen bis heute noch nicht ganz genau, wo eigentlich die Grundstücksgrenze verläuft. Die Diskussionen mit unseren Freunden verliefen hitzig und emotional. Für uns Nordeuropäer war es schwer zu verstehen, warum mühsam errungene Kompromisse und Beschlüsse bis zum nächsten Treffen schon nichts mehr galten und durch eine neue, bislang unbekannte Information zu weiteren Komplikationen führten. Wir durchliefen in diesem Sommer häufiger alle Stadien eines original griechischen Dramas mit Verwicklungen, Intrigen, tiefster Verzweiflung bis hin zum glücklichen Abschluss: Katharsis, Läuterung und ein erhebendes Ende! Andererseits bot uns dieser ungeregelte Raum die Freiheit einfach das zu tun, was wir wollten. Und genau das taten wir auch. Es war herrlich. Vor allem die Männer genossen es, einfach mal ihre Kraft auszuleben ohne einengende Vorschriften und Millimeterbürokratie. Das war unser Alltag. Nichts war einfach nur normal, alles war spannend, mit unerwarteten Wendungen. Der ganze Sommer war magisch und ein großes Abenteuer, ein Prickeln lag in der Luft und wundervolle Naturschauspiele wie Regenbögen, oft sogar ohne Regen und rund um die Sonne gehörten wie selbstverständlich dazu.

Baustelle mit Dynamit

Als der Bagger bereits den Berg hochkroch, diskutierten wir immer noch, wo das Haus genau stehen sollte. Und als Bravos, der Baggerführer, fragte, wo er denn nun ausgraben solle, gaben wir ihm erst einmal einen Kaffee und diskutierten weiter. Schließlich hatten wir uns geeinigt und er begann mit dem Erdaushub für das Haus. Schon bald stießen wir auf Fels. Bravos meinte: „Hier hilft nur sprengen." Er ging nach Hause, kam aber am nächsten Tag mit einer Plastiktüte voller Dynamitstangen zurück. Das war für uns eine ganz neue Dimension. Unser Freund Enno nahm sich eine Dynamitstange, klemmte sie wie eine dicke Zigarre zwischen die Zähne und hielt ein brennendes Feuerzeug ans Ende. Aber Bravos war nicht nach herumalbern zumute, er stieg in die Baugrube und verteilte die Dynamitstangen zwischen den Felsen. Wir kauerten am Rande der Grube, hielten ein paar Schalungsbretter über unsere Köpfe und warteten auf den großen Bäng. Auf einmal gab es einen riesigen Rumms: Tonnen von Steinen, Erde und Staub wurden hochgeschleudert und wir fragten uns, wo eigentlich Bravos war, denn keiner hatte ihn herauskommen sehen. Das Echo rollte gegen die Felswand und kam mehrmals zurück. Da kletterte Bravos hinter einem Felsen hervor und begutachtete sein Werk. Auf einmal kam unser Nachbar, der alte Petros, ganz aufgeregt angelaufen. Er besitzt ein Häuschen, das sich ein paar hundert Meter unterhalb unseres Platzes befindet, und saß gerade auf dem Klo, als plötzlich ein Stein durch die Scheibe schlug und ihn am Bein verletzte. Er bat uns, vor zukünftigen Sprengungen bitte Bescheid zu sagen, dann könne er sein Auto wegfahren.

Da wir keine Ahnung vom Bauen hatten, beschlossen wir, einen griechischen Alleskönner, einen sogenannten „Mastora" anzuheuern. Aber woher sollten wir ihn nehmen? Alex und ich klapperten also die Baustellen in der Umgebung ab und suchten einen Bauleiter. Schließlich fanden wir Dimitri, der sich bereit erklärte unseren Rohbau zu übernehmen. Er kam jeden Tag gutgelaunt den holprigen Weg von Xilokastro hoch und begann mit der Arbeit. Wir mussten laut Vorschrift erdbebensicher bauen und das bedeutete die Verwendung von viel Eisen und Betonsäulen. Um die Eisen zu biegen, brachte er einen Albaner mit, einen Kraftprotz mit jeder Menge Muskeln. Ich wollte an diesem Tag Kräuter sammeln und ging mit den Kindern von Anne, einer Deutschen, die mit einem Griechen verheiratet war und mit ihren vier Kindern auf halbem Weg nach Athen lebte, in die Berge. Vorher fragte ich noch freundlich, ob die Arbeiter einen Kaffee wollten, aber der Albaner nahm nichts an, auch kein Essen. Am nächsten Tag kam er nicht wieder, obwohl die Arbeit keineswegs fertig war. Dimitri erklärte, dass er vor *uns* Angst bekommen hatte, weil schon die Jüngsten mit Messern herumlaufen würden. Damit meinte er die Kinder, die mit mir zum Oregano sammeln gehen wollten, sie hatten kleine Küchenmesserchen zum Kräuterschneiden am Gürtel gehabt. Welche Belehrung über Sichtweise!

Ein anderes Mal brachte er einen sehr alten Mann mit, der den ganzen Tag Gitarre spielte, mit seiner dünnen Altmännerstimme traurige Lieder sang und Kaffee für Dimitri zubereitete. Er benötigte noch einige Nachweise über Arbeitstage, bevor er in Rente gehen konnte, deshalb hatte ihn Dimitri dabei.

Und dann verliebte er sich in Nuka! Es geschah, während sie zusammen die Sickergrube ausmauerten. Die Sickergrube war ein Fall für sich. In Griechenland war es üblich, dass man Klopapier in einen extra Eimer neben dem Klo entsorgte, weil ansonsten die Abwasserleitung verstopfte. Unser Ziel war, dass in Berchen Ling nordeuropäische Standards herrschen sollten, wenigstens was die Toiletten betraf. Wir erklärten Dimitri mehrfach und mit diversen Zeichnungen, wie wir uns die Abwasserleitung vorstellten, nämlich ein klares Gefälle direkt in die Grube. Er baute schließlich eine verwinkelte Konstruktion mit mindesten drei potentiellen Verstopfungsmöglichkeiten.

Schon der Aushub der Grube verlief nicht ganz gradlinig: wir warteten wochenlang auf den Baggerführer, der uns immer wieder hoch und heilig versprach, mit der Arbeit anzufangen, was jedoch niemals geschah. Seine Maschine hatte er schon mal bei uns abgestellt. Schließlich kam er eines Abends, aber nur um seinen Bagger mitzunehmen und zu verschwinden, weil er irgendwo anders eine Arbeitsstelle hatte. Aber da er schon mal hier war, ließen wir ihn natürlich nicht wieder gehen. Wir zwangen ihn, unsere Grube auszuheben und es blieb ihm nichts anderes übrig, als die ganze Nacht durchzuarbeiten. Er hatte unterwegs eine junge Eule gefunden, die er einfach in unseren Wohnwagen setzte, ohne Bescheid zu sagen. Als ich nachts hereinkam, flog sie über mich hinweg und der ganze Wohnwagen war mit Eulendreck bedeckt. Ich weiß nicht wer von uns beiden mehr erschrak.

Am nächsten Morgen betrachteten wir das Ergebnis, das völlig anders als der Plan aussah. Während wir noch schweigend in dieses unförmige Loch starrten, das da über Nacht entstanden war, erklärte uns Dimitri, dass es nichts ausmache. Er hatte vor, es einfach so wie es war, auszumauern, denn die Kubikmeter Zahl entsprach der geplanten Größe. Er machte sich also ans Werk, zusammen mit Nuka, einer jungen Kurdin aus Hamburg, die zum Mithelfen gekommen war. Dabei entbrannte er in aussichtsloser Liebe zu ihr und wir wurden Zeugen heftigster Dramen. Die Schwester seiner Frau kam alarmiert mit seinen drei Kindern und wollte wissen, was los sei. Als Nuka abreiste, verzweifelte Dimitri: Er lief nachts schluchzend unter den Brücken Xilokastro's herum, verweigerte jedes Essen und schrie immer wieder seinen Schmerz mit einem lauten „Nuuka, Nuuka!!!!" hinaus.

Der Höhepunkt des Sommers war ein kleiner, improvisierter und sehr familiärer Phowakurs mit Lama Ole. Ich denke, es waren keine hundert Leute dort oben. Während des Kurses besprachen wir die Lage erneut mit unserem Lehrer und entschieden uns, das Haus so auszubauen, dass wir möglichst lange dort oben leben konnten. Nur im Winter wollten wir nach Deutschland zurückkehren, um Geld zu verdienen

Obwohl Berchen Ling vor allem eine Baustelle war, gab es zum Glück auch immer Menschen, die sich intensiver ihrer Meditationspraxis widmen wollten, als es unsere gemeinsamen Meditationen morgens und abends erlaubten. In diesem Sommer war es Holger aus Braunschweig, der sich in die „Aristoteles Höhle" zurückzog. Irgendwann, ich glaube nach den Explosionen, kam er allerdings heraus und entschied sich für die harte körperliche Arbeit mit dem Bohrhammer. Nach dem Kurs ging die Arbeit am Sanghahaus unter

Volldampf weiter. Alex reiste in der Zwischenzeit mit Fotoalben nach Kassel, wo damals der größte deutsche Sommerkurs aller Diamantwegszentren stattfand. Er wollte für unser Projekt werben und sich bei Fachleuten über die weiteren Schritte informieren. Als er wiederkam, wusste er genau, was zu tun war. Wir waren inzwischen nicht faul gewesen und hatten das ganze Untergeschoss von innen mit Styropor isoliert. Voller Stolz zeigte ich Alex unser Werk: „Fühl' mal, die Wand ist ganz warm!" Er murmelte etwas von Taupunkt und Lüftung und das Wichtigste, was er gelernt habe, sei auf keinen Fall von innen zu isolieren!

Dann sollte der Beton für das Obergeschoß des Sanghahaus kommen. Wir sahen den Laster den Berg bereits hochkriechen, aber er kam nicht bei uns an. Wir waren bereit und warteten und warteten. Wo blieb er denn nur? Schließlich sprang ich ins Auto und suchte ihn. Ich fand den Fahrer in Jelini im Kafenion sitzen. Der Betonmischer drehte langsam vor sich hin. Auf meine Fragen erklärte er, er könne nicht zu uns hochkommen, da die Pumpe noch nicht da sei. Schließlich, nach einer weiteren Stunde, kam das Fahrzeug mit der Pumpe. Wir fuhren endlich die letzten Kilometer hoch zum Platz. Es begann schon dunkel zu werden. Der Betonmischer fuhr auf das Gelände, aber der Pumpenwagen blieb im Tor stecken. Was nun? Sie wollten schon wieder umdrehen und vielleicht irgendwann mit einer kleineren Pumpe wiederkommen, aber diesen Versprechungen wollten wir nicht trauen. Dafür hatten wir keine Zeit mehr. Uns blieb nichts anderes übrig, als das Tor kaputtzuhauen. Alex und Dimitris kletterten auf den etwas über drei Meter hohen Torbogen und schlugen mit Vorschlaghämmern den Beton weg, bis nur noch die Eisen in die Luft ragten. Die Pumpe konnte passieren. Endlich floss der Beton in die Schalungen. Wir wussten damals nicht, dass der Beton durch die ewige Warterei bereits entmischt und dadurch unbrauchbar geworden war. Erst viel später bemerkten wir, dass man am Sanghahaus mit bloßen Händen Stücke aus der Wand brechen kann.

Es war typisch für die ersten 20 Jahre auf diesem Platz, dass wir wirklich so gut wie alles mindestens zweimal in die Hand nehmen mussten, weil widrige Umstände das Resultat der ersten Arbeit vernichteten. Genauso geschah es mit dem Tor. Im Juli 2010 mussten wir es erneut kaputtschlagen, weil ein bestellter Container nicht durchpasste, obwohl wir es nach der früheren Erfahrung höher als zuvor wieder aufgebaut hatten.

Inzwischen lernten wir Hermann kennen, einen deutschen Zimmermann und Glücksritter, der schon seit vielen Jahren in Griechenland lebte. Er baute unser Dach und half uns auch sonst mit seinen Verbindungen, Kenntnissen und bei allseits auftretenden Schwierigkeiten.

Doch dann ging uns das Geld aus. Ich hatte schlaflose Nächte, weil ich nicht wusste, wie wir unsere Rechnungen bezahlen sollten. Jeder krempelte nochmal seine Taschen um, aber da der Sommer zur Neige ging waren alle Ersparnisse erschöpft. Schließlich wandte ich mich an Renate. Heute ist sie eine Expertin und Lehrerin für Nyungne, das ist eine sehr tiefgehende Fastenmeditation auf den tausendarmigen Buddha des grenzenlosen Mitgefühls „Liebevolle Augen". Ohne Zögern schickte sie uns Geld und wir konnten unsere Schulden begleichen.

Unser Schiff fuhr in den nächsten Tagen, es war bereits Ende Oktober, zum Bauen in den rauen Bergen sowieso sehr spät. Die Saison war fast um, wir schafften es gerade noch in einem letzten Kraftakt zusammen mit Elo, dem kraftvollen Maurer und Koch aus dem hohen Norden, die Wände des oberen Stockwerks auszumauern. Bis heute hat unser Sanghahaus alle Baufehler, die man nur machen kann und dennoch ist es für uns und Freunde aus der ganzen Welt eine zeitweilige Heimat geworden, alle mögen es und fühlen sich darin wohl.

Grauer Winter

Im Oktober 1995 fuhren wir zurück nach Hamburg. Der lange, graue und nasse Winter war hart. Es gab Tage, an denen jemand scheinbar vergessen hatte, das Licht anzuknipsen. Es wurde gar nicht richtig hell. Wir waren so an die Weite, den sich ständig wandelnden Himmel und die Offenheit des Raums gewöhnt, dass uns in Hamburg alles eng vorkam. Außerdem mussten wir hart arbeiten und Geld verdienen, damit wir im nächsten Jahr in Griechenland weitermachen konnten. Wir nahmen jeden erdenklichen Job an, was damals noch leicht ging. Alex klebte Plakate und jobbte bei der Post; ich hatte Glück und konnte befristet als Erzieherin beim Hamburger Schulverein arbeiten. Sie suchten immer Vertretungen und schickten mich gerne in sogenannte soziale Brennpunkte: Kinderhorte, die in schwierigen Stadtteilen lagen. Der Ausländeranteil war hoch, die Klientel anstrengend. In Kirchdorf Süd zum Beispiel hatte sogar der letzte Supermarkt dichtgemacht, weil sie genug davon hatten, alle paar Wochen ausgeraubt zu werden. Wenn ich Frühdienst hatte und morgens um sechs Uhr aufschließen wollte, musste ich häufiger über „Bierleichen" steigen, die sich vor der Türe zusammengerollt hatten, die Spritzen der Junkies wegräumen und Trümmern der Möbelstücke ausweichen, die beim letzten nächtlichen Streit aus dem Fenster geworfen wurden. Die Kinder kamen auch schon gut „geladen" in den Hort, beschimpften mich mit üblen Wörtern und warfen mit Stühlen um sich.

Der Anschlag

Während wir in Hamburg voller Euphorie Pläne schmiedeten, erreichten uns im März 1996 schockierende Nachrichten aus Griechenland: auf unsere Häuser war ein Brandanschlag verübt worden! Die Fenster wurden aufgebrochen und mit Hilfe von Brandbeschleunigern das Lama Haus, die Werkstatt und das Küchenhaus bis auf die Grundmauern zerstört. Wir konnten es nicht fassen. Anscheinend musste zur gleichen Zeit auch noch ein riesiger Sturm gewütet haben: Eine große alte Kiefer, die den Mittelpunkt des Platzes bildete, die Holzkonstruktion des Meditationszeltes und unsere Klohäuschen lagen umgeworfen auf der Erde. Oder war auch das im Zusammenhang mit dem Anschlag zu sehen? Es gab Fotos von riesigen Reifenspuren, hatten die Angreifer auch den Baum entwurzelt? Wer tat so etwas? Und warum? Wie geht es weiter, geht es überhaupt weiter? Unsere gesamte Arbeit und die der griechischen Freunde in all den Jahren vorher lag buchstäblich zerstört am Boden. Wir erkannten, dass wir das Gelände nicht schützen können, denn damals war es unmöglich auch nur an eine dauernde Präsenz, vor allem im Winter, zu denken. Niemand war im Winter dort oben. Auch das nächstgelegene Dorf Jelini ist bis heute nur ein Sommersitz von alten Leuten und ein paar Schäfern, die im Mai ihre Tiere bringen und sie im Oktober wieder ins Tal schaffen. Im Winter schneit es und durch den heftigen Wind entstehen oft meterhohe Verwehungen. Die Schotterpisten wurden natürlich nicht geräumt und motorisiert war der Platz daher nicht erreichbar.

Auch Lama Ole war erschüttert und sah für unsere buddhistische Arbeit keine Grundlage mehr. Er meinte: „Unter diesen Umständen können wir in Griechenland nichts mehr tun. Europa endet nun hinter Graz." Unsere Gefühle schwankten zwischen Wut, Enttäuschung, Trotz und einer gewissen Ratlosigkeit. Unser Wunsch, eine Zurückziehungsstelle für den Diamantweg, einen wilden Platz mit viel Freiheit für Yogis, weit im Süden zu schaffen, hatte sich gerade in Rauch aufgelöst.

Aber Lama Ole wusste, wie er unseren Tatendrang wiederbeleben konnte. Er bat uns nun um Unterstützung in Varna, Bulgarien. Dort entstanden gerade die ersten Zentren und wir hatten die Möglichkeit, beim Aufbau mitzuhelfen. Wir machten uns also auf den Weg ans Schwarze Meer, doch zuerst mussten wir den Ort unserer geplatzten Träume noch einmal besuchen.

Konfrontation mit dem Popen

So sah es also aus, wenn Hoffnungen aufgegeben werden müssen: Rußgeschwärzte Ruinen und ein paar verkohlte Überreste unserer Habe, das war alles. Bruno hatte sogar sein Gesellenstück, eine wunderschöne Kommode für das Lama Haus gespendet, die jetzt natürlich verloren war. Im Schutt fanden wir die Prismen eines geborstenen Fernglases, das Lama Ole gehört hatte. Wir nahmen sie mit. Sie sollten uns immer an die reine Sicht erinnern, die uns stellenweise abhandengekommen war. Auf die Brandruinen malten wir in Landessprache ein Graffiti, einen Gruß an Dorfbewohner und Schaulustige: „Danke für die Gastfreundschaft und Religionsfreiheit."

Dann gingen wir hinunter ins Dorf und fragten den uns wohlgesonnen Schäfer Wassili, ob er etwas wüsste. Er meinte, an unserer Stelle würde er mal beim Popen in Korinth nachhaken. Dieser Gottesmann hatte schon mehrfach Pamphlete mit übelsten Verleumdungen über uns verbreitet und jetzt auch noch einen Auftritt im Fernsehen dazu genutzt, die schlimmsten Lügen über uns unters Volk zu bringen. Das war ein Hinweis. Anne und Maria, die griechisch sprachen, Frank, Alex und ich machten uns auf den Weg. Zuvor hatten wir mit Hilfe von Annes griechischem Mann einen Protestbrief verfasst, den wir im Büro von Papa Lefteri, dem Popen, abgeben wollten. Wir fuhren zur größten Kirche in Korinth und fragten dort nach dem Priester. Man schickte uns weiter und so fragten wir uns durch, fuhren von Kirche zu Kirche, bis wir schließlich in einem Nebengebäude einer Kirche vor einem älteren, langhaarigen, mit vom Nikotin verfärbten Fingern und schlechten Zähnen ausgestatteten orthodoxen Popen standen. Wir fragten ihn, ob er Papa Lefteri sei, derjenige, der gegen die Buddhisten vorgehe. Er war das Oberhaupt der Antihäretischen Behörde, eine Institution der orthodoxen Kirche, die sich um Abspaltungen, Sektierer und „satanische" Aktivitäten wie Yoga, Meditation und ähnliches kümmerte. Der Pope bejahte unsere Frage und wir gaben uns als Buddhisten zu erkennen. Es begann ein spannendes Gespräch, bei dem wir erleben konnten, wie die orthodoxe Kirche in Hellas arbeitete. Durch die jahrhundertelange türkische Unterdrückung waren sie es gewohnt, im Untergrund zu leben, listenreich zu agieren, vorne freundlich den Konflikt zu vermeiden, um einem dann das Messer in den Rücken zu stechen. Er erklärte freimütig, dass sie immer Spione zu unseren Kursen schicken. Als besonderen Triumph empfand er es, dass ihm unsere Mantras bekannt waren. Er zog ein Papier aus der Schublade und las sie uns vor, als wären es Zaubersprüche. Außerdem wusste er die Namen aller Mitglieder, die er uns ebenfalls vorlas und als Feinde Griechenlands bezeichnete. Das waren unsere besten Freunde und sogar Lama Ole, die er da als Verbrecher und Drogenhändler auswies!

Wir versuchten ihm zu erklären, dass Buddhismus keine Voudou-Sekte ist, die magische Geheimriten verwendet, sondern eine alte ehrwürdige Weltreligion, die schon 500 Jahre vor dem Christentum bestand. Sicherlich bedeuteten nicht wir, eine Handvoll idealistischer und friedlicher Buddhisten, ein Problem für Griechenlands Integrität, das sollte er als gebildeter Mann eigentlich wissen. Wir stellten klar, dass wir uns seine Verleumdungen nicht länger gefallen lassen wollten, drohten mit internationaler Presse und machten ihn als geistigen Brandstifter für den Anschlag mitverantwortlich, was er natürlich weit von sich wies. Wir verlangten eine Richtigstellung im Fernsehen, die er schließlich auch zusagte. Alex versuchte, das ganze Gespräch mit einem kleinen Aufnahmegerät aufzuzeichnen. Er hatte es in seiner Brusttasche versteckt und fummelte ständig an seinem Hemd herum, um es zum Laufen zu bekommen, letztlich leider ohne Erfolg. Offensichtlich hatten die Kirchenmänner das gleiche vor: Bei ihnen fingerte ein junger Mann ständig unter dem Tisch herum, wohl um das dort versteckte Tonband zu aktivieren.

Einige Jahre später wurde eben dieser eifrige Gottesmann in einem Puff in Patras erwischt und es gab einen großen öffentlichen Skandal. Für eine ganze Weile verschwand er von der Bildfläche, bis er dann während des Stupa Baus unseren Baustoffhändler kontaktierte und von ihm Einblick in unsere Rechnungen verlangte. Michalis wies diese Unverschämtheit zurück und erzählte uns den Vorfall. Vermutlich suchte er eine Möglichkeit, um uns der Steuerhinterziehung zu beschuldigen. Dabei sind wir wahrscheinlich die einzigen Bauherren in ganz Griechenland, die auf eine ordentliche Rechnung mit ausgewiesener Mehrwertsteuer bestehen und diese auch bezahlen.

Nach diesem spannenden Besuch fuhren wir Richtung Athen ins buddhistische Zentrum, das damals im Erdgeschoss eines Hauses von Dora Manganaris inmitten eines verwilderten Gartens mit vielen Katzen lag, in der Nähe der Platia Vathis. Unterwegs hatte Frank noch einen Autounfall, zum Glück nur Blechschaden, aber ärgerlich genug. Wir verbrachten einen intensiven

Abend mit regem Meinungsaustausch unter unseren griechischen Freunden. Einige waren der Ansicht, dass unsere Konfrontation mit dem Popen dem Buddhismus in Griechenland schade und befürchteten große Schwierigkeiten. Als wir nachts um drei Uhr ziemlich müde nach Hause kamen, hatte ein Rohrbruch alles kniehoch unter Wasser gesetzt und unsere Kleider und Schlafsäcke schwammen uns entgegen. Was für ein Tag!

Menschenrechte

Die Verbissenheit des Popen, aber auch die Ängstlichkeit unserer Freunde auf diesem Gebiet, regte uns zu Nachforschungen an. Kontakte mit verschiedenen Menschenrechtsorganisationen ergaben ein erstaunliches Bild: Selbst am Ende des 20. Jahrhunderts waren Staat und Religion in Griechenland in einer so engen Weise miteinander verknüpft, wie man es sonst nur aus dem Iran kannte! Die jahrhundertelange Unterdrückung durch die Türken und der ständige, im Untergrund stattfindende Kampf um die eigene Identität, führten zu einer Koppelung der Nationalität mit dem orthodoxen Glauben. Das zeigte sich unter anderem darin, dass unsere griechischen Freunde alle noch Mitglieder in der Kirche waren, kirchlich heirateten und ihre Kinder taufen ließen. Wer austrat, riskierte neben familiärer Ächtung zusätzlich den Verlust seiner Arbeit und gesellschaftliches Unverständnis. Wir Nordeuropäer konnten es kaum glauben. Aber während es bei uns in den Sechzigerjahren Jugendrevolten und einen Aufstand gegen das Establishment gegeben hatte, herrschte in Griechenland eine Militärdiktatur, das Regime der Obristen 1967-1974. Man musste schon ein echter Held sein, um sich dagegen aufzulehnen. Eine bekannte Künstlerin, Chara Kalomiri, wurde 1997 wegen „anti-religiöser Aktivitäten" zu einer Gefängnisstrafe verurteilt: Sie hatte eine Meditationsgruppe in ihrem Haus geleitet. Unglaublich, dass so etwas in Europa Ende der neunziger Jahre möglich war! Chara war es auch gewesen, die 1975 Lama Ole und Hannah das erste Mal nach Griechenland eingeladen hatte. Hier ein Auszug aus dem offiziellen Bericht der Europäischen Gemeinschaft:

Offizielles Geschäftsbuch der Europäischen Gemeinschaften vom 22.05.2001:
Gegenstand: religiöse Freiheit in Griechenland
Chara Kalomiri, eine griechische Bürgerin, ist in ein Strafverfahren verwickelt, das tiefgreifende Bedenken über den Respekt gegenüber religiöser Freiheit in Griechenland auslöst. Nachdem sie von den Behörden des Berg Athos beschuldigt wurde, von September 1995 bis März 1995 ein Zentrum „Praktischer psychologischer Philosophie" auf der Chalkidike-Halbinsel zu leiten, wurde sie anfänglich von griechischen Gerichten 1997 verurteilt und schließlich, nachdem das Höchste Ge-

richt dieses Urteil verworfen hatte, ein zweites Mal in einem Wiederaufnahmeverfahren verurteilt wurde. Die Richter begründeten ihr Urteil mit der Tatsache, dass ein „buddhistischer Ort der Verehrung zum Zwecke der Meditation" nicht die erforderliche Genehmigung des Ministeriums für Bildung und Religiöse Angelegenheiten erhalten hat, dessen Zulassung nur nach einer Anhörung durch die Stellungnahme der orthodoxen Amtskirche bewilligt werden kann.

So kam es, dass wir 1996 und 1997 Berchen Ling erst einmal ruhen ließen. In diesen Jahren verbrachten wir viel Zeit in Bulgarien sowie anderen Balkanländern wie Serbien, Rumänien, Ungarn und schlossen tiefe Freundschaften, die bis heute tragen. Im Sommer 2010 haben zum Beispiel unsere flotten bulgarischen Freunde ein wunderschönes Strohballenhaus in Berchen Ling gebaut, vielleicht der Prototyp für weitere Retreathäuser, die es Buddhisten aus aller Welt erlauben, sich am „Platz des Mahakala" in die Berge zur Meditation zurückzuziehen. Aber damals schien Griechenland, buddhistisch gesehen, ein aussichtsloser Fall zu sein.

Aussicht auf das Schwarze Meer

Nachdem wir die Nacht in Athen vorwiegend mit Wasser schöpfen verbracht hatten, fuhren wir am nächsten Morgen weiter Richtung Nordost. Als wir an die bulgarische Grenze kamen, verlangten die Zöllner, dass wir durch ein tiefes Loch mit schmutzigem Wasser fahren sollten. Eigentlich hatte ich keine Lust, meinen Golf zu ruinieren, aber sie bestanden darauf. Danach knüpften sie uns fünf Dollar für die soeben stattgefundene „Desinfektion des Wagens" ab. So ging es munter weiter. Alle paar Kilometer standen Polizisten, die sich immer neue Gründe ausdachten, um uns um einige Leva zu erleichtern. Die Standardstrafe betrug 200 Leva, was damals im Frühsommer 1996 ca. zwei Mark bzw. heute etwa einem Euro entsprach. Einmal mussten wir bezahlen, weil Alex eine Sonnenbrille trug und einmal, weil angeblich unser Auto zu schwer für die Straße sei, während nebenan dicke Lastwagen unbehelligt vorbeifuhren! Finanziell konnten wir das zwar verkraften, aber uns ärgerten die Willkür und das offensichtlich straßenräuberische Verhalten der Staatsangestellten. Bulgarien war damals für Westdeutsche eine Terra incognita, für DDR-Bürger hingegen ein beliebtes Urlaubsland, besonders der Goldstrand an der Schwarzmeerküste. Der Kommunismus war zusammengebrochen, eine neue Ordnung noch nicht sehr entwickelt. Das Land war arm, korrupt und unglaublich langsam. Materiell gab es überall Engpässe, sogar beim Brot, was die Bulgaren zu einem bitteren Scherz anlässlich eines Besuchs ihres Königs aus seinem spanischen Exil veranlasste: traditionell werden einem Besucher Salz und Brot überreicht: „In diesem Fall gäbe es wohl nur Salz."

In Varna erwartete uns die dortige buddhistische Gruppe. Schweigend, es sprach niemand Englisch, mit schwarzen Bärten und offenen Herzen standen sie in der „Ulica Mir", der Friedensstraße, vor einem sozialistischen Wohnblock, der für die nächsten Wochen und Monate unsere Heimat werden sollte. Wir wurden so zutiefst gastfreundlich aufgenommen, wie wir es bis dahin noch nie erlebt hatten. Wir wohnten bei Marian und Elena im Wohnzimmer, die uns wie Familienmitglieder umsorgten. Zunächst mussten wir Bulgarisch lernen. Maria, eine Dozentin an der Uni, brachte uns die Grundlagen bei. Das kyrillische Alphabet entspricht der russischen Schreibweise und unterscheidet sich dadurch in einigen Buchstaben vom Griechischen. Die bulgarische Sprache scheint keine Vokale zu verwenden, was sich an Wörtern wie zum Beispiel „brzwar" (Tauchsieder) zeigt.

Auch andere Eigenheiten der Kommunikation waren verwirrend: Wenn Bulgaren Zustimmung ausdrücken wollen, schütteln sie fortwährend den Kopf, während ein Nein mit einem Nicken angezeigt wird. Selbst als wir das wussten, entstanden dennoch zahlreiche Missverständnisse, die Körpersprache läuft eben nicht primär über den Verstand.

Als Lama Ole vier Jahre später beim ersten Phowa in Varna ausführliche Erklärungen gab, fragte er nach, ob die Leute alles verstanden hätten. Eifrig schüttelten unsere Freunde die Köpfe. Der Lama erklärte gewissenhaft alles noch einmal. Er wiederholte seine Frage, die mit schon fast verzweifeltem Kopfschütteln beantwortet wurde. Lama Ole, der inzwischen bestimmt schon die Intelligenz seiner Schüler anzweifelte, setzte dennoch geduldig zur dritten Runde an, als Nick der Übersetzer rettend eingriff und dem Lama diese Eigenart des Balkanvölkchens erläuterte.

Unsere Freunde in Varna hatten die Absicht, ein Stück Land zu kaufen. Ich hatte dafür von Lama Ole 10.000 Dollar bekommen, die ich immer in meiner Handtasche bei mir trug. Das Gelände lag auf einem Berg über dem Meer, in Vinica, und die Aussicht war wirklich phantastisch. Es gab dort auch einen alten Bunker, von dessen Dach man den besten Blick hatte. Der einzige Haken an der Sache war, dass dieses Stück Land seit Jahren als wilde Müllkippe genutzt wurde und meterhoch mit Abfall jeder Art übersät war. Wir haben dort oben jahrelang Müll geschaufelt und auf Lastern abtransportiert. Immer wieder kam neuer dazu, die Gewohnheiten der Leute waren sehr stark.

Inzwischen haben unsere Freunde dort ein wunderbares Strohballenhaus gebaut, ein unglaublich gemütliches kleines Hobbithaus, die Stelle wird bewohnt und für Retreat genutzt. In den ersten Jahren damals hatten wir weder Wasser, noch Schatten, Gebäude oder

Strom - nur Müll, soweit das Auge blickte. Bulgarien hat sich unglaublich verändert. Es ist inzwischen ein modernes Land, mit vielen tatkräftigen, flotten jungen Menschen und etlichen sehr aktiven Diamantwegzentren geworden. In Ruse zum Beispiel, einer Grenzstadt zu Rumänien und direkt an der Donau gelegen, haben die Freunde ein großes und sehr modernes buddhistisches Zentrum aufgebaut. Es setzt neue Maßstäbe für den Balkan. Das dortige Zentrum ist dank der Weitsicht und großzügigen Unterstützung von Nikolaj, einem sehr erfolgreichen Unternehmer und Förderer, ein Ort geworden, an dem sich Buddhismus und die Mitte der Gesellschaft treffen können, zum Beispiel im schicken Literatur- Café mit buddhistischem Lesestoff. Die kraftvollen, klugen Bulgaren helfen inzwischen auch anderen Diamantwegszentren, wie zum Beispiel Berchen Ling in Griechenland, dem buddhistischen Zentrum in Bukarest oder dem Europazentrum. Seit 2015 steht außerdem eine wundervolle Stupa auf dem Retreatland in der Nähe von Sofia und strahlt über den Balkan.

Am Ende jenes abwechslungsreichen Sommers 1996 saßen wir eines Tages beim Frühstück in einer Ferienwohnung am Meer, wo wir ein paar Tage verbrachten. Da kam auf einmal ganz aufgeregt der Hausherr angelaufen und fragte uns, wo denn unser Auto sei. Na, in der Garage natürlich! Er schüttelte heftig den Kopf und sagte nur: „Njama Maschina." Verwundert folgten wir ihm zur Garage, die weit offenstand und tatsächlich war unser treuer Golf verschwunden, aus der verschlossenen Garage heraus gestohlen. Das war's dann. Wir hatten gerade eine Wohnung angemietet und steckten mitten in den Renovierungsarbeiten. Ich hatte eine neue Toilette gekauft und musste sie nun im Taxi transportieren. Damals waren Autos Mangelware. In der gesamten Sangha gab es nur einen alten Trabi, der Vesko gehörte. Er schaffte den steilen Berg zum Retreat Land hoch nur, indem wir alle unablässig Mantras murmelten.

Im Jahr darauf wurde Franks VW-Bus geklaut. Wir wollten schnell ein paar Freunde abholen, doch dann bemerkten wir, dass wir im falschen Block suchten. Die sozialistischen Wohneinheiten sahen alle ziemlich ähnlich aus. Das Auto stand abgeschlossen mit einer Lenkradsperre auf der Straße, doch als wir nach kürzester Zeit zurückkamen war es weg. Ein paar Tage später rief jemand von der Mafia an und bot uns an, dass wir unseren Wagen zurückkaufen könnten! So war das damals in den Neunzigern, die Rechtslage sah etwas anders als im geordneten Deutschland aus, aber wir liebten Land und Leute und haben ganz sicher ein großes Stück unseres Herzens dort gelassen.

Vertraue dem Raum

In all den langen Sommern auf dem Balkan, in Griechenland, Bulgarien oder Serbien befanden wir uns eigentlich in einem ständigen Retreat, wenn man Retreat als eine Zeit versteht, in der man intensiv mit dem eigenen Geist arbeitet und äußere Erlebnisse als Reflexionen des eigenen Bewusstseins versteht. Hilfreich in diesem Sinne war der Umstand, dass wir die Sprache nicht wirklich verstanden. Wir mussten uns mehr auf unsere Intuition verlassen, und waren auch in einer Menschenmenge auf gewisse Art allein, also in einem inneren Retreat.

Einmal stand ich ein Stück weit von meinen bulgarischen Freunden entfernt, als ein Auto heranfuhr und ein Fremder mit ihnen ein Gespräch anfing. Ich verstand weder die Worte, noch worum es ging, es war weit weg und auf Bulgarisch. Aber in meinem Kopf hörte ich eine klare deutliche Stimme, die sagte: Sie suchen einen Hund und wollen wissen, ob wir ihn gesehen haben. Das Auto fuhr weg und ich fragte, was los war. Naja, die Leute suchten ihren Hund! Später erzählte ich Lama Ole diesen Vorfall und fragte ihn, was das für eine Stimme in meinem Kopf gewesen sein könnte. Er meinte nur: „Erleuchtung zeigt sich auf vielfältige Weise." Ich denke, diese Fähigkeit, die Informationen aus dem Raum aufzunehmen, entsteht durch die oben beschriebene Retreat-Situation.

Unsere Grundlage war Vertrauen. Wir vertrauten unserem Lehrer, gingen in ein wildfremdes Land und trafen dort auf Menschen, die uns ebenfalls auf der Grundlage des tiefen Vertrauens in ihren Lama ohne Vorbehalte aufnahmen. Auf dieser Grundlage fanden unsere Begegnungen statt, die nicht einmal einen Hauch von Argwohn entstehen ließen. Ein weiteres Beispiel dafür zeigte einmal unsere Freundin Marchella: wir waren alle mit Lama Ole an einem wilden Strand am Schwarzen Meer zum Schwimmen. Es war herrlich, aber das Meer lag aalglatt da und nach einer Weile wurde es ein bisschen langweilig. Hinrich, unser alter Kamerad aus Hamburg, der zusammen mit ca. dreißig weiteren Freunden Lama Ole auf der Balkantour begleitete, forderte Lama Ole auf, doch mal für ein paar Wellen zu sorgen. Lama Ole bewegte die Hände, pustete auf das Wasser und tatsächlich rollten schon wenige Minuten später die ersten Wellen heran, die immer höher wurden. Jetzt konnte der Spaß erst richtig beginnen. Wir sprangen in die Wellen, tauchten, kletterten uns gegenseitig auf die Schultern und warfen uns ins Wasser. Marchella, die bis dahin im seichten Wasser plantschte, ließ sich von der Begeisterung anstecken und wagte den Sprung in die hohen Wellenberge, aber dann blieb sie verschwunden. Alex zog sie heraus, denn wir wussten, dass sie gar nicht schwimmen konnte. Davon ließ sie sich jedoch nicht beirren, ihre Freude und ihr Vertrauen waren einfach grenzenlos und sie genoss diesen Nachmittag in vollen Zügen.

Auch für mich hielt der Lama ein Geschenk bereit, bei dem ich mein Vertrauen wie einen Sprung in den Raum hinein prüfen konnte. Es war ein heißer Sommer in diesem Jahr 2000 und eines Tages begann das trockene Gras ganz in der Nähe unseres Kurszeltes zu brennen. Schon erreichte das Feuer den Waldrand, doch dieses Abenteuer war genau das Richtige für unsere Jungs. Mit Schaufeln, Hacken und einfach nur den Schuhen an den Füßen bekämpften sie das Feuer und noch bevor die Feuerwehr eintraf, hatten unsere Leute den Brand gelöscht. Ich kümmerte mich bei diesem Kurs um die Anmeldungen und Finanzen und war kaum im Meditationszelt. Eines Nachmittags schlüpfte ich jedoch hinein und setzte mich hinten ins Stroh. In Ermangelung eines Bodens hatten wir das Zelt mit Stroh ausgelegt. Es war heiß, ich war schläfrig und wollte unauffällig ein bisschen entspannen, doch da winkte mich Lama Ole zu sich. Ich dachte, er brauche etwas und ging nach vorne. Doch zu meinem Schrecken rutschte er von seinem Thron und sagte, ich solle weitermachen, er müsse auf die Toilette. Wie, weitermachen? Wo waren wir überhaupt? Ich hatte nicht aufgepasst. Lama Ole bestand darauf, dass ich mich auf seinen Platz setzte und die Phowa-Meditation leitete. Das hatte es bis dahin noch nie gegeben, dass ein Schüler das Phowa anleitete. Meine Müdigkeit war wie weggeblasen, ich stand unter Strom, war einerseits verwirrt, andererseits sehr bewusst. Ich setzte mich und betrachtete den Arbeitsplatz des Lamas.

Da lagen Phowa-Meditationshefte in mehreren Sprachen, Briefe, wahrscheinlich die Daten der Toten, Stifte und Schreibblock und eine Mala, eine Meditationskette. Ich griff nach einem Meditationsheft und blätterte darin herum. Ich hatte keine Ahnung, wo Lama Ole aufgehört hatte. Dreihundert Leute schauten mich erwartungsvoll an. Zum Glück beugte sich Nick, der bulgarische Übersetzer, hilfsbereit herüber und zeigte mir die richtige Textstelle. Mutig begann ich zu singen. In diesem Moment, als ich die Herausforderung annahm, verstand ich was gemeint ist, wenn wir in einem Lehrer-Schüler-Verhältnis von „Übertragung" sprechen. Das Kraftfeld wird vom Lehrer aufgebaut. Segen erfüllt den Raum. Der Schüler „springt ins Wasser" und tut, worum ihn der Lehrer bittet. Auch das „Publikum" war wieder hellwach. Bei dieser Praxis gibt es eine Phase, in der man lange singt und unter anderem den Segen der Übertragungslinie herbeiruft. Wir sangen alles dreimal und ich war sicher, dass Lama Ole in der Zwischenzeit zurückkehren würde. Aber er kam nicht. Nervös blickte ich zum Zelteingang, denn nun folgte eine Phase, in der das Bewusstsein in das Reine Land des Buddha Amithaba transferiert wird. Diesen Teil der Praxis wollte ich ganz sicher dem Lama überlassen. Ich setzte schon zur vierten Gesangsrunde an, als die Freunde mich deutlich aufforderten weiterzumachen. Die Unterstützung der Freunde war enorm und so erlebten wir gemeinsam eine Phowa-Sitzung, die keiner so schnell vergaß. Lama Ole ließ sich Zeit, nie erschien mir eine halbe Stunde so lange. Als er endlich wieder ins Zelt kam, hüpfte ich eilig, dankbar, aber auch sehr erleichtert vom Thron.

Neuanfang in Hellas

Unsere griechischen Freunde waren durch den Anschlag tief erschüttert, wollten aber nicht zulassen, dass religiöse Freiheit in Graz endet. Sie bemühten sich sehr um Kontakte mit der Öffentlichkeit und um ein besseres Bild des Buddhismus bei den Medien und Bürgern. Ein wichtiges Zeichen war, dass Yorgos Golfinopuolos aus Evrostina, der Wirt und frühere Bürgermeister, der jeden kannte, in die umliegenden Dörfer fuhr und auf einem Unterstützungsbrief für uns Unterschriften der Bürgermeister sammelte. Sinngemäß ging es darum, dass die Buddhisten eine Bereicherung für die Gegend darstellten und sie uns baten zurückzukehren und weiterzumachen.

Im Sommer 1997 kam Lama Ole nur für einen kurzen Tagesbesuch während der Balkantour in Berchen Ling vorbei und betrachtete die Szene. Mit einem schiefen Lächeln meinte er, dass manchmal die Orte, an denen er und seine Kumpels früher, in den wilden Kopenhagener Tagen, Partys gefeiert hatten, hinterher auch so ähnlich aussahen ....

Offenbar verjähren karmische Schulden nicht. Mit von der Partie war Jan, ein kraftvoller Typ, der gerade am Abend vorher in Athen Zuflucht genommen hatte. Ich kenne kaum einen anderen Menschen auf den das Sprichwort „Harte Schale, weicher Kern" besser zutrifft. Halb Tscheche und halb Grieche, wurde er zu einem unersetzlichen Pfeiler in Berchen Ling und zu einem treuen, ehrlichen Freund, auf den wir uns immer verlassen können. Über die Jahre hinweg kümmerte er sich um Neuankömmlinge, kutschierte sie auf den Berg und wenn nötig wieder herunter, besorgte Essen, verhandelte mit Baufirmen und war auch ansonsten für tausend Angelegenheiten zuständig. Er wurde dabei immer von Nevena, seiner klugen bulgarischen Frau, unterstützt. In diesem Paar vereinen sich die klassischen Werte: Er verkörpert Tatkraft und sie die Weisheit.

Auch wir wollten nicht so einfach aufgeben und so beschlossen wir, mit Lama Oles Zustimmung 1998 wieder nach Berchen Ling zu fahren und dort einmal jährlich einen Sommerkurs zu organisieren. Wir wollten Berchen Ling wenigstens auf „kleiner Flamme" am Leben halten. Da der von uns begonnene Bau des Sanghahauses nicht zerstört worden war, konnte damit eine neue Basis geschaffen werden.

Auch die Grazer Sangha, allen voran Jakob, der stets Lama Oles Arbeit förderte und auch uns oft finanziell unterstützte, versprach Hilfe in Griechenland. 1998 war zudem das Jahr, in dem Piotr und Mirka tatkräftig und mit viel Humor anrückten.

Leben und Vergänglichkeit

Mitten in unseren Vorbereitungen bemerkte ich, dass ich schwanger war. Obwohl ich viele Jahre lang keine

Kinder wollte, weil ich meine Freiheit schätzte und mir das Reisen viel bedeutete, hatte in letzter Zeit die biologische Uhr doch sehr laut getickt. Alex und ich hatten vereinbart, es darauf ankommen zu lassen. Jetzt, als es soweit war, stand ich erst einmal unter Schock. Ein Kind! Das würde unser ganzes Leben auf den Kopf stellen. Aber sehr schnell gewann die Freude über dieses neue Leben an Kraft und wurde mit jedem Tag stärker. Mein Körper stellte sich darauf ein und arbeitete auf Hochtouren. Alles sah gut aus und meine Frauenärztin meinte, es gebe keinen Grund, nicht wie geplant nach Griechenland zu fahren. Kurz vor unserer Abreise ging ich noch einmal zum Ultraschall. Irgendetwas fühlte sich anders an, es zog nicht mehr in der Brust, und obwohl ich intuitiv schon das Schlimmste ahnte, beruhigte ich mich selbst damit, dass es sicher verschiedene Phasen in einer Schwangerschaft gab. Die Frauenärztin suchte lange und gründlich, konnte aber keine Herztöne mehr finden. Das kleine Wesen war gestorben. Das vorherige Blinken, das die Herztöne im Bild angezeigt und das uns so sehr berührt hatte, gab es nicht mehr. Stattdessen war ein schlaffes Dottersäckchen zu sehen. Ich wollte es nicht glauben. Das durfte nicht wahr sein. Das Leben konnte so grausam sein. Größte Freude und heftigster Schmerz lagen nur einen Herzschlag voneinander getrennt nebeneinander. In diesem Moment verstand ich in aller Schärfe die Aussage Buddhas, dass Samsara (Sanskrit: der Daseinskreislauf) Leid ist. Ich verstand auch, dass uns unsere Kinder an Samsara ketten. Eine Mutter wird sich immer um ihre Kinder sorgen. Auch wenn es ihnen gut geht, denn dieser Zustand kann sich jederzeit ändern und natürlich leiden wir, wenn es dem Kind schlecht geht oder es gar stirbt. Das Leben ist durch seine Vergänglichkeit leidvoll. Daran gibt es nichts schön zu reden.

Ich war 37 Jahre alt und meine Chancen auf weitere gesunde Kinder gering. Nach der Ausschabung fuhren wir los. Ich lag im Auto und hatte Blutungen und Schmerzen, von denen aber die seelischen schlimmer als die körperlichen waren.

Der Berg brennt

Als wir im Juni 1998 von der Fähre aus Patras Richtung Derveni fuhren, schlug uns so heiße Luft entgegen, dass das Atmen schwerfiel. Entlang der Autobahn waren immer wieder schwarze, abgebrannte Gebiete zu sehen. An einigen Stellen brannte es noch, teilweise fiel Feuer von den lodernden Bäumen auf die Straße. Wir wollten uns mit Jan, unserem starken Freund aus Athen, und Isolde aus Wien treffen. Deshalb fuhren wir entgegen unserer üblichen Gewohnheit nicht über Evrostina, sondern über Xilokastro hoch. Doch in Jelini hielt uns die Feuerwehr auf. Wir waren mitten in einem dieser riesigen Waldbrände, die ja leider in Griechenland schon so viele Gebiete zerstört haben und es jährlich immer noch tun. Und jetzt brannte „unser" Berg! Die Kiefern explodierten regelrecht, beißender Qualm und Rauchschwaden zogen durch das Tal. In Jelini warteten die Freunde, keiner wusste genau, wie die Lage bei uns am Platz oben war. War etwa ein zweites Mal alles durch Feuer zerstört? Wir koppelten unseren Anhänger ab, denn wie immer waren wir voll beladen, diesmal hatten wir sogar einen Betonmischer dabei. In dieser unsicheren Lage mussten wir beweglich sein. Dann fuhren wir hoch. Es bot sich ein unglaublicher Anblick: Ringsherum standen die ganzen Bäume in Flammen, unser Platz war noch nicht von ihnen erfasst, aber das Feuer war sehr nah. Da wir nicht wussten, wie sich der Brand entwickeln würde, beschlossen wir, das Angebot unserer Freundin Anne anzunehmen, die uns in ihr Haus ans Meer einlud. Yorgos, der inzwischen aus Athen heraufgekommen war, fasste den heldenhaften Entschluss über Nacht zu bleiben. Wir fuhren also zurück, doch in Jelini wollte uns die Feuerpolizei nicht durchlassen. Die Dorfbewohner machten hilflose Versuche ihre Häuser zu schützen, aber es gab weder genug Löschfahrzeuge, noch Helikopter oder Fachleute, die sie anleiteten. Ich hatte ein sehr unruhiges Gefühl und den starken Drang von dort wegzukommen. Ich mochte nicht wie ein Kaninchen in der Falle sitzen und warten bis uns die Flammen einschlossen. Wir fuhren also einfach an der Polizei vorbei.

Petros Konstantinos

Ein paar Kurven weiter unten sahen wir eine zerzauste Gestalt am Wegrand kauern. Wir hielten an und erkannten unsere Nachbarin Marika, die Frau vom alten Petros. Sie war völlig erschöpft, ihre Schuhe und Kleider waren zerrissenen und sie stand unter Schock. Sie erzählte, dass sie und Petros in ihrem Haus waren, als sie das Feuer bemerkten. Sie wagten es nicht, mit dem Auto zu fahren, da die Straße brannte. Sie liefen also zu Fuß querfeldein, dabei erlitt Petros einen Herzanfall und dort oben irgendwo in den Bergen läge er noch. Alex, Jan und ein hilfsbereiter Albaner, der bei unserem Freund Kostas, dem Professor für Agrarwirtschaft, das Feuer bekämpfte, liefen den Berg hoch und suchten Petros. Sie fanden ihn auch bald und brachten ihn herunter. Isolde und ich kümmerten uns solange um Marika. Wir brachten die beiden dann nach Hause, nach Korinth. Später erzählte Petros jedem, dass wir sein Leben gerettet hatten, und das trug durchaus zu einem besseren Ansehen von uns bei. Buddhisten waren anscheinend auch Menschen. Petros hatte im Zweiten Weltkrieg eine besondere Erfahrung mit deutschen Wehrmachtssoldaten gehabt: Er ging regelmäßig in eine bestimmte Taverne zum Essen, als er eines Tages dort deutsche Soldaten antraf. Einer guckte immer zu ihm rüber und er befürchtete, dass sie ihn suchten, da er dem Widerstand angehörte. Schließlich sprang der Soldat auf, salutierte und rief scharf: „Mahlzeit!"

Petros sprang ebenfalls auf, grüßte und sagte seinen Namen: „Petros Konstantinos!" Am nächsten Tag das gleiche Spiel. Beunruhigt sprach er mit dem Wirt über seine Ängste, doch dieser lachte und erklärte ihm, dass „Mahlzeit" Guten Appetit bedeutete. Als er am dritten Tag wieder den Soldaten am Tisch erkannte, salutierte Petros als Erster und rief: „Mahlzeit!" Daraufhin sprang der Mann auf und rief: „Petros Konstantinos!"

Am nächsten Tag kamen wir wieder. Die Lage hatte sich etwas beruhigt, es brannte nicht mehr lichterloh. Alex behauptet manchmal, vor dem Brand habe Berchen Ling wie Kanada ausgesehen, was natürlich ein wenig übertrieben ist. Aber tatsächlich bedeckten grüne Wälder die Berge ringsherum und jetzt gab es nur verkohlte Baumleichen. Die Erde war schwarz und das Feuer schwelte noch unter den Wurzeln. Noch tagelang geschah es, dass durch einen Windstoß schon längst erloschen geglaubte Gebiete wieder anfingen zu brennen, überall flackerten neue Feuer auf. Wir machten eine sehr interessante Beobachtung: Das Feuer war direkt bis an unsere Grundstücksgrenze gekommen, aber keinen Meter weiter. Bäume, die genau auf der Grenze standen, waren außen schwarz verbrannt und nach innen grün!

Wir beobachteten das gesamte Gebiet und hatten mit der Feuerwehr vereinbart, dass wir Bescheid gäben, falls wir irgendwo einen Brandherd entdeckten. Alex lief mit Schaufel und Kanister auf dem Rücken herum und wo er ein Feuer entdeckte, versuchte er es zu löschen. Manchmal bemerkte er einen größeren Brand und lief zur Feuerwehr, aber wenn sie dann kamen, war wieder nichts mehr zu sehen. Das fühlte sich ganz schön peinlich an.

Ich starrte auf die verbrannte Erde, die verkohlten Bäume, den Qualm und das Feuer und dachte an die Tiere, die darin umgekommen waren, an die unzähligen Insekten, Eidechsen, Schildkröten, Hasen und Füchse, die vor dem Feuer fliehen mussten. Für mich war das alles wie ein Bardozustand (Bardo: Zwischenzustand zwischen Tod und dem nächsten Leben, der Wiedergeburt), in dem ich planlos umherirrte. Es war ein Ausdruck meines inneren Zustands, auch ich fühlte mich nach der Fehlgeburt und der Ausschabung ausgebrannt und leer. Ich war eigentlich zu nichts Praktischem fähig. Isolde kümmerte sich um mich. Sie kochte und hielt den Alltag aufrecht, dazwischen verschwand sie stundenlang zum Meditieren. Unsere griechischen Freunde kamen noch einmal aus Athen und halfen Alex den verbrannten Wasserschlauch zur Quelle in den noch warmen Boden neu zu verlegen, sodass wir wenigstens Wasser hatten. Das Sanghahaus war ein kompletter Rohbau ohne Bad, Toilette oder Küche. Alles war staubig und verdreckt. Am meisten fehlte mir ein Bad. „Geduscht" wurde einfach draußen vor dem Haus, das hieß wir spritzten uns gegenseitig mit einem Gartenschlauch ab, und ein Plumpsklo hatten wir auch. Jan hatte den Sitz aus einem der geflochtenen Stühle herausgeschnitten und ihn über ein Loch im Boden gestellt. Fertig. Keine Wände, Türen oder sonstige Vorkehrungen für etwaige Privatsphäre.

Isolde hatte einen Transport mit Küchenutensilien von Wien nach Griechenland organisiert und jetzt lagen alle erdenklichen Formen von Tupperware in diesem Chaos herum. Wir hatten ja nicht mal einen Schrank in der sogenannten Küche. Später brachte uns Yorgos eine ausgemusterte Bürowand aus Metall, das war schon sehr hilfreich. Wenn man morgens Kaffee machen wollte, musste man zuerst die Infrastruktur dafür schaffen, dann ging die Gasflasche aus oder irgendetwas anderes kam dazwischen. Alles war mühselig und es dauerte eine knappe Stunde, bis ein Kaffee fertig war. Das einfache Überleben war schon tagesfüllend, weitere Kraft, um das Zentrum aufzubauen zeigte sich als eine hohe Kunst. Isolde liebte es, Kuchen zu backen, doch da wir keinen Backofen besaßen, versuchte sie ihr Glück in einem Topf auf dem Gaskocher. Die Kuchen waren unten immer verbrannt und oben noch nicht gar, doch in der Mitte fand sich eine Stelle, die man essen konnte und die sehr gut schmeckte.

Es gab aber auch diese Momente, in denen alles passt, in denen der Raum selbst einem zeigt, wie die Dinge sind. Einmal standen wir drei vor dem Haus und starrten angestrengt zum sogenannten Dorje Phagmo-Felsen. Wir unterhielten uns darüber, was jeder sah bzw. was wir von der Form der Roten Dakini (Vajra Yogini, Dorje Phagmo: Himmelswandlerin) im Fels erkennen konnten. Isolde sah das Lächeln in ihrem Gesicht, Alex das hochgezogene Bein und die Arme, nur ich sah gar nichts. Das Einzige, was ich erkennen konnte, war das Haumesser in ihrer Hand, das wiederum die beiden anderen nicht sahen. Wir beschrieben uns also gegenseitig, was wir wahrnehmen konnten und dann war da plötzlich dieser Augenblick, wo wir alle drei riefen: Ja, jetzt sehe ich sie auch! Genau in diesem Moment donnerte der Überschall eines Düsenjets über uns wie ein Kanonenschlag und dann kam das Flugzeug ganz tief über uns hinweggeflogen, wir hätten schwören können, dass es uns mit seinem Flügel zuwinkte. In diesem Moment sahen wir alle Dorje Phagmo und hatten das starke Gefühl völlig mit unserem Lehrer verbunden zu sein.

Unsere griechischen Freunde hatten in Athen zu tun und obwohl ich es vielleicht intellektuell verstehen konnte, fühlten wir uns doch verdammt alleine da oben. Da es seit Tagen stürmte und ein eisiger Wind pfiff, schlugen wir unser Zelt im Haus auf und die Fensterhöhlen schlossen wir mit Steinen. Zuerst wohnten wir unten und bauten oben im Haus weiter: Innenwände mauern und streichen, Fußboden legen etc.. Dann zogen wir nach oben, weil wir unten die Wände verputzten. Es war ein „Wandersommer", aber immerhin bot der Rohbau schon einen gewissen Schutz vor den extremen Wetterverhältnissen.

Jetzt musste nur noch ein Kurs mit Lama Ole organisiert werden. Es sollte ein Arbeitskurs werden. Zum Glück kam Verstärkung: Jörg aus Kiel, Piotr und Mirka aus Graz und andere Freunde, darunter auch Marek, der in Athen lebende Heiler und Seemann. Seine Seemannsknoten hielten das Zeltdach auch bei starkem Wind.

Das Licht geht aus

Schon am ersten Abend mit Lama Ole gab es Beschwerden der Athener Sangha über Alex und mich. Lama Ole erklärte, dass wir als Freunde zur Unterstützung da wären, aber offenbar war unsere Art zu direkt und sie empfanden unsere Ratschläge als Einmischung, vor allem was ihre Arbeit in Athen anging. Lama Ole fragte zweimal, ob sie wirklich keine Hilfe haben wollten und als einige dies verneinten, sagte er: „OK, von jetzt an wird keiner mehr gezwungen, sich schnell zu entwickeln. Ihr seid ab jetzt eine Mahayana-Gruppe." Dann gingen alle Lampen aus. Es war stockfinster. Uns standen die Haare zu Berge. Als der Generator wieder in Schwung gebracht war und Licht produzierte, stand Ole auf und ging hinaus. Er gab weder Zuflucht noch Meditation. Ole war morgens der Erste, der mit dem Pickel am Hang stand und er schaufelte und hackte bis spätabends. Nachts trank er noch ein Bier und hielt Smalltalk mit den Leuten. So einen Kurs hatten wir noch nie erlebt. Wir bauten Mauern um das Sanghahaus und legten Pfade an, aber es gab keine Diamantwegsbelehrungen.

Die griechische Sangha damals schien sogar erleichtert: Endlich fielen der Druck und die Erwartungen, die wir an sie hatten, von ihnen ab.

Lopön Tsechu Rinpoche besucht KBL

Im Sommer 1998 gab es noch ein anderes wichtiges Ereignis: Lopön Tsechu Rinpoche kam zusammen mit der wunderbaren Maggie, mit Lama Kalzang und mit einer jungen Nonne, die eine Nichte von Rinpoche war, zu Besuch. Nach seiner Ankunft in Athen gab er abends im Zentrum eine Einweihung in das Kraftfeld der weiblichen Buddhaform der Grünen Tara, doch er wollte schon am nächsten Morgen um sieben Uhr nach Berchen Ling fahren. Da wir natürlich alle in Athen bei der Einweihung waren, fuhren wir früher los, um ein schönes Frühstück vorzubereiten. Unterwegs kauften wir Früchte, Brot, Joghurt vom Schäfer und Blumen und es gelang uns in letzter Minute alles schön herzurichten. Wir genossen einen vollkommenen Tag. Die Zeit schien stillzustehen und jeder Augenblick in Rinpoche's Gegenwart war erfüllt von Glück. Wir standen wieder mit Rinpoche an der Stelle, wo die zukünftige Kalachakra-Stupa errichtet werden sollte. Wir sangen zusammen eine Meditation auf Tibetisch, mit der man die buddhistischen Schützer herberuft und fragten ihn, wann er die Stupa bauen werde. Er wiegte seinen Kopf hin und her und antwortete: „Lama Ole wird die Stupa bauen." Später fuhren wir mit ihm hinunter ans Meer. Lama Kalzang und die junge Nonne schürzten ihre Roben und wateten im Meer, während Rinpoche am Strand saß und eine Cola trank. Beim Abschied am Flughafen war Rinpoche schon durch das Tor des Sicherheitschecks verschwunden, als er unerwartet noch einmal zurückkam. Mit gefalteten Händen blickte er uns alle lange an, seine Lippen bewegten sich, offenbar bedachte er uns mit seinen allerbesten Wünschen. Plötzlich wusste ich, dass dies wohl der letzte Besuch von Rinpoche in Griechenland gewesen war. Mit nassen Augen schauten wir ihm lange nach.

Ein Schritt vor und zwei zurück

Da wir legal immer noch auf tönernen Füssen standen, hemmte dies unseren Enthusiasmus und wir ließen Berchen Ling weiter auf Sparflamme laufen. Ganz aufgeben wollten wir nicht, aber solange die Besitzverhältnisse nicht eindeutig waren, war es sinnlos, zu viel Geld und Kraft in dieses Projekt zu stecken. Die rechtliche Seite musste von unseren griechischen Freunden geklärt werden. Yorgos Diakofotakis hat ein Buch über die Anfänge des Buddhismus und die Entwicklung von Berchen Ling geschrieben und schildert darin, wie mühselig und langwierig diese Arbeit war.

Im Mai 2001 gelang ihnen endlich der Durchbruch! Unsere Freunde waren die Ersten in Griechenland, die als buddhistische Gemeinschaft anerkannt wurden und damit Buddhismus als offizielle staatliche Religion in Griechenland etabliert werden konnte. Dazu wurden fünf Personen benötigt, die sich als Buddhisten bekannten und ihre Adresse angaben. Außerdem erklärten sich jetzt endlich der schwedische Arzt und seine zypriotische Frau, die auf der Seite des chinesischen Karmapa standen, bereit, uns ihre Anteile des Landes zu verkaufen. Alle weiteren Eigentümer, Dora, Andreas und Makis sowie Lama Ole überschrieben ihre Anteile der Buddhismus Stiftung Diamantweg. Jetzt war der Weg frei! Endlich konnten wir mit Vollgas loslegen, das Zentrum aufbauen und sogar wieder an eine Stupa denken!

Wir waren gerade beim ersten Phowakurs in Belgrad im August 2001, als wir uns mit Lama Ole zusammensetzten und voller Freude neue alte Pläne schmiedeten. Wir wollten mit der Stupa so schnell wie möglich beginnen, denn sie sollte ja mit Tsechu Rinpoche gebaut werden und seine Gesundheit und sein Alter ließen uns nicht mehr viel Zeit.

Wojtek, der mit Rinpoche's Arbeit bestens vertraut war, stand auch uns als Architekt und erfahrener Berater mit seinem ganzen Fachwissen und seinen Kontakten zur Seite. Er begann sofort die Pläne zu zeichnen. Voller Euphorie bestellten wir, bzw. Wojtek bei der polnischen Steinmetzwerkstatt Solima unsere Steine aus hellem Granit für die Stupa. Die Steinmetze begannen mit der Arbeit.

. Zur gleichen Zeit planten auch unsere Freunde in Kuchary, der ältesten Retreatstelle in Polen, den Bau einer Stupa. Die Formen aller Stupas stehen mit dem Leben des historischen Buddha Sakyamuni in Verbindung und symbolisieren bestimmte Handlungen oder Ereignisse.

In Kuchary wollte Tsechu Rinpoche eine Stupa der Wunder bauen und wie bereits in Spanien arbeitete er mit Wojtek und Misziek eng zusammen.

Bei uns in Griechenland war die Baugenehmigung das nächste Hindernis. Es war wieder einmal Yorgos klugem Handeln zu verdanken, dass wir schließlich ein Schreiben des Ministeriums erhielten, mit der Erlaubnis, eine „Kapelle in der Form einer Stupa" zu bauen. Dies geschah im November 2005! Das war allerdings noch keine konkrete Baugenehmigung, aber ein wichtiges Dokument, damit wir ein solches Bauwerk bei den Behörden zur Genehmigung einreichen konnten. Es stellte sich allerdings heraus, dass keiner der ortsansässigen Bauingenieure bereit oder fähig war, unser Vorhaben technisch und rechtlich umzusetzen. Entweder sie sprachen kein Englisch, hatten keinen Internetanschluss oder es geschah einfach monatelang außer großem Palaver rein gar nichts. Ich habe viele Stunden meines kostbaren Menschenlebens in verrauchten Büros verschwendet, in denen sich eitle Männer gerne selber Reden schwingen hörten. Wieder verloren wir wertvolle Zeit, bis wir überhaupt verstanden, was da gespielt wurde. Anscheinend bekamen sie kalte

Füße, denn der orthodoxe Pope machte erneut gegen uns mobil.

Hin und wieder verloren wir die Geduld und hatten dann die Idee, ein „Kunstwerk", eine „Gartendekoration", sonst irgendetwas zur Baugenehmigung einzureichen oder sogar ganz ohne diese zu bauen. Letzteres hatte uns der Bürgermeister einmal unter der Hand vorgeschlagen. Aber Tsechu Rinpoche hatte immer auf einhundert Prozent korrektem Vorgehen bestanden. Die Stupa sollte vollkommen legal und nach allen Vorschriften errichtet werden.

Jetzt, wo ich das hier schreibe und mich erinnere, wundere ich mich selber über unseren langen Atem. Oft sah es so aus als gelänge gar nichts, es gab Rückschläge aller Art und jede Menge Hindernisse. Wir haben jeden Stein mindestens zweimal in die Hand genommen, Erbautes musste aus verschiedensten Gründen ein zweites, wenn nicht sogar ein drittes Mal errichtet werden. Zum Beispiel die Sickergrube am Lama-Haus: Als der Bagger die abgebrannten Häuser wegräumte, brach er durch den Deckel/Dach der Sickergrube. Da war beides kaputt, die Maschine und die Grube, und wir konnten von vorn anfangen.

Dächer wurden jedes Jahr in Winterstürmen abgedeckt, die kaputten Ziegel lagen überall auf dem Platz herum, unsere Schuppen oder temporären Bauwerke wie Kursküchen, Kompost-Toiletten, der Backofen aus Lehm usw. lagen ebenfalls vom Sturm zerstört am Boden oder irgendwo in Einzelteilen im Tal.

Berchen Ling hat über viele Jahre hinweg wie ein schwarzes Loch alles verschlungen: Geld, Material, Arbeitskraft, Energie. Als Besucher konnte man dem Ort kaum ansehen, was schon alles hineingesteckt wurde. Man sah einen windigen Platz mit ein paar halbfertigen Gebäuden: Wie mühselig und mit welchen Kosten das Material hochgeschafft wurde, unter welch widrigen Umständen wie Stürme, Erdbeben, Feuer und körperlichen Strapazen alles geschaffen wurde, erschließt sich nur denjenigen, die länger bleiben oder häufiger wiederkommen und die Kraft des Platzes in verschiedenen Situationen selbst erleben.

Die ersten Jahre holten wir zum Beispiel immer selber das Baumaterial mit dem eigenen Auto, das nach dem Sommer schrottreif war und mit Anhängern, die meist auch nur eine Saison aushielten. Erst später leisteten wir uns den Transport durch unseren Baustoffhändler Michalis, der übrigens einer der wenigen war, die den Weg regelmäßig auf sich nahmen.

Erst mit dem Stupabau im Frühjahr 2010 schien sich die ganze Energie zu drehen und es entstanden Fülle und Überschuss auf allen Ebenen. Die Gebäude wurden fertiggestellt. Von unschätzbarem Wert erweist sich das Obergeschoss über dem Duschhaus und der Werkstatt. Dieser große und gut isolierte Raum bietet viele Möglichkeiten: Man kann ihn als Schlafraum, Kursraum, Meditationsraum (Gompa), für Meetings und alle Arten von Arbeiten, die eine saubere Umgebung verlangen, benutzen. Ohne diesen Raum hätten wir die vielfältigen Arbeiten im Zusammenhang mit der Stupa gar nicht schaffen können. Da uns das Haus nun verschiedenste Möglichkeiten bot, wurde es in „Club" umbenannt. Apropos Club: Ein Engländer landet nach einem Schiffbruch auf einer einsamen Insel. Nach fünf Jahren wird er gerettet. Die Retter stellen erstaunt fest, dass er inzwischen drei Häuser gebaut hat. „Warum drei?", fragen sie ihn. Der Engländer antwortet: „Im ersten Haus wohne ich. Das zweite ist der Club, in den ich gehe. Und das dritte ist der Club, in den ich *nicht* gehe."

Aufzugeben stand allerdings niemals zur Debatte. Am Ende einer Saison erreichten wir meistens völlig erschöpft das Schiff in Patras, aßen eine Portion Spaghetti an Bord, tranken zwei Bier und fielen bis Italien in einen komaähnlichen Schlaf. Kaum waren wir aber wieder ein paar Monate zuhause, sehnten wir uns nach dem freien, ungebundenen Leben im Süden, nach der Möglichkeit, einfach etwas auszuprobieren und den Überraschungen, die wir dort immer wieder erlebten. Wir schmiedeten neue Pläne und warfen sie vor Ort wieder über den Haufen, das hielt uns über die Jahre frisch.

Außerdem war Berchen Ling ein magischer Ort, an dem sich Gedanken oder besser gesagt innere Muster oder Prozesse sofort im Außen manifestierten. Ein Beispiel: Im Sommer 1999 tauchte Angelina, eine junge Amerikanerin auf und stürzte sich voll Enthusiasmus in die Arbeit. Sie wollte beim Kurs kochen, doch was immer sie anpackte, wurde äußerst kompliziert und schließlich für alle zur Belastung. Wir wussten damals nicht, dass sie psychisch krank war. Wir bemerkten nur, dass sie unsere ganze Gruppe durcheinanderbrachte und den Stress spürbar erhöhte. Eines Morgens ging ich sehr früh auf die Plumpsklos, als ich plötzlich von mehreren Hornissen angegriffen wurde und mich nur noch mit einem Hechtsprung in ein leerstehendes Zelt retten konnte. Wütend stießen die Hornissen immer wieder gegen die Zeltplane. Während ich im Zelt wartete, hatte ich Zeit zum Nachdenken. Ich erkannte, das Angelina für uns wie die Hornissen war und dass sie jetzt wirklich den Platz verlassen musste. Nachdem dieser Entschluss gefasst war, beruhigten sich auch die Hornissen wieder und wurden nicht mehr gesehen.

Ein Anruf vom Lama

Wie immer kamen wir im Herbst zum Geldverdienen zurück nach Hamburg. Dort wartete außerdem eine weitere spannende Baustelle auf uns. Das neue große Hamburger Diamantwegzentrum in der Thadenstraße wuchs heran, im klaren Norden kam jedoch Unterstützung von allen Seiten. Wir standen hier nicht an vorderster Front, aber es machte Spaß mit Hinrich, Andi, Ronald, Gurli, Claus-Peter, Daniela, Frank, Brigitte und unzähligen anderen Hamburger Urgesteinen die Ärmel hochzurollen und die Wochenenden auf der

Baustelle zu verbringen. Die Stimmung war hervorragend und die Baucafé-Partys legendär.

In letzter Zeit war öfter von einem neuen Projekt die Rede, das „Europazentrum" genannt wurde. Es sollte eine Stelle in Deutschland sein, an der wir auf eigenem Grund große Sommerkurse abhalten könnten, wo wir gemeinsam international zusammenleben und die Werte des westlichen modernen Buddhismus in der Gesellschaft sichtbar würden. Kurzum, wir wollten die Freiheit haben, auf eigenem Gelände das zu tun, was wir uns vorstellten. Außerdem sollte dadurch Lama Oles weltweite Arbeit auch in der Zukunft durch eine zentrale Stelle gesichert werden. Vor allem die Vorstellung mit unseren Freunden aus aller Welt zusammen zu leben, zu arbeiten und zu meditieren reizte uns und bei einem Besuch von Lama Ole in Hamburg erwähnten wir, dass uns das Europazentrumsprojekt auch sehr interessiere und wir zur gegebenen Zeit gern beim Aufbau dabei wären. Bis dato war es vor allem Günther, der zahllose ehemalige Militärstandorte auf ihre Tauglichkeit prüfte, aber es war sehr schwer ein geeignetes, nicht kontaminiertes Gelände zu finden.

Kurz nach diesem Gespräch kam ein Anruf von Lama Ole, der wieder einmal alles durcheinander wirbelte: „Bald haben wir unser Europazentrum, in spätestens einem halben Jahr könntet ihr einziehen. Wie wär es, wenn ihr bis dahin in ein Landzentrum geht und dort Erfahrungen sammelt? Wir brauchen euch in Schwarzenberg." Auf unsere Nachfrage, was genau wir denn dort tun sollten, erwiderte Ole: „Eure Hauptaufgabe ist, gute Laune zu verbreiten."

Schwarzenberg, das älteste Landzentrum in Deutschland, im tiefsten Allgäu ... Das hieß, hinter Hamburg auf die A7 fahren und erst wieder herunterfahren, wenn sie endet. Wir fackelten nicht lange. Unser Freund Elo, der geniale Koch, Maurer und Fliesenleger bot uns seinen nagelneuen Transporter für den Umzug an. Wir packten den Rest in unser Auto und auf den kleinen Anhänger und fuhren los. Hinrich, ein echter Hamburger Jung', der Jahre später ebenfalls in den Süden ziehen sollte, half uns beim Laden und winkte uns nach. „Die Zigeuner ziehen weiter", rief er laut lachend. Erst auf der Autobahn stellte Elo fest, dass wir nicht nach Schwarzen*bek* wollten, das kurz hinter Hamburg liegt, sondern 700 Kilometer weiter runter in den Süden. Er schimpfte, fluchte und war doch Sportsmann genug, um die ganze Strecke mit uns zurückzulegen.

Schwarzenberg

Es war eine ziemliche Umstellung. Vor allem die Kommunikation war viel verschlungener, als wir es aus dem geradlinigen Norden gewohnt waren. Oft fragte ich Marianne, die die hiesigen Gepflogenheiten kannte, gleich im Anschluss an die wöchentlichen Zentrumsbesprechungen, denen ich selber ja auch beigewohnt hatte: „Wurde heute etwas beschlossen und wenn ja, was?"

Die Strukturen basierten auf alten und sehr nahen Verbindungen, die es neuen Leuten schwer machten, zu verstehen, was ablief. Eine Gruppe von Freunden hatte die Stelle 1983 gekauft und aufgebaut. Sie hatten ihr ganzes Geld, ihren Idealismus, ihr Herzblut und ihre Arbeitskraft über viele Jahre in diesen alten Bauernhof gesteckt, um einen wunderbaren Retreatplatz zu schaffen, an dem sogar im Frühsommer 1999 eine Stupa von Tsechu Rinpoche eingeweiht worden war.

Aber die Gruppe steckte in einer tiefen Krise. Einige der Weggefährten sahen Lama Ole als alten Freund, akzeptierten ihn jedoch nicht als ihr spirituelles Oberhaupt und ihren Lehrer, der in Schwarzenberg das Sagen hatte. Andere Gründungsmitglieder wie Sys, Karola, Gerhard, Peter und Erik vertrauten Lama Ole als Lehrer vollkommen und waren auch der Entwicklung gefolgt, die Lama Ole in all den Jahrzehnten durchlaufen hatte und die ihn vom Schüler des 16. Karmapa zum anerkannten Lehrer von inzwischen über 650 Diamantwegzentren weltweit gemacht hatte. Ich habe in Schwarzenberg viel über den Diamantweg gelernt, in dem tiefes Vertrauen zum Lehrer die unerlässliche Grundlage bildet. Wenn dieses erschüttert ist und sich Zweifel nicht ausräumen lassen, führt das zum Bruch der Gemeinschaft. Dieser Prozess dauerte in Schwarzenberg einige zähe und schwierige Jahre. Insofern war unser Auftrag, für gute Stimmung zu sorgen gar nicht so leicht, wie es sich vielleicht anhörte. Manchmal fühlten wir uns, als müssten wir in einem Becken voller Leim schwimmen. Unsere jährlichen langen Sommeraufenthalte in Griechenland waren für uns lebensnotwendig wie ein Luftloch. Inzwischen haben sich längst die Wogen geglättet, die Atmosphäre ist richtig gut und Schwarzenberg ist neben Amden in der Schweiz und Graz in Österreich eines der Juwelen in der Alpenregion, die Diamantwegs-Praktizierenden hervorragende Möglichkeiten für eigene Zurückziehungen und Gruppenretreats bieten. Für uns ist Schwarzenberg inzwischen echte Heimat geworden und die Freunde sind wie eine Familie, die zusammenhält. Der gemeinsame schwierige Weg hat uns zusammengeschweißt.

Karmapa Thaye Dorje in Düsseldorf

Während wir die Möbel unserer ehemaligen Wohnung in Hamburg in einem Stall unterbrachten und uns in einem winzigen Retreatzimmer mit Dachschräge am Schwarzenberg einrichteten, begannen überall die Vorbereitungen für ein Ereignis im ganz großen Stil. Der 17. Karmapa Thaye Dorje wurde zum ersten Mal im Westen erwartet! Die erste Begegnung mit seinen westlichen Schülern sollte in einer großen Halle in Düsseldorf stattfinden. Gleichzeitig renovierten wir an vielen Stellen die Zentren, um sie während der darauf folgenden Tour auf den Besuch unseres höchsten Lehrers vorzubereiten. Auch am Schwarzenberg wurde umgebaut, gestrichen und alles auf Hochglanz gebracht. Wir hatten Karmapa seit seiner Vorstellung 1994 im KIBI in Indien nicht mehr gesehen und waren mehr als gespannt, wie sich der kleine Tulku (Tulku: tib. Sprul sku; ein buddhistischer Meister, den man als bewusste, vom Vorgänger selbst bestimmte Wiedergeburt eines früheren Meisters anerkannt hat) entwickelt hatte. Aufgrund der Vorkommnisse in Delhi und den immer noch anhaltenden Spannungen in der Karma Kagyü Linie, wurde ein äußerst umfangreiches Sicherheitsprogramm für dieses erste Zusammentreffen in Düsseldorf ausgearbeitet. So etwas hatte es bisher bei unseren Veranstaltungen nicht gegeben. Auch wir waren im Security-Team integriert. Ich hatte die überaus knifflige Aufgabe, potenzielle Angreifer, die den Karmapa gefährden könnten, in der Menge herauszufinden, die eben *nicht* auffällig waren. Die größeren Schwierigkeiten bereiteten uns aber eher unsere eigenen selbsternannten Sheriffs, die mit Sonnenbrille und Knopf im Ohr sehr auffällig vor der Bühne herumstanden und von ihrer Wichtigkeit außerordentlich überzeugt waren. Es kamen über 6000 Kagyü aus aller Welt und es war somit die bis dahin größte Veranstaltung unserer Organisation. Der Moment als Karmapa hereinkam, ist unvergesslich. Alle schienen die Luft anzuhalten. Dann brach tosender Beifall los. Karmapa gab sehr berührende Belehrungen über Zuflucht und

Bodhisattva-Versprechen und eine Einweihung auf Tsepame, den Buddha des kraftvollen langen Lebens. Besonders beeindruckt waren wir alle, als er wirklich jeden der Anwesenden persönlich segnete und über Stunden keine Ermüdung zeigte. Glücklich und reich beschenkt fuhren wir zurück in unser neues Zuhause im Allgäu.

In den folgenden Jahren führten wir unseren bisherigen Lebensstil weiter und verbrachten so viel Zeit wie möglich in Griechenland, nur pendelten wir jetzt eben zwischen Süddeutschland und dem Peloponnes hin und her. Die Reise zum Schiff nach Ancona, die wir immer mit einem schwer beladenen Auto samt Anhänger hinter uns brachten war jetzt kürzer.

Alexander war durch seine Messebaujobs sowieso örtlich ungebunden und immer viel unterwegs. Ich arbeitete zuerst bei „Primavera", einer Firma für ätherische Öle und Naturkosmetik und später in einem Kinderheim.

Nebel in KBL

Beim Phowa in Belgrad 2001 hatten wir beschlossen die Stupa Pläne für Berchen Ling wiederaufzunehmen. Nun wollten wir dem Architekten Wojtek den zukünftigen Standort der Stupa zeigen. Aus irgendeinem Grund, den ich beim besten Willen nicht mehr weiß, dachten wir, dass im Dezember 2002 der richtige Zeitpunkt dafür gekommen wäre. Wir flogen also nach Athen, wo Lama Ole einen Vortrag im Zentrum hielt, das damals noch in einem heruntergekommenen Viertel in der Sonierou Straße lag. Es waren auch einige Freunde aus Bulgarien mit dem Bus angereist, obwohl es damals sehr schwierig für sie war, die Grenzen zu passieren. Aber sie konnten offenbar die Zöllner davon überzeugen, dass sie nicht vorhatten, nach Griechenland zu emigrieren. Am nächsten Morgen zog unser buntgemischtes Trüppchen mit mehreren Autos los Richtung Korinthos. In den Bergen lag Schnee und bis Jelini kam nur ein Geländewagen durch, die anderen blieben schon vorher auf ungeräumten Pisten stecken. Ab Jelini mussten wir alle zu Fuß gehen. Es war kalt, ein scharfer Wind blies uns ins Gesicht, aber das Schlimmste war der dichte Nebel. Obwohl wir die Gegend wirklich kannten, wusste ich irgendwann nicht mehr, wo wir waren. Lama Ole stürmte voran und fand die richtigen Abzweigungen. Irgendwann standen wir auf unserem Gelände. Wir zeigten Wojtek die Anhaltspunkte, die uns Rinpoche für den Stupabau gegeben hatte: einen bestimmten Felsen und einen besonderen Busch. Wojtek schritt die Maße ab, aber sehen konnte man rein gar nichts. Vor Kälte schlotternd machten wir uns auf den Rückweg. Ein paar der Bulgaren gingen im Nebel verloren und wir fanden sie erst nach längerem Suchen wieder. Als wir durchnässt und frierend im Auto saßen, packte Wojtek seine Geheimwaffe aus: eine gute Flasche Whisky!

Bis wir im buddhistischen Zentrum ankamen hatten wir sie geleert. Offenbar hatten wir nicht nur den Spiritus geteilt, sondern auch irgendwelche Viren.

Mir war speiübel, ich hatte Fieber und musste mich erst einmal hinlegen. Das erste Stockwerk war an befreundete Buddhisten, griechische Schüler von Gendün Rinpoche vermietet. Gendün Rinpoche (1918 in Tibet geboren, gestorben 1997 in Frankreich) war ein großartiger Meditationsmeister der Kagyü Linie, der sich vor allem um die traditionelle Ausbildung seiner Schüler kümmerte. Er folgte den Wünschen des 16. Karmapa und baute in Frankreich in der Dordogne ein Dharma Zentrum auf, wo er auch etliche Drei-Jahres-Zurückziehungen geleitet hatte. Einige Griechen hatten ebenfalls daran teilgenommen, unter anderem Marie Angela und ihr Mann Yorgos. Sie boten mir nun einen warmen Platz in ihrem im traditionell tibetischen Stil gehaltenen Meditationsraum an. Sie legten mich auf eine Matratze, häuften unzählige Decken über mich und zündeten hunderte von Kerzen an. Immer wenn ich im Fieberwahn die Augen öffnete, war ich nicht sicher, ob ich vielleicht schon tot und irgendwo in Tibet aufgebahrt sei. Lama Ole hielt im Zentrum einen Vortrag und verheiratete bei dieser Gelegenheit unsere guten Freunde Jan und Nevena. In Griechenland waren wir Buddhisten seit 2001 als Religion anerkannt, deshalb konnte Lama Ole als Priester die beiden rechtsgültig verehelichen. Sie waren das erste Paar, das dieses Privileg in Anspruch nahm.

DIE ENTWICKLUNG

Nicht das Beginnen wird belohnt,
sondern einzig und allein
das Durchhalten.

Buddha Sakyamuni

DIE ENTWICKLUNG

Im Land des Donnerdrachens

Das schlimmste Jahr war 2003. Dabei fing es hervorragend an: Wir waren mit Lama Ole, Hannah und 70 Freunden auf einer Pilgerreise in Bhutan, wo uns Lopön Tschechu Rinpoche die heiligen Stellen seines Geburtslandes zeigen wollte. Ich bin schon viel im Himalaya herumgekommen, aber Bhutan ist wirklich eine Welt für sich. Es ist das einzige intakte buddhistische Land auf dieser Erde und wird von einem exzellenten (Dharma-)König regiert, dem das Glück seiner Untertanen sehr wichtig ist. Er hat dies sogar in der Verfassung verankert. Jährlich strömen Beamte aus, um Statistiken zum „Bruttonationalglück" zu erheben. Es gibt überall heilige Stätten: Klöster, Höhlen, Berge, Seen und all diese Pilgerorte sind sehr kraftvoll und der Segen immens spürbar.

Wir waren die größte Reisegruppe, die es bis dato in Bhutan gegeben hatte und unsere Führer waren sehr stolz darauf. Sie warteten mit fünf Bussen, dekoriert mit Wimpeln und Bannern in den fünf Weisheitsfarben rot, blau, grün, gelb und weiß vor dem fantastischen Flughafen, der nur von der königlich-bhutanischen Airline Druk Air angeflogen werden durfte: Das waren damals zwei Maschinen, wobei eine immer für den König reserviert blieb. Unsere Gruppe war auf 70 Personen begrenzt, weil nicht mehr Leute ins Flugzeug passten.

Leider war Tsechu Rinpoche's Gesundheit schon so schlecht, dass er uns nicht wie geplant begleiten konnte. Er lag im Krankenhaus in Bangkok, aber Maggi, seine ihm sehr nahestehende Schülerin und Organisatorin der Reise und Lama Ole telefonierten täglich mit ihm. So war er genauestens im Bilde und gab uns detaillierte Anweisungen für jede Station unserer Pilgerreise.

Unser erster Besuch führte uns nach Kitchu Gompa, das Kloster in dem der große Dilgo Khyentse Rinpoche zeitweise gelebt hatte und in dem er auch gestorben war. Außerdem gehört es zu den fünf besonderen Stätten, an denen Guru Rinpoche einen gewaltigen Dämon gebändigt hat, der den ganzen Himalaja bedrohte. Kitchu Gompa war eines der beiden riesigen Knie des Dämons, die Guru Rinpoche aufgrund seiner besonderen magischen Fähigkeiten mit einem Kloster in die Erde „nagelte" und dadurch bändigte und sicherte.

Die Mönche zeigten uns, was sie für angemessen hielten, doch als wir schon fast wieder am Gehen waren, ergab es sich, dass Lama Ole aufgefordert wurde ein Mo, ein Orakel zu würfeln. Er würfelte beim ersten Mal direkt die Zahl des Klosters, was als äußerst glücksverheißend gilt. Erfreut führten uns die Mönche nun auch in die ansonsten verschlossenen Räume, unter anderem erlaubten sie uns, in Dilgo Khyentse Rinpoche's Zimmer zu meditieren.

Dies war der Anfang von vielen guten Begegnungen zwischen traditionellem, jahrhundertelang gewachsenem östlichen Buddhismus und unserem noch relativ jungen Diamantweg westlicher Prägung.

Rinpoche's enge Verbindung zum bhutanischen Königshaus ermöglichte uns Kontakte auf höchster Ebene. Prinzessin Achi war besonders aufgeschlossen und interessiert. Sie erkannte Lama Oles Qualität, vor allem auch junge Menschen für Buddhas Lehren zu begeistern, was in den Kulturen, in denen der Buddhismus eine Staatsreligion ist, leider fehlt. Im Februar 2011 wurde Lama Ole erneut nach Bhutan mit der Bitte eingeladen, ein Diamantwegzentrum zu gründen und den Dharma im westlichen Stil zu lehren. Dieser gegenseitige Austausch ist außerordentlich bereichernd für beide Seiten. Wir erfuhren mehr über unsere buddhistischen Wurzeln und den Reichtum der bhutanischen Kultur. Und die jungen Bhutaner erlebten staunend, dass man Meditation nicht den (Berufs-)Mönchen alleine überlassen muss, sondern selbst mit dem Geist und den geschickten Mitteln Buddhas arbeiten kann. Unsere Guides beobachteten uns genauestens. Schon bald fragten sie Alex und mich, ob Lama Ole ein Astrologe oder ein Rinpoche sei. Wir antworteten, dass er die Lehre Buddhas unterrichte, also ein Rinpoche sei. Puntsog, der älteste und erfahrenste Guide, war oft noch bei unseren nächtlichen Treffen dabei, wenn wir die Ereignisse der übervollen erlebnisreichen Tage Revue passieren ließen und Lama Ole Fragen beantwortete.

Eines Abends fasste er sich ein Herz. Er stand auf und fragte Lama Ole sehr höflich, ob er auch etwas sagen dürfe. Alle warteten gespannt. Puntsog erläuterte, dass in seiner Kultur ein Rinpoche immer Roben trage, wenn er Dharmabelehrungen gab, aber Lama Ole gebe offensichtlich Belehrungen, ohne Roben zu tragen. Lama Ole versuchte ihm zu erklären, dass er kein Mönch sei und deshalb keine Roben trage, aber das schien Puntsog nicht einzuleuchten. Es gibt in der asiatischen Kultur auch hohe Lehrer, die verheiratet sind, vor allem bei der alten Übertragungslinie der Nyingma oder bei den Familientraditionen des Sakya-Clans. Aber wenn sie Belehrungen geben, tragen die Lamas eine Robe, die sich in einigen Details von der Mönchskutte unterscheidet. Schließlich nahm Lama Ole einen großen roten Schal, warf ihn sich über die Schulter und sagte: „Für dich, Puntsog!"

Puntsog ging sofort nach vorne zu Lama Ole und ließ sich einen langen Segen geben, ihm folgten die anderen Guides. Es war ein bewegender Moment für uns alle, wir waren in den Herzen angekommen.

In Asien ist angemessene Kleidung außerordentlich wichtig. Unsere Guides trugen alle Nationaltracht, eine genau festgelegte Kombination aus verschieden gewebten Stoffen, Strümpfen, Schuhen und Kopfbedeckungen. Da wir als Repräsentanten von Tsechu Rinpoche galten, hatten auch wir unsere besten Kleider dabei, vor allem wenn wir hochrangige Persönlichkeiten wie Khe Rinpoche, den obersten geistlichen Würdenträger Bhutans oder die Nichten des Königs trafen. Die obligatorische Frage morgens war immer: „Voller Pinguin oder genügt heute der halbe?" Voller Pinguin hieß für unsere Männer die volle Montur mit Anzug und Krawatte.

Wie bedeutend die entsprechende Kleidung ist, zeigte sich auch beim Kagyü Mönlam im Dezember 2012 in Bodhgaya, Indien: Das Mönlam ist ein jährliches, sehr wichtiges Treffen aller buddhistischen Gruppen und Schulen, bei dem gemeinsam zum Wohle aller Lebewesen Wunschgebete rezitiert werden. Dieses Mal hatte Karmapa Thaye Dorje eine Überraschung für Lama Ole. Er überreichte ihm eine wunderbare goldfarbene und reich verzierte Seidenrobe, mit dem Hinweis, dies sei einer der Mäntel Mahakalas, also eine Schützerrobe. Dann bekam Lama Ole einen besonderen Platz an der Stirnseite des Tisches. In Asien zeigt auch die Sitzordnung, die Anzahl und Höhe der Kissen, wie hoch man einen Gast wertschätzt. So geehrt und auch im östlichen Kulturkreis anerkannt, nahm er an allen Zeremonien teil.

In Bhutan besuchten wir den Memorial Shrine, das ist ein Gebäude in Form einer Stupa, das an den verstorbenen König erinnert. Man steigt eine Wendeltreppe hinauf, vorbei an unzähligen wundervollen lebensgroßen und lebensechten Buddha Statuen, die als verschiedene Übertragungslinien wie in einem Zufluchtsbaum angeordnet sind. Ein weißer, wunderschöner Buddha lächelte mich fast schon verführerisch an, so dass auch ich anfing zu lächeln und mich im Weitergehen nach ihm umdrehte. Hannah Nydahl ging hinter mir, auch sie lächelte und all die anderen Frauen, die an ihm vorbeigingen ebenfalls. Waren das wirklich nur kunstvoll gefertigte und bemalte Lehmformen? So, wie sie uns anstrahlten, führten sie durchaus ein Eigenleben.

Markus, der zusammen mit seiner Familie die Schweizer Retreatstelle Amden betreut, gab uns den guten Rat, von jeder heiligen Stelle etwas mitzunehmen, ein bisschen Erde, Rinde, einen Stein, einen Tsatsa oder etwas Kalk von einer Stupa.

Eckhard Feist aus Hamburg hat einen wunderschönen Film von dieser Reise gedreht und viele der besonderen Momente eingefangen. Titel: „Journey through Bhutan – the land of Guru Rinpoche".

An Pfingsten 2003 starb Tsechu Rinpoche. Wir waren in Berchen Ling, als wir es hörten. Was für ein schwerer Verlust für uns alle, aber auch generell für den Buddhismus in Ost und West! Ich dachte daran, wie es war, als wir ihn das letzte Mal gesehen hatten. Das war bei der Stupa Einweihung in Kuchary im August 2002. Ursprünglich wollte ich gar nicht hinfahren, denn ich musste arbeiten und hatte eigentlich keine Zeit. Alex plante mit Freunden aus Schwarzenberg gemeinsam zu reisen. Vor der Abfahrt meditierten wir früh morgens noch zusammen. Ich konnte mich kaum auf die Meditation konzentrieren, da ständig eine innere Stimme wiederholte: „Fahr auch, fahr mit nach Kuchary!" Ich antwortete: „Ich kann nicht, ich muss arbeiten", aber diese Stimme gab keine Ruhe. Schließlich stand ich auf, ging wie ferngesteuert zum Telefon, rief bei meiner Chefin an und nahm den Tag frei. Dann sprang ich in Rudis Auto und wir fuhren 22 Stunden bis zu unserem Ziel in Polen. Als Rinpoche beim Segnen seine Hände auf meinen Kopf legte, sah er mich genau an und sagte: „Gut, dass du gekommen bist."

Alex und ich hatten eine nahe persönliche Verbindung zu ihm. Er hatte uns im Februar 1995 im Hamburger Zentrum, damals noch im Harkortstieg, buddhistisch getraut.

Buddhistische Hochzeit

Als wir morgens um halb zehn ankamen, fragte uns Maggi als erstes nach unseren Ringen. Ringe? Warum Ringe? Wir hatten natürlich mehrfach vorher mit Maggi und Lama Kalzang, dem Helfer Rinpoche's gesprochen, um die Einzelheiten abzuklären, aber das Einzige, was wir vorbereiten sollten, war eine große Torte. Von Ringen war keine Rede gewesen und Alex und ich hielten Eheringe für bürgerlichen Schnickschnack.

Doch Rinpoche bestand darauf und so kam es, dass wir eine halbe Stunde vor unserer eigenen Hochzeit im Schweinsgalopp durch Altona auf der Suche nach einem offenen Juweliergeschäft rannten. Nur ein großes Kaufhaus öffnete gerade seine Türen und so sprinteten wir in Anzug und langem roten Seidenkleid in die Schmuckabteilung. Atemlos fragten wir, ob sie auch Eheringe hätten. Die Verkäuferin zog eine Musterkollektion hervor und wollte eben einen langatmigen Vortrag über Auswahl und Vorbestellung anstimmen, als ich sie unterbrach und sie bat uns doch bitte einfach nur ein paar Ringe zu zeigen, die wir sofort mitnehmen könnten, ohne Gravur, ohne Anpassung, ohne alles. Nach zwei Minuten hatten wir schlichte Goldreife erworben und rannten schleunigst zurück ins Zentrum. Die ganze Aktion hatte genau 17 Minuten gedauert. Dann stellte sich heraus, dass Rinpoche Whisky für die Zeremonie benötigte. Whisky? Ging es nicht auch mit Sekt? Den hatten wir nämlich dabei. Nein, es musste etwas Hochprozentiges sein. Ich weigerte mich nochmals loszurennen.

Zum Glück fand sich bei einem der Zentrumsbewohner noch eine Flasche Tequila. Die Zeremonie war in ihrem Verlauf wie eine Einweihung aufgebaut. Der Tequila war das Symbol für Weisheit, Joghurt stand für Mitgefühl. Rinpoche hatte ein großes Mandala aus Reis und Halbedelsteinen in die Mitte gestellt, umrahmt von Karten, auf denen besondere buddhistische Glückssymbole und die Attribute eines Weltenherrschers zu sehen waren. Rinpoche erklärte die Symbole und segnete damit jeweils uns und alle Anwesenden. Unsere Mütter und Geschwister nahmen bei dieser

Gelegenheit buddhistische Zuflucht. Besonders lange segnete er unsere Ringe, von denen der eine Alex später das Leben retten sollte. Zum Schluss unterzeichnete er eine Urkunde, die diesen außergewöhnlichen Tag besiegelte. Freunde hatten extra ein besonderes Pergamentpapier, das auf antik getrimmt war besorgt. Rinpoche weigerte sich, solch einen „alten Zettel" zu verwenden und bevorzugte ordentliches weißes Kopierpapier. Am Abend gab Rinpoche eine Dorje Chang Einweihung im Audi Max der Universität Hamburg. Besser konnte unsere Dharma Hochzeit gar nicht enden.

Holzlieferung aus Polen

In Berchen Ling nahmen die Hindernisse in diesem schwierigen Jahr 2003 ihren Lauf. Wir hatten Bauholz in Polen bestellt, denn in Griechenland war Holz extrem teuer. Es kam mit einer Spedition, aber damals war Polen noch nicht in der EU. Insofern gab es Zollvorschriften, die beachtet werden wollten. Der Fahrer des LKW war jung und unerfahren, er kam also nach Patras zum Zoll und wollte seine Papiere klären. Aber da Siesta herrschte, winkten ihn die Zollbeamten nur weiter und sagten vermutlich, er solle später wiederkommen. Er rief uns an, dass er jetzt da sei und wir holten ihn in Evrostina ab. Wir warteten schon auf das Holz und waren überglücklich, dass es endlich angekommen war. Da sein Laster für die unbefestigten

Serpentinen nach KBL zu lang war, organisierten wir einen kleineren Laster, luden die ganze Nacht das Holz um und fuhren es hoch auf den Platz. Unsere Stimmung war euphorisch, trotz der anstrengenden Arbeit waren alle froh. Am nächsten Morgen begleitete Alex den polnischen Spediteur nach Patras, um die Papiere zu klären. Der Zollbeamte wollte die Ladung sehen. Sie erklärten ihm, dass alles schon abgeladen sei. Ihm fiel die Kinnlade herunter, dann flippte er aus. Angeblich hatten wir innerhalb einer Nacht fünf verschiedene Zollverbrechen begangen, wovon jedes mit einer Strafe von 2.500 Euro belegt wurde: Öffnen der Plombe, unerlaubtes Abladen usw.. Er erklärte unser Holz für konfisziert und zeigte uns an. Den LKW des Polen beschlagnahmte er ebenfalls.

Weitere Maßnahmen sollten durch die Zollpolizei in Kiato erfolgen. Alex kannte den Zoll in Patras schon. Im Jahr davor wurde unser Auto beschlagnahmt, weil wir uns angeblich schon länger als ein halbes Jahr in Griechenland aufhielten. Dabei waren wir gerade eben erst aus Bulgarien eingereist. Aber unser Auto war voll beladen mit Baustoffen, ziemlich staubig und verbeult und der Zollbeamte sagte, so sehe kein Touristenauto aus. Die Beweispflicht lag bei uns. In den Pässen gab es zu dieser Zeit dank Schengen keine Stempel mehr. Wir mussten das Auto beim Zoll stehenlassen. Zum Glück entdeckte am nächsten Tag eine Beamtin die TÜV-Plakette, mit der wir beweisen konnten, dass wir vor kurzem noch in Deutschland gewesen waren. Der Zoll hat weitergehende Befugnisse als die Polizei und die Zeiten, in denen man sich noch mit ein paar Geldscheinen einig werden konnte, waren wohl auch vorbei.

Es begann eine klassische griechische Tragödie mit mehreren Akten.

Auftakt: Grandiose Anklage mit Androhung von hohen Geldbußen und sogar Freiheitsentzug! Es war die Rede von 15.000 Euro; Geld, das wir keinesfalls hatten. Weiter ging es mit täglich neuen Wendungen der Lage, wobei wir nie wussten, worauf es hinauslief.

Wir nahmen uns eine Rechtsanwältin namens „Makellos". Der leitende Zollbeamte hieß übrigens „Zappelariou", und der damalige Innenminister „Skandalitis". Offensichtlich hielten uns hier alle zum Narren. Mit einem gequälten Lächeln machten wir gute Miene zu diesem Spiel.

Jeden Tag wurden neue Varianten der Anschuldigungen gegen uns erhoben und das Ziel der Zollbehörde war es sicherlich, möglichst hohe Geldstrafen von uns einzutreiben. In unserer Not wandten wir uns an Michau, einen befreundeten Rechtsanwalt aus Polen, der sich um die Spedition kümmerte, die von gar nichts wissen wollte. Der arme Fahrer saß fest, sein LKW war beschlagnahmt, er verstand kein Griechisch und Englisch auch nicht. Für ihn war es sicher ein voller Albtraum. Nach vier Wochen, in denen sich unser kostbares, beschlagnahmtes Holz schon in der prallen Sonne zu winden und zu drehen begann, erreichte uns morgens um sieben Uhr ein Anruf der Zollbehörde aus Kiato: Wir könnten den Fall nun abschließen, aber wir müssten in spätestens einer halben Stunde mit 2500 Euro in Kiato sein. Alex sprang in unseren alten Ford Sierra und raste los. Man braucht mindestens eine Stunde bis Kiato. Unterwegs kam ihm in einer Kurve ein Bierlaster entgegen. Der Laster fuhr über Alex und unser Auto hinweg, man konnte später die Reifenspuren auf dem Dach sehen. Der Ford hatte einen Totalschaden – er war nur noch ein Schrotthaufen. Alex war nicht angeschnallt, stieg aber ohne eine Schramme aus dem Wagen. Zum Glück waren seine beiden Mitfahrer Max und Pawel ebenfalls unversehrt. Scheinbar war nichts passiert. Erst später bemerkte er, dass sein von Tsechu Rinpoche gesegneter Ehering gebrochen war.

Zuerst wollten wir den Ring noch retten, zusammenlöten oder was auch immer, aber dann verlor ihn Alex beim Schwimmen im Meer. Er sollte wohl weg, sein Schutz war aufgebraucht. Später ließ ich meinen Ring halbieren und beide Hälften neu mit Silber einfassen, so hatten wir wieder Eheringe, die von Rinpoche gesegnet waren. Wir sind uns sicher, dass uns sein Segen auch durch schwierige Zeiten getragen hat. Wer weiß, ob wir sonst noch zusammen wären.

Am Unfalltag konnten wir die Zollgeschichte nicht mehr beenden, aber als die Beamten davon hörten, wurden sie nachdenklich. Schikane um jeden Preis wollten sie auch nicht ausüben. Als wir am nächsten Tag kamen, waren sie jedenfalls relativ freundlich.

Wir mussten nur die üblichen Gebühren bezahlen und keine zusätzliche Strafgebühr. Zum Schluss zeigte Herr Zappelariou noch seine Bildung: Er fragte uns, ob wir wüssten, dass der erste Buddha von griechischen Künstlern angefertigt worden war. Ja, antworteten wir, und zwar nach dem Abbild von Apoll, dem schönsten aller griechischen Götter. So endete diese Episode in philosophischen Betrachtungen. Dennoch waren wir froh, die Zollbehörde nur noch von weitem zu sehen.

Philosophisches

Tatsächlich gibt es weitreichende Verbindungen zwischen der abendländischen Philosophie des antiken Griechenlands und Indiens Geisteswissenschaften. Vor allem Heraklit (ca. 540 - 480 v. Chr.), der Philosoph aus Ephesos, äußert Gedanken, die den Lehren Buddhas, der auch vor ungefähr 2580 Jahren in Nordindien lebte und lehrte, durchaus entsprechen: „Alles fließt. Wir können nicht zweimal in denselben Fluss steigen." Beide Kulturen waren geistige Hochburgen, es gab philosophische Schulen und Richtungen, die sich miteinander maßen und wetteiferten, welche die Beste, welche Logik die Schlüssigste sei. Es gab in beiden Kulturen berühmte Denker und eine gegenseitige Kenntnis bzw. Beeinflussung ist anzunehmen. Ein dokumentiertes Zeugnis geistiger Auseinandersetzung zwischen Ost und West kennen wir, als die Fragen des griechischen Königs Menander, der Herrscher über große Gebiete in Nord-Westindien war, die vom buddhistischen Mönch Nagasena beantwortet wurden.

Ein Beispiel: „Edler Nagasena" sagte der König, „wo verweilt die Weisheit?" „Nirgendwo, mein König." „Dann gibt es keine Weisheit?" fragte der König weiter.

„Wo verweilt der Wind, mein König?" „Nirgendwo, Nagasena." „Dann gibt es keinen Wind?"

Auch Alexander der Große kam auf seinen Feldzügen bis nach Indien und traf einige buddhistische Yogis und Asketen. Er war so von ihnen beeindruckt, dass er sie gerne in seinen Tross aufgenommen hätte. Ausführlich berichtet darüber Stephen Batchelor in seinem Buch „The Awakening of the West".

Das Lamahaus

In diesem Sommer 2003 sollte das Lamahaus gebaut werden. Eines Tages kam ein kleiner Fiesta, der einen riesigen Wohnwagen voller Werkzeug hinter sich herzog auf den Platz gebraust. Aus dem Auto sprangen Andre und seine Brüder und riefen: „Wo ist der Beton?" Und dann legten sie los. Diese Brüder waren zwar nicht immer die einfachsten Zeitgenossen, aber sie brachten Schwung in unseren Laden. Unter Andres Regie wuchs das Lamahaus recht schnell. In diesem Sommer kamen sehr viele „starke Männer" auf den

Platz, der Testosteronspiegel war hoch und lange Zeit war ich die einzige Frau, was recht anstrengend war.

Stefan zum Beispiel war auf der Flucht vor der kurdischen Mafia, er war als Türsteher in einer Hamburger Diskothek zwischen die Fronten geraten und Lama Ole hatte ihm empfohlen, erst einmal eine Weile unterzutauchen. Das karge Arbeitsleben in Berchen Ling entsprach nicht ganz seinem Lebensstil und so gab es ständig Reibereien zwischen den Männern.

Auch Claudius war anwesend und baute uns zusammen mit Max, dem Restaurator aus Warschau, eine wunderbare Küche im Sanghahaus ein, die noch heute bestens funktioniert.

Alexey, unser warmherziger und starker Freund aus Askat in Sibirien verlegte diesen Sommer die Steine für die Terrasse des Sanghahauses. Aber er vertrug die Hitze und das Klima nicht und lag manchmal tageweise fast bewusstlos im Zelt.

Im Laufe der Saison beschlossen wir, uns einen leistungsstarken Generator anzuschaffen. Schließlich wurde das Lamahaus gebaut und auch sonst benötigten wir mehr Energie, als unser kleiner Kubota liefern konnte. In einer Lagerhalle in Piräus wurden wir endlich fündig, der Laden sah zwar nicht besonders vertrauenerweckend aus, aber der Generator war günstig. Voller Stolz nannten wir unsere neue Stromquelle „Herkules". Leider begann er schon bald zu mucken, wir mussten ihn austauschen gegen „Willy", der dann sogar ein eigenes Häuschen bekam.

Im Laufe der Jahre haben uns einige Generatoren treue Dienste geleistet. Wir sind aber inzwischen dazu übergegangen ihnen Frauennamen zu geben, sie werden dann besser behandelt.

Einmal wollten wir zusammen ins Kino gehen. Ich fuhr schon mittags den Berg runter und wartete am Strand auf die Männer. Als sie dann ankamen, frisch rasiert (auch den Kopf!), alle tätowiert, in Armeekleidung und jeder mit einem Messer am Gürtel, beschloss ich, dass dieser Aufzug zu viel des Guten sei. Ich öffnete meine Handtasche, sammelte alle Messer ein, und dann liefen wir im Kino ein. Der Film „Gangs of New York" hatte schon angefangen. Als wir nach vorne in die erste Reihe marschierten und uns alle Blicke folgten, kam ich mir vor wie eine Bewährungshelferin, die mit ihren Schützlingen einen Ausflug macht.

Aber es war ein netter Abend, eine willkommene Abwechslung, denn ansonsten sahen unsere Tage immer gleich aus: früh aufstehen, meditieren, arbeiten, abends wieder meditieren, noch ein Bier trinken, schlafen. In der griechischen Gruppe tauchten vielversprechende junge Männer auf: Kostas und Dimitris, die auch Spaß an der rauen Arbeit auf dem Berg hatten. Ich war mir sicher, wenn sie diesen Sommer als Helfer von Andre überstehen, dann haben wir zwei Juwelen gewonnen. Inzwischen sind beide tragende Säulen im Athener Diamantweg Zentrum.

In diesem Jahr kamen auch die Ungarn zum ersten Mal. Angeführt von Denez schlugen sie sich zwei Tage und Nächte durch den Balkan und suchten sich ihren Weg durch das unbeschilderte Mazedonien, denn während der Balkankriege wurden alle Hinweise abmontiert, um den Feind zu verwirren. Aber schließlich erreichten sie Berchen Ling und legten voller Enthusiasmus los. Es war ein Fest mit unseren „Hunnen" und ein Beispiel echter Sangha-Freundschaft. Die gesamte ungarische Sangha legte Geld zusammen, um das Griechenlandprojekt zu unterstützen. Sie finanzierten davon die Reise und den Aufenthalt der Freunde, die dorthin fuhren. Leider hatten auch sie keine Frauen mitgebracht. Ich musste fast immer kochen, aber so richtig zufrieden waren sie mit meiner vorwiegend vegetarischen Kost nicht. Manche weigerten sich sogar „Blumen" zu essen, dabei hatte ich köstliche gefüllte Zucchiniblüten zubereitet! Meine leckeren Holunderblütenküchlein wurden argwöhnisch begutachtet und der mühevoll selbst gesammelte Löwenzahnspinat schien auch eher etwas für Liebhaber zu sein. Wir hatten damals noch keinen Kühlschrank, deshalb gab es nur selten Fleisch, den Gaskühlschrank leisteten wir uns erst viele Jahre später. Wir hatten stattdessen eine natürliche Kühlanlage: Eine aus Backsteinen aufgeschichtete Kammer, die regelmäßig mit Wasser übergossen wurde und durch die Verdunstung eine gewisse Kälte erzeugte. Einmal die Woche fuhren wir runter nach Evrostina in Yorgos Kneipe, genossen seine Gastfreundschaft und aßen ganz viel Fleisch! Bei den Einsätzen der Ungarn in den folgenden Jahren kamen dann auch zum Glück immer Frauen mit. Das hob erstens die Stimmung und zweitens machte es die Küche zu einem kulinarischen Erlebnis mit viel Wurst und Süßspeisen.

Sturz vom Himmel

Im August legten Alex und ich eine Pause ein und fuhren nach Kassel, zum größten deutschen Sommerkurs damals im Jahr 2003. Alex hatte ein paar Jahre zuvor mit Lama Ole und einigen Freunden das Fallschirmspringen erlernt und während des Kurses hatten sie auf einem nahe gelegenen kleinen Flugplatz die Gelegenheit, ihr Können aufzufrischen und zu üben. Obwohl Lama Ole sehr müde war, wollte er sich den Spaß nicht nehmen lassen und eine besondere Position ausprobieren: das Springen in Formation und in der Luft sitzen. Mehrere Dinge gingen schief und so kam es, dass Lama Ole bei seinem 88. Sprung abstürzte und schwer verletzt auf einem Feld liegen blieb. Nach Rinpoche's Tod war dies der zweite tiefe Schock und eine weitere bittere Lektion in Vergänglichkeit. Seinen Lehrer zu verlieren oder um sein Leben zu fürchten, ist im Diamantweg nicht nur schmerzhaft, sondern auch eine besondere Herausforderung. Dann müssen die Schüler zeigen, was sie verstanden haben.

Hannah, seine Frau, zeigte sich unglaublich stark. Sie verbreitete Optimismus und hielt uns alle zusammen.

Keiner der 1500 Teilnehmer lief davon, sondern jeder meditierte so viel wie möglich. Unsere guten Wünsche waren auf die Genesung und das lange Leben unseres Lehrers gerichtet. In diesem Sommer saßen zum ersten Mal mehrere von Lama Ole ernannte Diamantwegslehrer zusammen auf der Bühne, hielten Vorträge und leiteten die Meditationen an. Wir alle fühlten die Gegenwart und den Segen unseres Lehrers, obwohl er dem Tod nahe und schwer verwundet im Krankenhaus lag. Beim Abbau des Kurses geschah dann noch ein schwerer Unfall. Unser Freund Michael geriet unter einen LKW und kam ums Leben. Obwohl Lama Ole selbst auf der Intensivstation lag, führte er dennoch das Phowa für ihn durch, eine Meditation, die das Bewusstsein des Sterbenden oder Toten in einen Bereich größter Freude entsendet.

Im Oktober 2003 wurde die 33 Meter hohe Stupa in Benalmadena, Spanien, eingeweiht, Tsechu Rinpoche's letztes Werk. Obwohl die Stupa beeindruckte, war doch die Stimmung merkwürdig. Shamar Rinpoche leitete die Zeremonie, aber es war einfach nicht dasselbe. Tsechu Rinpoche fehlte uns schmerzlich. Lama Ole gab das erste Mal nach seinem Unfall wieder Belehrungen, doch er hatte noch starke Schmerzen.

Das Jahr 2003 endete mit einem Silvesterkurs in Hamburg, bei dem Lama Ole auch schon wieder auf Krücken teilnahm. Beim Essen sprachen wir über unser Stupa Projekt in Griechenland. Hannah schlug vor, Lama Chogdrup Dorje zu fragen. Er ist der Neffe von

Lama Tönsang, der mit dem 16. Karmapa Tibet verließ und im französischen Montchardon ein buddhistisches Zentrum schuf. Zusammen mit seinem Onkel errichtete er etliche Stupas. Dazu kommt sein besonderes Wissen über die Kalachakra-Belehrungen. Er hatte unter der Leitung des 16. Karmapa ein geschlossenes Dreijahresretreat absolviert und danach unter der Leitung von Bokar Rinpoche ein einjähriges Kalachakra-Retreat vollendet.

Guter Hoffnung

Wir begannen das Jahr 2004 mit der Suche nach Lama Chogdrup Dorje, was gar nicht so einfach war. Schließlich fanden wir ihn zu Tibetisch Neujahr, an Losar, im Februar in Witten. Er war durchaus an dem Stupa-Projekt interessiert und studierte mit Wojtek zusammen die Pläne, doch er wollte erst fest zusagen, wenn wir die Baugenehmigung hätten. Damals dachten wir noch, dass dies kein Problem sei und waren zuversichtlich, bald beginnen zu können. Im Nachhinein erwies es sich als hilfreich, dass wir die Zeit hatten, unsere Gebäude fertig zu stellen. Wo sonst hätten wir all die kostbaren Materialien, mit denen die Kammern der Stupa gefüllt werden, lagern, ordnen und vorbereiten können?

Und dann geschah kurz darauf etwas völlig Unerwartetes, etwas, das mein Leben auf Jahrzehnte hinaus prägen würde. Wir waren mit unseren Garmischer Freunden auf einer Almhütte und feierten ordentlich. Ziemlich betrunken rasten wir nachts mit dem Schlitten den steilen Weg hinunter. In einer vereisten Kurve flog ich hinaus und landete kopfüber in einem Bach. Daraufhin hatte ich eine Gehirnerschütterung und ein Halswirbelsäulentrauma. Als Übelkeit und Schwindel auch nach mehreren Wochen nicht aufhören wollten, riet mir mein Arzt zu einem CT. Bevor sie mich in die Röhre schoben, musste ich einen Fragebogen ausfüllen, unter anderem nach einer bestehenden Schwangerschaft. Natürlich verneinte ich, aber die Sprechstundenhilfe bestand darauf, dass ich einen Schwangerschaftstest machen solle. Ich fiel aus allen Wolken, als das Teströhrchen positiv anzeigte!

Ich war wieder schwanger! Das war eine Riesenüberraschung mit meinen 42 Jahren. Diesmal sah es sehr gut aus. Der kritische dritte Monat ging ohne Probleme vorbei und ich fühlte mich zunehmend besser. Dieses Mal nahm ich die Schwangerschaft und ein Kind zu bekommen, als eine unglaubliche Bereicherung, als einen riesigen Reichtum des Lebens, wahr. Obwohl mir das Leid der Vergänglichkeit schon noch in den Knochen saß, schien ich diesmal alles von einer Ebene der unbegrenzten Möglichkeiten zu erleben.

Wir reisten wie jedes Frühjahr nach Griechenland. Im Sommer wurde das Dach des Lamahauses errichtet. Es ist vor allem der unermüdlichen Arbeit von Martin und Achim zu verdanken, dass ein wunderschönes und bestimmt das solideste Dach auf dem ganzen Peloponnes nun unser Lamahaus behütet.

Obwohl es mir gut ging und die Schwangerschaft ohne Komplikationen verlief, überschätzte ich meine Kräfte doch ab und zu. Meistens merkte ich es erst, wenn mein Bauch ganz hart wurde und ich weinend zusammenbrach. Einmal plante ich einen Ruhetag für mich ein, ich wollte ganz allein zum Strand fahren und maximal eine Sonnencreme kaufen. Aber es war eben wie immer: Wenn einer in die Stadt fährt, gibt es tausend wichtige Dinge, die man unbedingt mitbringen soll. Ich ließ mich also breitschlagen, die Isolation für das gesamte Lama- Haus Dach mitzubringen. Dazu kamen noch ein paar „Kleinigkeiten" wie Hammerstiele, bestimmte Nägel, ein paar Säcke Kalk für die Naturtoiletten usw. Also kurzum, das volle Shopping-Programm in mindestens vier verschiedenen Läden.

Schon als mir die Arbeiter beim Baustoffhändler das Styropor für die Dachisolation auf den Pick-up türmten, hatte ich ein ungutes Gefühl. Der Aufbau ragte weit über das Auto hinaus und erschien mir nicht besonders stabil. Sie versicherten mir jedoch, dass alles bestens festgezurrt sei und schickten mich los.

Bald nach dem letzten Dorf hinter Xilokastro, in Riza, verlor ich bereits die Hälfte der Ladung. Mühsam sammelte ich alles wieder ein und lud es mit der Hilfe eines Einheimischen wieder auf. Ein paar kurvige Kilometer weiter den Berg hoch fiel die ganze Ladung wieder herunter. Schwanger und entnervt wie ich war, begann ich zu weinen. In diesem Moment kamen Piotr und Mirka den Berg heruntergefahren. Sie hielten an, packten alles wieder ein und Mirka nahm mich in den Arm. Ihre klugen Worte habe ich nie vergessen: „Alles ist gut. Probleme sind wie Styropor, sie sehen groß aus, sind aber ganz leicht."

Im Sommer 2004 fand die Olympiade in Griechenland statt. Für uns als Buddhisten war das ein riesiger Schritt in die Öffentlichkeit. Als das olympische Komitee nach Möglichkeiten suchte, für ihre buddhistischen, vorwiegend asiatischen Sportler eine religiöse Betreuung anzubieten, stießen sie auf unser Diamantweg Zentrum in Athen. Wir übernahmen sehr gerne die Aufgabe, im olympischen Dorf eine Meditationsmöglichkeit zu schaffen. Sören aus Hannover, der auch schon die Expo in Deutschland betreut hatte, nahm sich der Sache an. Er zog für ein paar Monate nach Athen und organisierte die Räumlichkeiten und Lehrer. Er wurde von unserer griechischen Sangha unterstützt, insbesondere Yorgos konnte wichtige politische Kontakte knüpfen, die uns noch Jahre später beim Stupabau helfen sollten.

Einmal fuhren Alex und ich die kurvige Strecke nach Berchen Ling hinauf, als mitten auf der Straße ein kleiner Hund saß. Wir mussten eine Vollbremsung hinlegen, sonst hätten wir ihn überfahren. Ängstlich hinkte er zur Seite, die Hüfte verdreht und das gebrochene Beinchen zog er hinterher. Er war ein kleines, dreckiges und abgemagertes Häufchen Elend voller

Zecken und weit und breit war niemand zu sehen. Im Süden gibt es viele herumstreunende Hunde, ab und zu war auch schon einer bei uns aufgetaucht und ein Weilchen dageblieben, aber wir hatten uns stets davor gehütet, einen zu „adoptieren". Rein verstandesmäßig war uns schon klar, dass ein Hund nicht zu unserem Lebensstil passt. Aber jetzt spielte der Verstand keine Rolle, die Entscheidung den Welpen mitzunehmen war reines Mitgefühl. So kamen wir zu Chica, eine Hündin, die viele Herzen gewann, aber auch einige Waden biss. Den meisten Männern traute sie nicht. In diesen Fällen erzählte ich dann manchmal die Geschichte Marpas, eines buddhistischen Meisters in Tibet um das Jahr 1000 herum, der von seinem indischen Lehrer Naropa zu einem wilden Yogi namens Kukuripa auf eine Insel geschickt wurde, um Mahamudra-Belehrungen zu bekommen. Dort gab es bissige Hündinnen, die sich jedoch nachts in wunderschöne Dakinis verwandelten. Auf die Verwandlung von Chica warten wir noch, sind aber sehr zuversichtlich.

Yogi-Stil

Berchen Ling ist wie alle unsere Zentren ein Ort der Meditation, der ohne die Hilfe und Unterstützung von sehr vielen Idealisten nicht hätte aufgebaut werden können. Das Besondere an diesem Zentrum war und ist jedoch, dass Freunde, Unterstützer und Helfer aus der internationalen Sangha kamen und kommen. Es war nie ein nationales oder rein griechisches Projekt und obwohl zeitweise bestimmte Nationalitäten vorherrschten, wechselten doch immer wieder die Sprachen, der Stil und die Stimmung auf dem Platz, je nachdem, wer gerade da war und den Ton angab.

Natürlich versuchte man in einem gemischten Team mit Englisch als gemeinsamer Sprache klarzukommen, aber oft entwickelten wir auch eine Art eigene Verständigung, die aus verschiedenen Worten in unterschiedlichen Sprachen bestand, weil wir alle keine englischen Muttersprachler waren. Wenn man zum Beispiel einem Helfer sagen wollte, er solle bitte den Beton mit der Schubkarre zum Lamahaus bringen, dann klang das ungefähr so: „Bring the beton with this karrozzi into the Schalung by the Lama house, parakalo."

Berchen Ling zog immer die Freigeister an, kraftvolle Typen mit viel Herz und Tatendrang. Menschen, die lieber im Zelt als in Häusern schlafen und lieber im Freien oder in einer Höhle als in einer ummauerten Halle meditieren. Jahrelang setzten wir uns abends auf den Hügel an die Stelle, wo später die Stupa hinkommen sollte und meditierten gemeinsam, während die Sonne tiefrot hinter den blassblauen Hügelketten, die wie ein Pastellbild über dem Meer schwebten, verschwand.

Obwohl die Freunde den ganzen Tag über körperlich hart in der sengenden Sonne arbeiteten, waren doch viele schon vor Sonnenaufgang wieder wach und übten ihre Praxis aus, einige waren schon beim zweiten oder dritten Ngöndro (Grundübungen). Eine Heldin der Meditation war neben anderen Jutta, die damals in Berlin lebte. Im Sommer 2004 nahm sie sich drei Monate Zeit für ein Retreat. Obwohl Berchen Ling über viele Jahre lang eine Baustelle war, hielten ihre Zurückziehungen den Gedanken an die eigentliche Bestimmung dieser Stelle aufrecht. Es war bestimmt nicht immer leicht, inmitten von starker äußerer Aktivität die Kraft zu regelmäßiger Meditationspraxis aufzubringen. Doch sie zog sich in ihr Zelt oder in die Höhlen zurück und arbeitete auf diese Art für den Platz – was mindestens so wichtig ist wie das Materielle.

Doch nicht nur „junge Wilde" fühlten sich willkommen, einige unserer bemerkenswertesten Yogis hatten längst das Pensionsalter überschritten. Ein besonderes Glück für uns war Bernd, ein pensionierter Bauleiter, der 40 Jahre lang bei der Deutschen Bundesbahn Brücken gebaut hat.

Er hatte nicht nur Fachwissen, sondern auch genug Lebenserfahrung und Menschenkenntnis, um die vielen unterschiedlichen Typen von Helfern zu koordinieren und den Geist einer Retreatstelle aufrecht zu erhalten. Es geht ja nicht nur darum, irgendein Gebäude fertigzustellen, sondern warum und wie wir es tun. Wenn der Ton mal zu rau wurde, erinnerte uns Bernd immer wieder daran, was wir eigentlich tun: Wir bauen ein Haus für unsere Lehrer. Lama Ole, Karmapa und andere Lehrer werden darin wohnen. Wollen wir wirklich Zorn und Eifersucht, Wut und Ungeduld mit reinbauen? Eine Dharma-Baustelle ist kein Ort, an dem man seine störenden Gefühle auslebt, sondern jeder Stein wird mit Liebe und achtsam gesetzt. Wir respektieren den Idealismus der Menschen, nicht nur ihre Fachkenntnisse oder ihre Ausdauer. Wir arbeiten mit dem Geist. Wir tun es mit Freundschaft und um uns selbst zu entwickeln. Und wir meditieren." Deshalb war es manchmal klüger, die Baustelle einen Tag ruhen zu lassen, bevor man mit Gewalt versuchte, etwas fertigzustellen. Die Alarmzeichen waren immer ein grober Umgangston, körperliche Verletzungen und dass Dinge oder Werkzeuge kaputtgingen. Dann wussten wir, dass es höchste Zeit für eine Pause war.

Peter aus Graz war ein weiterer „Hauptgewinn" für uns. Völlig bescheiden tauchte er 2003 mit seinem kleinen Jeep auf. Zuerst arbeitete er in Andres Team und karrte vorwiegend den Beton von der Mischmaschine zum Lamahaus oder zerkleinerte Steine in passende Stücke für die Treppe am Sanghahaus. Ich machte mir immer ein wenig Sorgen um seine Gesundheit, wenn ich sah, wie dieser kleine aber zähe ältere Mann all diese schwere körperliche Arbeit in der prallen Sonne verrichtete. Irgendwann redeten wir ein bisschen länger und dabei erfuhren wir, dass Peter eine Koryphäe der Betriebswirtschaft war, ein Professor, dessen Bücher Standardwerke für Ökonomiestudenten waren und er selbst wirkte als Berater von Regierungen und Staatshaushalten. Als Pensionär richtete er sich eine

Holzwerkstatt ein und schreinerte zu seinem Vergnügen.

Aber vor allem war er ein Yogi. Er liebte die Einfachheit, bevorzugte schlichte Arbeit und wählte sich die primitivsten Lebensumstände, wenn es irgendwie möglich war. Er hatte eine Nierendysfunktion, musste eigentlich strenge Diät halten und später an die Dialyse. Doch Peter wollte sein Leben nicht im Krankenhaus verbringen, deshalb baute er sich seinen Auto-Anhänger zu einer Dialysestation um und verbrachte jede Nacht viele Stunden in seinem Auto, um dort die Behandlung durchzuführen. Tagsüber Steine schleppen und nachts eine Dialyse im Auto, dennoch weigerte sich Peter, ein Zimmer im Haus zu beziehen. Er jammerte oder klagte nie. Ich kenne keinen größeren Helden! Sowieso waren unsere „alten Herren" auch Meister der alten Schule: Egal wie es ihnen ging, niemals hörten wir auch nur ein Wort der Klage oder eine Frage zur Erfüllung eines „Sonderwunsches", ganz im Gegenteil. Sie waren die bescheidensten und fleißigsten Sangha-Mitglieder, die man sich vorstellen kann und Vorbilder beim Meditieren! Bernd absolvierte damals schon seine dritten Grundübungen neben der ständigen 8. Karmapa Meditation, einer fortgeschrittenen Praxis der Kagyü Linie, und Peter war aus dem gleichen Holz geschnitzt. Peter starb leider viel zu früh, am 2. Mai 2006.

Lama Ole betonte immer wieder, wie wichtig es sei, dass die österreichische Sangha Verantwortung für

Berchen Ling übernehme. Mit Jakob aus Graz gab es einen beständigen Freund, der von Anfang an diesen wilden und wunderschönen Ort liebte und unterstützte. In jeder Phase war er bereit, großzügig finanziell zu helfen, meistens so dezent, dass man es kaum bemerkte. 1996, als Lama Ole Griechenland aufgeben wollte, war es ebenfalls Jakob, der immer noch eine Chance sah. Inzwischen hat die österreichische Sangha die Herausforderung angenommen und es gibt ein großes festes Team, auf das man sich voll verlassen kann. Die ersten waren die polnischen Wahl-Grazer Piotr und Mirka, die 1998 mit dem großen Waldbrand auftauchten. Bald kamen weitere Grazer wie Gudrun, Martin, Stephanie, Peter und später Klaus und Andrea aus Villach dazu. Christoph und Franka, unsere Innsbrucker Freunde, lieben diesen markanten Platz ebenso wie die Oberwölzer Gerhard und Heike, die schon oft die Saison mit Schwung eröffnet haben, und auch die Wiener unterstützen uns jedes Jahr während des Sommerkurses mit guter Laune und Tatkraft.

Der kleine Donnerwolf

Unser Kind wurde im November 2004 in Schwarzenberg in unserer Wohnung gegenüber dem Zentrum geboren. Ich hatte wohlweislich in diesem Fall meinen Lama nicht über meine Pläne zu einer Hausgeburt informiert bzw. um seinen Rat gebeten. In dieser

Frauensache verließ ich mich auf mein eigenes Gefühl und vertraute meiner Hebamme und meiner Frauenärztin, die das Vorhaben unterstützten, obwohl ich erstgebärend und fast 43 Jahre alt war.

Ich hatte Lama Ole einmal erzählt, dass ich während der Schwangerschaft oft sehr beunruhigende Träume hatte, meist ging es um Krieg oder Bürgerkrieg. Kamen diese Träume aus meinem Bewusstsein oder hatten sie etwas mit dem Kind zu tun? Lama Ole blickte ernst in den Raum: „Das ist die Zukunft", sagte er leise.

Ich hatte allerdings keine Vorstellung davon, wie extrem anstrengend und grenzwertig eine Geburt sein kann. Die ganze Vorbereitung erwies sich als bloße Theorie, vor allem hatte ich nicht geahnt, dass ich vollkommen die Illusion aufgeben musste, die Lage selber beherrschen zu können. Es war ein sehr prägendes Erlebnis und ich habe in diesen Stunden deutlich erlebt, wie nahe Leben und Tod beieinander liegen, nur ein paar Atemzüge - und wir sind nicht diejenigen, die darüber entscheiden können. Renate, unsere Hebamme, Karola und Alex standen mir zur Seite. Anke, unsere Mitbewohnerin und die anderen Hausbewohnerinnen Anita und Marion warteten angespannt im Hintergrund, versorgten uns mit Essen und kümmerten sich um den Hund. Sie hörten meine Schreie und waren schließlich die Ersten, die nach der Geburt mit Alex auf dem Sofa saßen, den Kleinen bewunderten und voller Erleichterung einen Schnaps tranken.

In dieser Nacht tobte draußen ein Sturm und in das Haus der Hebamme schlug sogar ein Blitz ein, doch als unser Kind endlich da war, beruhigten sich auch die Elemente. Am nächsten Morgen war alles mit frischem Schnee bedeckt und die Sonne schien. Unser kleiner Donnerwolf war in einer Sturmnacht an Thors Tag (Donnerstag) geboren, deshalb nannten wir ihn Thorulf. Ulf ist dänisch und bedeutet Wolf. Wir hielten ein unglaubliches Wunder in den Armen, das uns klug anblickte.

Als Eltern betritt man ein ganz besonderes Mandala, das man nicht annähernd versteht, wenn man keine Kinder hat. Das Leben mit Kindern ist unglaublich bereichernd, und ich kann es jedem nur wärmstens empfehlen! Und noch ein guter Rat: Fangt früher an als ich. Ab vierzig sind Schwangerschaft, Geburt, Schlafmangel und die nervenaufreibende Erziehung körperlich sicher anstrengender als mit zwanzig. Außerdem hat man viel mehr gemeinsame Lebenszeit mit den Kindern, etwas, das man auch erst später zu schätzen weiß.

Als Thorulf gerade zarte sieben Tage alt war, kamen Hannah, Lama Ole und Caty, damals Lama Oles nahe Vertraute und rechte Hand in der Organisation, auf dem Rückweg aus Amerika in Schwarzenberg vorbei. Der Kleine bekam seinen ersten Segen und Zuflucht. Er mag Lama Ole sehr und wann immer sich die Gelegenheit bietet, lässt er sich einen Segen geben. Er steht dann ganz still, ein Zittern läuft durch seinen Körper und einmal meinte er: „Das tut so schön weh."

Der Karmapa besucht Griechenland

Im Sommer 2005 waren alle im Karmapa-Fieber. Der 17. Karmapa Thaye Dorje reiste durch Europa, gab Belehrungen und Einweihungen. Als kleine, unfertige und abgelegene Stelle an der Peripherie der westlichen Dharma-Welt dachten wir nicht im Traum daran, das Oberhaupt unserer Linie einzuladen. Seine Tour zu allen wichtigen Diamantweg- Zentren war bereits lange geplant.

Aber dann lud ihn Marie-Angela nach Athen ein. Marie-Angela leitete eine Bodipath-Gruppe, das sind Zentren, die unter der Leitung von Shamar Rinpoche entstanden sind, und hatte vor vielen Jahren ein Dreijahresretreat unter Gendün Rinpoche's Leitung in Frankreich absolviert. Sie schaffte es tatsächlich, den Karmapa für eine Einweihung nach Athen zu holen. Wenn er schon in Griechenland war, wollten wir es uns natürlich nicht nehmen lassen, ihm auch Berchen Ling zu zeigen. Die Vorbereitungen liefen auf Hochtouren. Wir waren sehr wenige, denn auch aus unserem Team nutzten viele die Gelegenheit, mit dem Karmapa zu reisen. Diejenigen, die noch da waren, arbeiteten fieberhaft bis in die Morgenstunden, denn alles sollte natürlich so schön wie möglich aussehen. Alex schnitzte noch kunstvoll Sonne und Mondzeichen, die das Ende der Gebetsfahnenstangen zierten. Das Lamahaus wurde auf Hochglanz gebracht und drum herum sollten Rosen und andere Blumen blühen. Aber da jede Nacht ein Angriff der gefräßigen Schafe, die unbeaufsichtigt herum streiften, zu erwarten war, pflanzten wir die Blumen erst zwei Stunden vor Karmapas Ankunft ein. Hannah Nydahl, die den Karmapa begleitete und übersetzte, bemerkte noch, dass der Garten aber „sehr neu" aussehe. Als der Karmapa aus dem Auto stieg, schaute er sich um und meinte: „This is a very powerful place." Später wiederholte er diese Aussage und ergänzte noch: „I'll make retreat here." Wir hatten weder einen großen Raum noch ein Zelt für die etwa siebzig Gäste zur Verfügung. Deshalb bauten wir ein Dach als Sonnenschutz an den sogenannten Hangar, eine Art großer Schuppen an: Dort empfingen wir den Karmapa. Er und seine Begleiter zelebrierten eine Mahakala-Puja mit großen Trommeln und tiefem Gesang. Während der Puja zogen dunkle Wolken auf und es begann in den Bergen zu grollen. Wir waren begeistert, die Elemente spielten wohl bei der Zeremonie auch mit! Später erfuhren wir dann, dass dies kein gutes Zeichen war, es bedeutete, dass die Naturenergien noch nicht völlig befriedet waren. Der Karmapa riet uns, eine ganz bestimmte Praxis auszuführen, die wir von seinem Vater, Mipham Rinpoche, erhalten könnten.

Ehrengäste

Offenbar sprach es sich sogar in Asien herum, wie wunderbar Berchen Ling sei, denn 2006 bekamen wir gleich zweifach ehrenvollen Besuch. Mipham Rinpoche kam zusammen mit seiner Frau Mayum zum Retreat. Sie blieben eine Woche und Rinpoche praktizierte geschlossen im Lamahaus. Obwohl die Reise und die Fahrt hoch in die Berge für Karmapas Eltern extrem strapaziös war und vor Ort äußerst einfache Bedingungen herrschten, genossen sie doch ihren Aufenthalt und wollten wiederkommen, was sie zwei Jahre später auch taten.

Mipham Rinpoche ist nach einem Schlaganfall gelähmt und kann nicht mehr sprechen, dadurch stellte uns dieser Besuch vor ziemliche Herausforderungen. Der Platz und die Häuser sind nicht wirklich rollstuhlgeeignet, aber Rinpoche ließ sich seine ansteckend gute Laune nicht durch holpriges Gelände oder Unbequemlichkeiten verderben. Es war höchst beeindruckend, die Geisteskraft dieses Mannes zu erleben.

Sherab Gyaltsen Rinpoche kam auch zum ersten Mal, zusammen mit seinem Neffen und einer französischen Übersetzerin. Er war schon im Frühjahr da, als alles noch frisch und grün war. Rinpoche unternahm lange Spaziergänge und testete die Höhlen zum Meditieren in der Umgebung.

Sommerleben im Süden

Obwohl wir jetzt ein Baby hatten, das unseren Alltag auf den Kopf stellte, setzten wir unsere Arbeit in

Griechenland fort. Wir nahmen ihn einfach mit. Ich hätte gern ein anderes Auto angeschafft, eine etwas komfortablere Limousine, aber Alex wollte unbedingt den Pick-up behalten, der natürlich für den Einsatz in Berchen Ling optimal war. Als wir einmal in Griechenland darüber diskutierten, welches Auto als Familienkutsche geeignet sei, fuhr in diesem Moment ein Pick-up vorbei: die offene Ladefläche war neben einer Menge Melonen mit Sofa und Sonnendeck ausgestattet und bot einer mindestens 10-köpfigen Roma Großfamilie ausreichend Platz. „Siehst du", meinte Alex, „das ist doch ein ideales Familienauto!" So blieb es dabei. Wir quetschten uns weiterhin in die kleine Fahrerkabine, zu meinen Füßen der Hund und Thorulfs Kindersitz wurde mit Spanngurten auf dem hinteren Notsitz festgezurrt.

2006 ging es mit Volldampf auf der Baustelle in Berchen Ling weiter. Die Ungarn kamen wieder mit fünf vollgepackten Autos und halfen uns. Diesmal widmeten sie sich dem Ausbau des Duschhauses. Mit ihnen kam Ricky, ein ungarisch-stämmiger junger Mann, dessen Familie jedoch in Rumänien lebte und der deshalb nur einen rumänischen Pass besaß. Es war eine abenteuerliche Geschichte, wie er zu Fuß ohne Visum über die Grenzen geschmuggelt wurde, aber nun war er da. Und zurück würde es hoffentlich mit viel Glück genauso klappen.

Wir wollten die Infrastruktur des Platzes aufbauen und die losen Enden miteinander verbinden. Deshalb buddelten wir, insbesondere die Hunnen, einen 80 cm tiefen sogenannten Zentralkanal, der über den gesamten Platz verläuft. Damit wollten wir die Wasserversorgung und Stromkabel unterirdisch verlegen. Nicht nur Giftschlangen, Skorpione, Eidechsen und riesige Spinnen fielen ab und zu in diesen Graben hinein, auch unser kleiner Sohn lief ungesehen darin umher, während wir ihn wie eine Stecknadel im Heuhaufen suchten. Der zweijährige Knirps führte ein recht eigenständiges und unabhängiges Leben da oben in den Bergen. Andere Kinder gab es nicht, seine Spielkameraden waren die Hunde. Als notorischer Frühaufsteher ging er manchmal schon um fünf Uhr morgens unbemerkt alleine aus dem Haus und wanderte mit unserem Hund Chica über den Platz. Ein anderer halbwilder zugelaufener Hund schloss sich den beiden an. Einmal waren die drei für längere Zeit verschwunden, ich machte mir Sorgen und suchte mein Kind. Schließlich kamen sie herbeigetollt. Ich fragte ihn, wo er solange war und mein Söhnchen erklärte mir: „Wir waren oben auf dem Berg. Wir haben andere Hunde gesehen. Da haben wir gebellt und die anderen sind abgehauen." In diesem Moment fühlte ich mich recht zwiegespalten: Einerseits war ich stolz auf meinen Jungen, wie selbständig und frei er sich bewegte, andererseits vermisste er vielleicht menschliche Spielkameraden.

Wie eigentlich in jedem Jahr hatten auch diesmal wieder die heftigen Winterstürme die Dachziegel vom Sanghahaus heruntergerissen und ein riesiger Scherbenhaufen lag herum. Zum Glück war ein Fachmann da. Achim, ein Zimmermann, der das Dach zusammen mit einem Freund, der auch Alexander hieß, endlich so richtete, dass bis heute nichts mehr daran kaputt ging! Man musste die Angriffsfläche des Windes durch einen spitzeren Winkel brechen, also das Dach steiler machen und anstatt Ziegel verwendeten wir diesmal Blech, die Almhüttenvariante.

Eine über Jahre hinweg beliebte Tätigkeit war das „Steine jagen": Kräftige Jungs springen hinten auf den Pick-up, drehen die Musik laut auf, fahren durch die Gegend, halten nach großen Steinen Ausschau und wuchten sie gemeinsam auf das Auto. Hier konnten Männer noch richtige Kerle sein. Diese Felsbrocken benötigten wir für alle möglichen Mauern und Befestigungen auf dem Gelände, man kann gar nicht genug davon haben. Jürgen zeigte uns dann, wie man fachmännisch und naturnah Trockensteinmauern ohne Beton baut, Wohnort von zahlreichen Eidechsen und herbeigeflogenen Blumen. Auch Lama Ole liebte es, in Berchen Ling mit Steinen und Pickel im Gelände zu arbeiten. Einmal waren wir auch wieder den ganzen Vormittag in glühender Hitze unterwegs. Zur Erfrischung fuhren wir zu einem Wasserfall in der Nähe: Es war herrlich, gemeinsam mit dem Lama zu schuften und dann unter das eiskalte Wasser zu springen!

Oft planten wir vor oder nach dem Kurs noch ein wenig Zeit am Strand mit ein. Ich werde nie diese ganz besonderen Momente vergessen, wenn wir alle, meistens 30 bis 40 Leute zusammen mit Lama Ole stundenlang im Meer schwammen. Zuerst hatten wir viel Spaß, tauchten oder warfen uns gegenseitig in die Wellen. Später ließen wir uns einfach treiben und lauschten den Belehrungen, die Lama Ole gab.

Zu jedem Kurs in Berchen Ling gehörte auch eine Bergtour mit dem Lama. Meistens rannte er mittags, in der größten Hitze los, hinauf auf die sogenannte Dorje Phagmo-Spitze, wo wir zusammen meditierten. Doch das Gestein ist tückisch, es besteht aus brüchigem Konglomerat; das musste Caty 1992 am eigenen Leib erfahren, als sie beim Klettern abstürzte und sich schwer am Knie verletzte. Dank der ärztlichen „Künste" im Krankenhaus in Korinth ist ihr bis heute eine Narbe zur Erinnerung erhalten geblieben.

Im Sommer 2006 errichteten wir auch das provisorische Küchen- bzw. Cafeteria Haus, die „Karmapanoramabar", die seitdem stetig verbessert wird. Provisorisch hält bekanntlich am längsten. Und wir bauten zwei Retreathäuser mit einem Grasdach, sie sollten Höhlencharakter bekommen, halb versteckt im Hang. Leider schimmelten die Wände, deshalb mussten wir das Höhlenartige aufgeben, und die Rückseite vom Erdreich wieder befreien. Jetzt stehen die Retreathäuser in unmittelbarer Nähe der Stupa und man hat von dort oben einen wunderbaren Blick über das Tal Richtung Sonnenaufgang.

Lama Chogdrup Dorje und sein Bruder Lama Küntsang wohnten und meditierten den ganzen Sommer

2010 während des Stupabaus darin. Die tagelangen Meditationen und Pujas, die zu jedem Aspekt der diversen Buddha-Mandalas gehören, wurden in diesen Hütten vollendet. Jeder der wollte konnte sich dazusetzen.

Unser einziger Kühlschrank, der mit Gas betrieben wird, da wir ja nicht an eine Stromversorgung angeschlossen sind, war in dieser Zeit vor allem für Tormas, das sind Opfergaben für die Buddhas aus Butter und Haferflocken, reserviert. Lama Küntsang experimentierte mit verschiedenen Buttersorten, welche sich am besten für diese Form der rituellen Praxis eignen.

Ab und zu gab es Konflikte mit der Küche, die ihr Fleisch kühlen musste, aber irgendwie haben sich dann doch alle arrangiert.

In Berchen Ling ist Einkaufen wirklich ein Knochenjob und eine große Herausforderung. Erstens ist es weit, denn man muss jedes Mal eine Stunde bis runter zum Meer kurven. Zweitens sollte man sich auskennen und wissen, wo man was findet. Ein paar Sprachkenntnisse sind auch von Vorteil, aber wir schlugen uns zur Not auch telefonisch durch, indem wir Jan als Übersetzer anriefen. Drittens ist es eine arge Schlepperei und viertens ist man oft von frühmorgens vor Sonnenaufgang bis nachts unterwegs. Wir haben einige gestandene Männer erlebt, die schon nach ein paar Tagen aufgaben und es gibt nur wenige, die diesen Job gerne und über längere Zeit ausüben. Die große Stephanie ist eines dieser seltenen Exemplare. Über Jahre hinweg hat sie unermüdlich Lebensmittel, Getränke, Gasflaschen, Putzzeug und vieles mehr herangeschleppt und dabei auch noch exzellente Kontakte zur einheimischen Bevölkerung geschaffen. Die Beziehungen zu unseren Nachbarn in Jelini haben sich auch sehr verbessert. Die alten Leute kommen sogar jedes Jahr einmal zu unseren Kursen: sie sitzen dann auf ihren Stock gestützt hinten in der letzten Reihe auf Bierbänken und lauschen Lama Oles Belehrungen.

Besonders gut verstanden wir uns mit dem Schäfer Ilias und seiner Frau Chrissoula. Er kannte nicht nur seine Tiere ganz genau, sondern auch alle Pflanzen und ihre Geheimnisse der Heilkunst. Chrissoula zeigte uns, wie man einen traditionellen Lehmofen baut und darin Brot backt. Wir waren froh, von den alten Leuten lernen zu können und den Geschichten über das Leben aus der Welt der antiken Sagen, den Elfen und Berggeistern zu lauschen. Eine Welt, die gerade eben ausstirbt, es gibt keine jungen Leute mehr, die diese Tradition weiterführen wollen. Die meisten Griechen hüten schon längst nicht mehr selber ihre Schafe, dafür stellen sie Albaner ein. Früher war Jelini ein ganzjährig bewohnter Ort mit einer Schule, die allerdings nicht von allen besucht wurde. Chrissoula zum Beispiel ist Analphabetin. Es gab sogar eine tägliche Busverbindung nach Xilokastro! Ich weiß nicht genau, wann die Abwanderung begann, jetzt leben nur noch ein paar alte Leute dort und von Sommer zu Sommer werden es weniger.

In diesem Sommer 2006 waren wir besonders motiviert unser Bestes zu geben und viel zu schaffen, denn wir erwarteten Lama Ole und seine Frau Hannah, die eine volle Woche Retreat bei uns geplant hatten.

Daraus wurde leider nichts, Hannahs Gesundheitszustand gab bereits Grund zur Sorge und sie musste stattdessen zu verschiedenen Untersuchungen ins Krankenhaus.

Hannah stirbt

Die ersten Monate des Jahres 2007 waren überschattet von der Sorge um Hannah, die dann auch am 1. April zuhause in Kopenhagen in den Armen ihres Mannes starb – ein riesiger Verlust, von dem wir uns bis heute nicht ganz erholt haben. Wie viele höchst präzise Belehrungen hatten wir von ihr bekommen, zum Beispiel zur Durchführung der 8. Karmapa Meditation; wie viele kluge Ratschläge bei Problemen im täglichen Leben. Sie hatte die riesige Aufgabe des Übersetzens von Buddhas Lehren begonnen und ihr klarer Geist ermöglichte uns den Zugang zu den alten Praxistexten der Karma Kagyü Linie. Hannah war nicht nur ein wesentlicher Teil der historischen Aufgabe, den Buddhismus in den Westen zu transportieren, sondern auch das Bindeglied zur Linie im Osten mit ihrer nahen Beziehung zu Shamar Rinpoche. Außerdem erschien sie uns als untrennbar von Lama Ole, die beiden waren eine vollkommene Einheit, die mit ihren unterschiedlichen Qualitäten eine Ganzheit verkörperten. Ich konnte mir gar nicht vorstellen, wie wir ohne sie auskommen sollten.

Sie verbrachte den Dezember 2006 im Kemptener Krankenhaus. Lama Ole schlief bei uns am Schwarzenberg, war aber tagsüber immer bei ihr. Kurz vor Weihnachten ließ es sich auch der 17. Karmapa Thaye Dorje nicht nehmen, sie zu besuchen. Als Überraschungsgast verbrachte er zwei Tage in Hannahs Nähe. Obwohl Hannah schon kaum mehr Luft bekam, marschierte sie noch mit Karmapa, Lama Ole und Philipp, einem jungen Architekten aus Schwarzenberg, über ein hügeliges Gelände bei Immenstadt, das wir eventuell als Europazentrum erwerben wollten. Michael, ein befreundeter Arzt, begleitete sie mit Sauerstoff im Schlepptau. Aus dem Gelände wurde zwar doch nichts, aber kurz darauf fand Philipp dann Gut Hochreute, was nur unweit der damals besichtigten Stelle lag. Hannah konnte es aber nur noch auf Bildern sehen.

Ich werde nie den Abend vergessen, als sie aus dem Krankenhaus kam. Sie saß blass, aber wunderschön mit uns im Wohnzimmer, hielt Oles Hand, sagte nicht viel, aber lächelte uns alle so an, dass es uns mitten im Herzen traf. Sie hatte für jeden von uns ein Weihnachtsgeschenk vorbereitet. Obwohl Hannah offensichtlich geschwächt war, hatten wir zu diesem Zeitpunkt alle noch die Hoffnung, dass ihre Krankheit etwas Harmloses sein könnte. Wenige Tage später, beim Silvesterkurs in Stuttgart, wurden jedoch die Ergebnisse der ganzen Untersuchungen in aller Deutlichkeit und in ihrer ganzen Tragweite bekannt: es war Lungenkrebs. Lama Ole überbrachte seinen Schülern die Nachricht mit tränenerstickter Stimme, Hannah kam auf die Bühne, wie immer würdevoll und lächelnd. Viele von uns sahen sie dort das letzte Mal. Hannahs Leben und ihre ganze Art waren so außergewöhnlich, dass unsere Freunde Marta und Adam einen sehr bewegenden Film über sie schufen. („Hannah – The Film").

In diesen Frühlingsmonaten 2007 wurde schließlich das Europazentrum (kurz EC genannt: Europe Center) gefunden und gekauft. Caty übernahm die Hauptverantwortung und kümmerte sich danach unermüdlich viele Jahre um diesen Platz und seine Vision, der bald eine riesige und sehr kostspielige Baustelle wurde. Doch trotz aller menschlichen Störungen, Kosten und Hindernisse waren viele von uns sehr inspiriert, engagierten sich weiter ehrenamtlich und gaben ihre Zeit, ihr Geld und ihre Arbeitskraft, um einen repräsentativen Ort des Diamantwegbuddhismus in Europa zu schaffen. Auch für uns stand damit eine weitere Aufgabe an, hatten wir doch seit vielen Jahren den Wunsch und Lama Ole das Versprechen gegeben, im EC mitzuhelfen. Doch zuvor reisten Jan, Markus, Stephanie und ich nach Karma Gön, um Mipham Rinpoche zu treffen. Nach eineinhalb Jahren Übersetzungsarbeit durch Jim und das Team in Karma Gön war es endlich soweit: Der Text, mit dem wir die Praxis ausüben sollten, die uns der Karmapa speziell für Berchen Ling gegeben hatte,

um die Elemente zu beruhigen, war fertig. Jetzt benötigten wir entsprechende Erklärungen von Mipham
Rinpoche, wie die Praxis auszuführen sei. Mithilfe von
Rinpoche's Frau Mayum und Rinpoche's Assistent
Sönam Palden gelang die Übertragung. Der Karmapa
hatte zu uns damals, 2005, in Berchen Ling gesagt, dass
die Gegend nicht völlig befriedet sei und es wäre gut,
eine besondere Praxis zu machen. Er sagte: "You don't
have to do it very often – once a week is enough."

Wir blickten uns leicht geschockt an: Einmal die Woche eine sogenannte Feuerpuja, eine durchaus aufwän-
dige Praxis, die Zeit und Vorbereitungen erforderte.
Das hieß, dass eigentlich immer jemand da sein muss,
auch im Winter. Wie sollten wir das schaffen? Die
große Stephanie war die erste Heldin, die den ganzen
Winter in Berchen Ling verbringen wollte. Sie bereitete alles gründlich vor, deckte sich mit Lebensmitteln
und Feuerholz ein und dank ihrer Präsenz kamen auch
viele andere Freunde in diesem Winter auf den Berg.

Das Europazentrum

Obwohl das Europazentrum nur ein Tal weiter liegt,
bedeutete ein Umzug doch einen großen Sprung, vor
allem für unseren kleinen Sohn. In den sieben Jahren
am Schwarzenberg hatten wir Wurzeln geschlagen
und wir hatten durchaus Zweifel, ob es in unserer
jetzigen Familiensituation noch passte, in das Projekt

einzuziehen. Trotz aller möglichen Bedenken konnten wir nicht anders, es schien als ob unsere früheren Versprechen und Wünsche alle in eine Richtung schoben: Wir wollten in der Pionierphase einfach dabei sein. Im März 2008 zogen wir also nach Immenstadt, ins Europazentrum, zusammen mit der ersten internationalen Crew: Philipp, der junge Architekt und Sohn von Schwarzenbergs Mitbegründerin Sys, mit seiner Frau Mirjana und ihren Kindern, Merete aus Dänemark, Niklas, der Schwede, Jürgen und Verena, Danas und Carolina aus Litauen, Raffael aus Warschau, Roman und Klara aus Tschechien und Caty.

Es war eine spannungsreiche Zeit, in der wir viel lernten. Die Arbeit war riesig, deshalb entschlossen wir uns vorübergehend alle anderen Aktivitäten wie unsere Reisen als Diamantwegslehrer und auch unsere Arbeit in Berchen Ling einzuschränken und uns nur auf das EC zu konzentrieren. Vor allem für Alex war der erste Sommerkurs 2008 eine gewaltige Herausforderung, die seine ganze Zeit und Kraft in Anspruch nahm und in dessen Spannungsfeld Freundschaften und Idealismus stark belastet wurden. Im Nachhinein muss ich sagen, dass es nicht schlau war, all das zu kappen, was Spaß macht und Energie bringt. Ohne es selber so richtig zu bemerken, wie es geschah, verloren wir unsere Kraft und die gute Laune und somit das, was Lama Ole oft als „Überschuss" bezeichnete, nämlich die zusätzliche Energie gern etwas für andere zu tun.

Milarepa Einweihung

Dennoch fand ich glücklicherweise im Juni die Zeit nach Berchen Ling zu reisen. Es war wunderschön, überall bewegte sich frisches Gras wie ein grünes Meer im Wind. Es gab Blumen in allen Farben, wobei alle paar Tage ein anderer Farbton vorherrschte. Wilde Lilien, Ginster und Krokusse verwandelten den im Sommer so verbrannten braunen Hügel in eine botanische Wunderwelt. Sherab Gyaltsen Rinpoche kam noch einmal relativ kurzfristig zu Besuch und wir genossen ein außergewöhnliches Retreat mit detaillierten Belehrungen zur Praxis von Buddha „Liebevolle Augen".

Den krönenden Abschluss bildete eine äußerst beeindruckende MilarepaEinweihung. Rinpoche zeigte uns, wie ein Meister mit den Elementen spielt: vor der Ermächtigung tobte ein Hagelsturm, während der dreistündigen Zeremonie zeigten sich alle Arten von Regen, vom sanften Schauer bis zum rhythmischen Trommeln auf dem Zeltdach und am Ende wölbte sich natürlich ein riesiger Regenbogen über das ganze Tal. Wir waren nur siebzehn Teilnehmer, alle mitgezählt, auch Jim, der Übersetzer. Deshalb gab uns Rinpoche die Übertragung im „alten Stil". Schritt für Schritt, direkt vom Lehrer zum Schüler. Für meinen dreijährigen Sohn war dies seine erste tantrische Erfahrung. Zwischendurch rannte er mit den Hunden draußen herum, aber immer wenn der nächste Schritt der Einweihung folgte, sprang er eifrig herbei und hielt sein

Händchen hin, um die entsprechenden Essenzen und Symbole zu erhalten. Rinpoche liebt Kinder über alles, er suchte den Kontakt mit Thorulf und nahm sich seiner an. Im Anschluss reisten wir mit ihm weiter nach Italien. Als wir einen stundenlangen Aufenthalt in Rom hatten, wanderte Rinpoche mit dem Kleinen Hand in Hand durch den Flughafen.

Folgende Anekdote fällt mir noch ein: Rinpoche ist Vegetarier und wir hatten klare Anweisungen von der Organisatorin bekommen, was er zu essen wünschte und was nicht. Unsere bulgarische Köchin Nicolina wusste natürlich Bescheid. Beim ersten Mittagessen stand Hähnchen auf dem Tisch und auch die obligatorische Suppe war Hühnerbrühe. Verwundert ging ich zu Nicolina und betonte noch einmal, dass Rinpoche doch Vegetarier sei. „Ich weiß!", rief sie voller Inbrunst, „deshalb habe ich ja Hühnchen gemacht!"

Ich habe eine ähnliche Szene später in einem Film gesehen („My big fat greek wedding"), aber das beste Drehbuch schreibt eben immer noch das Leben. Rinpoche musste sich bei dieser Mahlzeit mit Reis begnügen, während seine Begleiter kräftig zulangten. Nicolina, die übrigens auf etlichen unserer Kurse immer mit viel Herz und Liebe gekocht hat, erkrankte schwer an Krebs und ist schließlich daran gestorben. Ihr größter Wunsch war bei der Stupaeinweihung 2010 dabei zu sein, und der wurde ihr erfüllt.

Alltag oder Wahnsinn

Zurück in Immenstadt war ich schnell wieder im alltäglichen Wahnsinn gefangen. Jedes Wochenende kamen Scharen enthusiastischer Freunde von überall her ins Europazentrum und halfen mit, so gut sie konnten. Alles was nicht niet- und nagelfest war wurde hin- und hergeräumt. Alle suchten ständig irgendetwas. Einmal vermisste Alex nach der Meditation seine neuen Wanderstiefel, sie waren unauffindbar. Wochen später kam ein älterer Herr mit Alexanders Schuhen und meinte, er hätte wohl aus Versehen die falschen angezogen.

Die Baustelle Gut Hochreute lief auf Hochtouren und nebenbei musste ein riesiger Kurs vorbereitet werden, alle Kagyüs weltweit wollten schließlich beim ersten Kurs dabei sein! Ich schrieb damals offizielle Einladungen und war den Freunden aus dem Osten beim Beschaffen der Visa behilflich. In diesem Sommer waren es weit über vierhundert Einladungen. Russen, Ukrainer aber auch Leute aus Südamerika oder Nepal, Vietnam und Indien benötigten für ihr Visum eine offizielle Einladung unseres Vereins.

Thorulf war von Anfang an gegen den Umzug gewesen, aber wir dachten, er gewöhne sich schon an das Leben im EC. Er ging in den ansässigen katholischen Kindergarten, hatte dort liebevolle Erzieherinnen und traf nette Kinder. Dennoch unterschied er genauestens zwischen seinen *Freunden* in Schwarzenberg und *Spielkameraden* in Immenstadt. Nur weil er mit ihnen spiele, seien das noch lange nicht seine Freunde, meinte er. Er hielt den Kontakt in die alte Heimat aufrecht und die Kinder besuchten sich gegenseitig regelmäßig. Er wollte immer zurück nach Schwarzenberg ziehen. Für Alex und mich war das keine wirkliche Alternative. Dieses Kapitel schien uns abgeschlossen. Allerdings bemerkten wir auch, wie belastend das Zentrumsleben für die Familie war. In der kleinen Küche ging es wild zu, ständig wechselnde Gäste und die verschiedenen Bewohner kochten zu allen Tages- und Nachtzeiten ihr Süppchen. Eine ungestörte Mahlzeit nur im Familienkreis war kaum möglich, aber dringend nötig. Noch schlimmer war für mich die sanitäre Situation. Das Klo bei uns im Flur war dauerbelegt und vor dem Bad bildeten sich lange Schlangen. Einmal hatte sich Thorulf eingenässt und ich wollte schnell mit ihm an den Wartenden vorbei ins Bad, um ihn zu waschen. Ein Mädchen schnauzte mich an, ich solle mich hinten anstellen. Ihr war natürlich nicht bewusst, dass wir hier wohnten und nicht nur ein Wochenende so verbringen, sondern ständig unser Bad mit sehr vielen Leuten teilen mussten.

In der Villa stand alles unter Denkmalschutz und wir mussten aufpassen wie ein Luchs, dass Thorulf nichts beschädigte. Einmal, morgens um halb sechs, hörten wir tappende Füßchen: „Papa, Papa", flüsterte Thorulf, „ich habe einen Vulkanausbruch gemalt." „Ja, schön", brummte Alex verschlafen. „Auf dem Boden." Was? Schlagartig waren wir wach. Wohin? Tatsächlich hatte unser Sohn einen großartigen Vulkanausbruch auf das wertvolle Parkett gemalt. Ich kaufte am selben Tag einen großen Teppich und bedeckte das Kunstwerk in der Hoffnung, dass es sich wie alles irgendwann einmal auflösen würde.

Wir beschlossen also, eine Wohnung in Immenstadt zu suchen. Das gestaltete sich schwieriger als erwartet.

Irgendwann, nach einer weiteren unerfreulichen Wohnungsbesichtigung sagte Alex plötzlich: „Warum ziehen wir eigentlich nicht zurück nach Schwarzenberg? Dort haben wir alles, was man braucht: Freunde, ein tolles Zentrum ..." Kaum hatten wir diesen Gedanken zugelassen, ging alles ganz schnell. Ich telefonierte mit meiner Freundin Anke in Schwarzenberg und erzählte ihr von unserer neuesten Idee. Zwei Tage später rief sie an, sie wüsste von einer frei werdenden Wohnung im Dorf, eine Woche später war der Mietvertrag perfekt.

In einem Schneesturm Mitte März 2009, genau nach einem Jahr, zogen wir wieder zurück, eine sehr bewusste Entscheidung für das Mandala am Schwarzenberg. Wir haben es seither nicht bereut und genießen die Kraft und das entspannte Familiengefühl in der buddhistischen Gemeinschaft und auch das intakte Dorfleben.

DIE VOLLENDUNG

*Mit einer Stupa lasse ich euch
ein Stück meines Herzens.*

Lopön Tsechu Rinpoche

DIE VOLLENDUNG

Planung der Stupa

Es war gut, den Kopf wieder frei zu haben, denn die nächste große Herausforderung stand bereits bevor. Wir wollten endlich unseren jahrzehntealten Wunsch erfüllen und die Kalachakra-Stupa in Berchen Ling bauen. Wir nahmen wieder Kontakt zu Lama Chogdrup Dorje auf und baten ihn um Hilfe. Zu unserer großen Freude sagte er zu. Doch bei der Umsetzung unserer Pläne handelte es sich nicht nur um die technischen Erfordernisse wie Baupläne, Betonarbeiten, Granit bestellen in Polen, Transporte nach Griechenland organisieren, sondern auch um die Finanzierung. Noch hatten wir keineswegs genug Geld, um ein solches Vorhaben realisieren zu können. Aber wir hofften, dass eine Stupa in Berchen Ling viele Unterstützer finden würde.

Die unschlagbar kreativen Ungarn, allen voran Robi, zauberten einen kurzen Film, der die Leute begeisterte. Mit diesem Film und vielen anregenden „griechischen Abenden" reisten wir durch die Zentren oder Freunde veranstalteten überall „Berchen Ling-Partys". Die Zentren konnten symbolisch „einen Stein für die

Stupa erwerben" und so kam in relativ kurzer Zeit das nötige Geld zusammen.

Nachdem alle astrologischen Berechnungen abgeschlossen waren, legte Lama Chogdrup Dorje den Baubeginn der Stupa auf den 9. Mai 2010 fest. Zu dieser Zeit spuckte der isländische Vulkan Eyafjallajökull jede Menge Asche in die Luft und in Europa lag der Flugverkehr lahm. Wir tüftelten schon eine Alternative aus, falls der Lama nicht fliegen könnte und planten, ihn zur Not mit dem Auto über Bulgarien nach Berchen Ling zu bringen. Aber Lama Chogdrup Dorje landete rechtzeitig zusammen mit seinem Bruder Lama Küntsang in Athen.

Nicht nur der Vulkan bereitete uns Kopfzerbrechen, viel schlimmer war die politisch instabile und wirtschaftlich desasträse Lage in Griechenland. In diesen Monaten steuerte die internationale Finanzkrise ihrem ersten Höhepunkt zu und Griechenland hatte gerade die völlige Staatsverschuldung kurz vor dem Bankrott erklärt. Wie sicher war unser Geld auf der Bank? Wie würde die Bevölkerung den harten Sparkurs der Regierung aufnehmen? Dass uns Streiks, Verteuerungen und Benzinknappheit erwarteten, war klar, aber kam es vielleicht sogar zu einem Bürgerkrieg? Würden wir alles besorgen können, was wir für den Bau und den Kurs mit tausenden von Menschen brauchten?

Wir waren schließlich für eine große Summe Spenden verantwortlich, die unsere idealistischen Freunde in der ganzen Welt gesammelt hatten. Das Geld nahmen wir von der Bank und legten es sicherheitshalber unters Kopfkissen. Dann füllten wir unsere Dieseltanks und überlegten ernsthaft Lebensmittelreserven zu schaffen. Aber wo sollten wir sie unterbringen? Wir hatten keinen Lagerplatz. Obwohl es, vor allem in Athen, oft Unruhen und Streiks gab, tangierte uns das politische Geschehen nur am Rande. Wir schienen uns unter einem schützenden Schirm zu befinden, alles lief einfach perfekt.

Die erste Bauphase

Ein Stupa-Bau beginnt damit, dass man die Erddakini in einer besonderen Zeremonie um Erlaubnis bittet. Lama Chogdrup verwendete eine ganz besondere Überlieferung, einen Text des 15. Karmapa. Zuerst wurde die Grasnarbe abgehoben und der Boden geebnet. Dann formte der Lama mit Marmorsand ein Netz auf den Baugrund. In diese Koordinaten wurde das Bild des Nagakönigs gezeichnet und so die richtige Stelle für den ersten Spatenstich ermittelt. Als Nagas bezeichnet man in der indischen Mythologie Schlangenwesen oder Schlangengottheiten. Nagas können jedoch jederzeit menschliche Gestalt annehmen. Gelegentlich sollen sie ihr Reich verlassen und sich unter die Menschen mischen. Sie gelten als Wächter von Übergängen, Schwellen und Türen, besonders auch im symbolischen Sinn. Im Rahmen der Verbreitung des

Buddhismus wurden Nagas ebenfalls in die tibetische Mythologie integriert. Dort sind sie unter dem Namen „Klu" bekannt. Sie zählen zu den acht Grundformen der Geister und Dämonen und gehören zu den ältesten dieser Formen.

Obwohl ich nicht vor Ort war, konnte ich doch alles live mitverfolgen. Lutz, unser Held der Kommunikation und Internetspezialist, hatte die großartige Leistung vollbracht, nur für uns eine Liveübertragung aufzubauen und so konnten seine damalige Frau Jutta in Berlin, Gerhard und ich in Schwarzenberg diesen historischen Augenblick miterleben. Ich hatte in der Zwischenzeit eine feste Stelle als Erzieherin im Kindergarten in Sonthofen. Darüber war ich einerseits sehr froh, denn es war wirklich nicht leicht gewesen eine gute Arbeit zu finden. Ich hatte viele Absagen einstecken müssen, vor allem weil es in Bayern überwiegend kirchliche Träger waren, die mich als „Konfessionslose" nicht einstellen wollten. Meine Kolleginnen und die Leiterin waren supernett, ich fühlte mich wohl, auch die Rahmenbedingungen stimmten, aber es gab einen Punkt, der mich wirklich zwickte. Ich hatte nicht mehr die Freiheit, lange und wann immer es nötig schien zu reisen.

Ausgerechnet jetzt, wo wir den Traum unseres Lebens verwirklichten, saß ich fest. Früher hätte ich einfach wieder gekündigt, aber inzwischen war ich um einiges älter und besonnener. Ich sprach mit meinem Lehrer darüber. Lama Ole meinte, ich sei nicht mehr diejenige, die den ganzen Alltag vor Ort in Berchen Ling organisieren müsse. Meine Aufgabe wäre jetzt die Adlerperspektive, und da würde es genügen, immer wieder für kürzere Zeiträume einzufliegen. Das war mit meinem Job vereinbar.

Maistürme

Thorulf und ich kamen ein paar Tage später in Berchen Ling an, und mit uns hatten auch einige der Schwarzenberger Familien samt Kleinkindern ihren Urlaub dort geplant. Es gab genug zu tun: Die Tsatsas, das sind kleine, feine, kunstvoll aus Gips gefertigte Stupas und Buddhaformen, mussten fertiggestellt und unzählige Mantras gerollt werden. Beim Mantra-rollen werden die kraftvollen Schwingungen der verschiedenen Buddhas in tibetischer Schrift auf Papier gedruckt, dieses wird mit Safranwasser bestrichen und getrocknet, dann in Streifen geschnitten und aufgerollt.

Alle waren auf Camping eingestellt, sie kamen mit Campingbussen oder Zelten. Wir haben nicht viel umbauten und dadurch von den Elementen geschützten Raum in Berchen Ling. Das gesamte Lamahaus war Werkstatt und Lagerraum. Wir alle rechneten Mitte Mai mit schönem Frühlingswetter, doch wir sollten unser blaues Wunder erleben.

Zuerst blies tagelang ein heftiger eiskalter Nordwind. Wir hatten unseren Wohnwagen neben dem Lamahaus aufgestellt. Einmal schafften wir es gerade noch rechtzeitig Seile und Erdnägel anzubringen, damit er nicht vom Sturm in die Schlucht gestürzt wurde. Der Orkan riss an den Zelten, drückte sie zusammen oder zerstörte sie komplett, an Schlaf war unter solchen Umständen nicht zu denken. Nicht nur die Kinder weinten nachts vor Angst, auch die Erwachsenen kamen an ihre Grenzen. Ständig dieser Kälte und diesem mörderischen Wind ausgesetzt zu sein, nirgendwo einmal entspannen zu können, das hält man schon mal ein bis zwei Tage aus und könnte es sogar als aufregend erleben, aber nach einer ganzen Woche waren fast alle zermürbt. Dennoch habe ich nicht ein einziges Wort der Klage gehört. Mit stoischer Miene ging jeder seiner Arbeit nach und in den Pausen rückten wir zusammen und besuchten einander an den halbwegs geschützten Plätzen.

Sogar die schwere Schalung für den Betonkern der Stupa wurde vom Sturm umgerissen und beschädigt. Die Naga-Feuerpuja zelebrierten der Lama und sein Bruder im Windschatten hinter Schalungsbrettern, fest in dicke Daunenjacken gehüllt. Bei dieser Zeremonie werden die Naturgeister und nicht-menschliche Bewohner der Gegend geehrt und mit Gaben beschenkt. Es war ein Wunder, dass sie das Feuer für die Puja in Gang halten konnten. Mit dem Ende der Naga-Puja ließ der Orkan nach. Es begann zu regnen, Nebel und Wolken kamen jetzt aus dem Süden den Berg hochgekrochen.

Das war zwar auch nicht angenehm, aber allemal besser als dieser Wind! In dieser ersten Bauphase wurden die Fundamente gelegt und der Betonaufbau bis zum Lotos errichtet. Jede Stupa besteht aus mehreren Bauteilen, die alle eine tiefe symbolische Bedeutung haben.

Grundsätzlich stehen Stupas für Buddhas Geist und die volle Erleuchtung, sie zeigen die fünf Weisheiten und den Weg zur Vollendung. Sie haben starken Einfluss auf unser Bewusstsein und erinnern uns an die jedem innewohnende Buddha-Natur. Die einzelnen Segmente werden auch mit den fünf Elementen, aus denen unsere Welt besteht, in Verbindung gebracht: so bedeuten zum Beispiel der untere rechteckige Teil das Erdelement, die Vase das Wasserelement, das kleinere obere Rechteck das Feuerelement, die Ringe und der Schirm das Luftelement und Sonne, Mond und Tropfen an der Spitze der Stupa den Raum.

Es gibt aber noch sehr viel mehr Bedeutungsebenen und äußerst vielschichtige Belehrungen dazu. Ich möchte hier nicht im Einzelnen darauf eingehen, wer sich dafür interessiert, findet weitergehende Literatur und Erklärungen, zum Beispiel in verschiedenen Ausgaben der Zeitschrift „Buddhismus Heute", Interviews mit Lopön Tsechu Rinpoche und Lama Ole Nydahl, und Artikel von Manfred und Eva Seegers, die sich eingehend mit dem Thema beschäftigt haben. Auch Jamgön Kongtrul Rinpoche hat in seinem Werk „Schatz des Wissens" (1983) darüber geschrieben. Ich selbst habe kaum formale Belehrungen zur Symbolik der Stupa direkt von den Lamas erhalten. Wir bekamen vor allem den Rat, unser Verhalten und unsere Motivation zu prüfen, viel zu meditieren und uns während den Arbeiten an gewisse Regeln zu halten, die das Vermeiden von Alkohol, Nikotin und Fleisch beinhalteten.

Gampopas Pillen

Als wir die Fundamente der Kalachakra-Stupa errichteten, gaben wir von all unseren gesammelten Schätzen der Bhutan Pilgerreise 2003 etwas in den Beton und verbanden somit unsere Stupa im Südosten Europas mit den heiligen Stellen Asiens. Lama Chogdrup Dorje gab dazu folgende Erklärung: Als Gampopa (1079-1153, auch der große Arzt von Dhagpo genannt, Schüler von Milarepa und Begründer der Kagyü Schulen im Sinne einer monastischen Tradition) das erste Kloster in Tibet erbaute, wollte er ebenfalls Material von allen heiligen Stellen und Pilgerorten dabeihaben. Er beauftragte seine Schüler, es zu beschaffen. Sie flogen los und kehrten am Abend mit vollen Händen zurück. Das waren gute Schüler! Gemeinsam formten sie Pillen aus dem gesamten Material, Gampopa segnete sie. Diese Pillen haben die Eigenschaft, gewöhnliche Substanzen in etwas Gesegnetes zu verwandeln. Diese Pillen gibt es noch heute. Lama Chogdrup sagte, dass wir das Gleiche tun, nur rollen wir keine Pillen. Mit dieser hohen Sicht leitete er den gesamten Stupabau.

Alles, was wir taten, wurde durch eine Bemerkung von ihm bedeutungsvoll und richtig. Es war eine Freude mit ihm zu arbeiten. Er wiederum war über unsere Begeisterung und Schaffenskraft sehr froh und dadurch noch mehr angespornt. So kam es, dass wir uns immer wieder selber übertrafen und unserem Zeitplan stets voraus waren.

Danach gab es eine Pause, in der der Beton Zeit hatte zu trocknen. Der Lama fuhr weg und kümmerte sich um andere Aufgaben. Erst Ende Juli ging es weiter.

Piotr blieb die ganze Zeit vor Ort und organisierte alle anstehenden Aufgaben. Er hatte einen genauen Zeitplan entwickelt, in der sich Woche für Woche Helfer aus aller Welt abwechselten, Tsatsas herstellten, Mantren rollten oder andere Arbeiten ausgeführten.

Die zweite Bauphase

Das Füllen der ersten und größten Kammer war ein ganz besonderes Erlebnis. Wir begannen am Dienstag den 3. August 2010 morgens um neun Uhr mit einer Feuerpuja und einer Meditation. Dann wurde mit weißem Quarzsand ein Muster von Lotosblüten auf das Fundament gezeichnet. Darauf ordnete der Lama elf verschiedene Vasen an, die bestimmten Buddhas gewidmet waren, Guru Rinpoche und Dzambala. Nun wurde alles mit weißem Marmorsand aufgefüllt, bis schließlich wieder eine Ebene entstand. Darauf kam nun die erste Schicht der Tsatsas. Lama Chogdrup und Piotr tanzten vorsichtig in der Kammer herum, und ordneten die vielen zerbrechlichen Buddha-Formen aus Gips in der richtigen Reihenfolge an. Wir Anderen bildeten einen Ring um die Kammer, reichten weitere Tsatsas hinein und organisierten kistenweise den Nachschub. So verging Stunde um Stunde, so wuchsen Schicht für Schicht die Lagen mit den Tsatsas. Die Zwischenräume wurden immer mit Marmorsand aufgefüllt.

Die Kalachakra-Tsatsas schauen alle nach Osten, die anderen nach Süden. Wir haben übrigens auch noch fünf Kisten Kalachakra-Tsatsas von 1994 aus Karma Gön, die noch von Tsechu Rinpoche gesegnet wurden, mit hineingenommen. Diese blicken Richtung Norden, wo uns nach dem alten Wissen der Geomantie ein schützender Berg fehlt.

Inzwischen war es Nacht geworden und noch immer füllten wir in stetem Strom die Kammer der Stupa, Kiste um Kiste wurde vom Clubhaus herübergeschafft. Unglaublich, was da alles reinpasste! Der Lama und Piotr verließen in den insgesamt 19 Stunden ihren doch recht engen und staubigen Arbeitsplatz, in dem sie vorwiegend gebückt tätig waren, nur zweimal für ganz kurze Zeit, um zu essen und zur Toilette zu gehen.

Die Stunden zwischen drei und sechs Uhr morgens waren die anstrengendsten. Genau bei Sonnenaufgang um halb sieben Uhr, als der erste Sonnenstrahl in die

Kammer fiel, vollendeten wir die Füllung der Kammer und legten die letzten Tsatsas hinein.

Das Besondere war, dass alles genau passte. Es blieben so gut wie keine Tsatsas übrig. Auch unser gesamter Marmorsand wurde verbraucht, obwohl natürlich alles mit großzügigem Überschuss berechnet worden war. Insgesamt sind 24.000 Tsatsas im Stupa, einschließlich der 4.000 Kalachakra-Tsatsas, die wir eigentlich als Geschenk für alle Besucher geplant bzw. vorbereitet und sogar schon einzeln mit Goldstift beschriftet hatten.

Als wir dann alle morgens zusammenstanden, waren wir so froh und regelrecht high, dass wir laut sangen und ein üppiges Frühstück mit Rührei, Speck und Wodka verdrückten.

Der gesamte Stupabau war viel mehr eine meditative Zurückziehung als eine Baustelle und folgte in erster Linie den Anweisungen des Lama, der wiederum seine Aktivitäten strikt mit dem tibetischen astrologischen Kalender abgleicht. Sogar innerhalb eines Tages kann es zu verschieden günstigen bzw. ungünstigen Konstellationen kommen, sodass sich die Bauzeiten danach richten müssen. Jeder äußere Bauabschnitt läuft parallel zu einer inneren Zeremonie. Außerdem kann man sagen, dass die Kraftfelder der Buddhas in ihr Haus, die Stupa, einziehen. Dafür werden Mandalas arrangiert, die mit entsprechenden Meditationen und Zeremonien, sogenannten Pujas, in die Stupa eingesetzt werden. Ein Höhepunkt war die Vollendung des Kalachakra-Mandalas. Als wir die Gaben zur Stupa trugen, kreisten zwei Adler über uns und unzählige Schwalben flogen um die Stupa. Auch ein paar Wirbelwinde tanzten über den Platz. Es war unglaublich eindrucksvoll. Danach ging der Lama für drei Tage ins Retreat und segnete so nochmals alles durch seine Meditationspraxis. Seitdem ich am Bau einer Stupa beteiligt war, sehe ich sie mit anderen Augen. Sie erscheint mir wie durchsichtig und ich kann die Buddha-Kraftkreise fast sehen, wenigstens weiß ich, wo sie sich befinden und habe eine Vorstellung davon.

Obwohl es laut Lama ein gutes Zeichen war, dass alles, was wir vorbereitet hatten, bis auf das letzte Säckchen Marmorsand in der Stupa verschwunden war, hatten wir dadurch ein neues Problem. Die 4.000 Tsatsas, als Geschenk für unsere Gäste geplant, waren jetzt nämlich auch drin. Für neue Tsatsas hatten wir weder die Zeit, noch die Leute und auch keinen Arbeitsplatz mehr. Fieberhaft suchten wir nach einem anderen Geschenk: Es sollte Bedeutung haben, eine Verbindung mit dem Ereignis herstellen, einen gewissen Wert besitzen und durfte nicht zu teuer sein, da wir ja eine große Menge benötigten. Klar war, dass wir unbedingt jedem ein Geschenk machen wollten, ein kleiner Dank für all die Unterstützung aus der ganzen Welt!

Als wir wieder einmal darüber nachsannen, entstand plötzlich gemeinsam DIE Idee: Eine Erkennungsmarke, wie Soldaten sie tragen, Buddhas Kämpfer, die Freiheit und menschliche Werte verteidigen. Dies knüpfte auch an einen alten tibetischen Mythos an: Die Geschichte von Rudra Cakrin, dem letzten König von Shambala, der ausziehen wird und in einer entscheidenden Schlacht die Menschheit wenigstens für eine gewisse Zeit vor der Gewaltherrschaft des fanatischen Islam bewahren wird. Der Legende nach werden alle, die eine Verbindung mit Kalachakra haben, in dieser Zeit als Unterstützer und Krieger des Königs wiedergeboren.

Aber wo konnten wir so kurzfristig viertausend „Hundemarken" herkriegen? In diesem Moment tauchte Viliam auf, er kümmerte sich in der Slowakei um die wunderschöne Retreatstelle Mangutovo. Viliam hatte die richtigen Verbindungen: Ein Freund seines Cousins hatte einen Onkel, der für die slowakische Armee genau diese Marken herstellt! Viliam handelte immer sehr schnell und effektiv. Trotz einiger Hindernisse, beispielsweise gab es nicht genug Metall dieser Qualität in der Slowakei und sie mussten welches in Tschechien besorgen, schafften sie es tatsächlich in Familienheimarbeit und etlichen Nachtschichten unsere Marken herzustellen. Am Tag der Einweihung waren sie da, sie wurden persönlich vom Cousin geliefert.

Kursmanagement

Bisher waren zu unseren Kursen in Griechenland mit Lama Ole nie mehr als dreihundert Menschen gekommen und selbst das war schon schwierig zu bewältigen.

Zur Stupa-Einweihung erwarteten wir die zehnfache Anzahl von Freunden. Die Infrastruktur war dafür nicht vorhanden, es gab definitiv nicht genug Wasser, wie sollten wir den Transport so vieler Leute bewältigen, wie das Essen für so viele Menschen heraufschaffen? Selber kochen, das hieße eine Küche planen, bauen, einrichten und die Lebensmittel einkaufen und herbeischaffen. Oder sollten wir uns lieber von einer Catering-Firma verpflegen lassen? Würde das überhaupt funktionieren? Von Notfällen, Unfällen und medizinischer Versorgung mal ganz zu schweigen.

Wo sollten die Leute schlafen, zelten, parken? Unser Gelände war zu klein, wir mussten also mehr Flächen dazu mieten. Wir begannen ein Jahr vorher mit der Planung. Wie immer sollte das Team international zusammengestellt sein. Wir hatten uns letztendlich für die Selbstversorgung entschieden. Das großartige polnische Küchenteam leistete ganze Arbeit.

Die größte Herausforderung für den Mega-Kurs waren unsere begrenzten Wasservorräte. Dass wir den Freunden keine Duschen anbieten konnten, war klar, aber sie sollten die Möglichkeit haben, sich zu waschen. Außerdem benötigte die Küche eine Menge Wasser. Immer wieder suchten unsere Augen die Berge ab. Da musste sich doch noch irgendwo eine Quelle befinden...

Christoph, Sven und Franka streiften oberhalb unserer alten Quelle durch das Gestrüpp, bis sie fündig wurden. Innerhalb weniger Tage hatten wir die zweite

Quelle gefasst und ein paar hundert Meter Schlauch bis zu unserem Platz verlegt. Sie sprudelte tatsächlich doppelt so stark wie unsere bisherige Quelle und gab uns den ganzen Sommer hindurch genug Wasser. Im Herbst versiegte sie, aber da brauchten wir sie auch nicht mehr. Solche kleinen oder größeren Wunder halfen uns, der gewaltigen Herausforderung entgegenzutreten.

Im August waren schon 300 Helfer auf dem Platz. Das Wetter war stabil, sonnig und heiß. Zum Glück gab es keinen Wind und wir kamen sehr gut mit allen Arbeiten voran. Das polnische Küchenteam versorgte uns unter der Führung zweier starker und bemerkenswerter Frauen, beide namens Aga, bestens. Gutes, reichliches Essen ist eine wichtige Voraussetzung, die Leute bei Laune zu halten. Man mag sich gerne für einen anspruchslosen Yogi halten, der am liebsten in Höhlen meditiert, aber wenn das Essen schlecht ist, hört der Spaß auf!

Reliquien

Alles, was wichtig und nötig war, fand sich ein. Einige spezielle Dinge, wie bestimmte tibetische Heilkräuter besorgten wir in Nepal, anderes brachten Freunde aus aller Welt als Geschenk mit, vor allem ganz besonders gesegnete Pillen und Reliquien von früheren Karmapas und anderen wichtigen Meistern unserer Linie. Unsere wichtigste Reliquie sollte ein Stück Knochen vom 16. Karmapa sein. Eine Freundin, die nach Indien fuhr, fragte für uns bei den Lamas nach und so erhielten wir von einem Kagyü Lama ein Stückchen Knochen. Allerdings beschloss die Freundin eigenmächtig und ohne uns oder dem Lama etwas davon zu sagen, diesen Schatz in weitere Stücke zu teilen, um so noch mehr Reliquien für andere Projekte zu gewinnen. Das Stückchen, das sie uns schließlich übergab, war so winzig, dass es mehr die „Vorstellung eines Knochens", wie Lama Chogdrup bemerkte oder eine homöopathische Dosis war. Während wir noch überlegten, wie wir damit umgehen sollten, ob wir es nochmals in Asien versuchen sollten oder ob der Segen unabhängig von materieller Größe und daher ausreichend sei, kam ein Freund aus der polnischen Sangha vorbei und schenkte uns ein wirklich großes Stück weißen Knochen. Er hatte diese Reliquie vor langer Zeit in Rumtek erhalten, seither gut bewahrt und fand nun, dass die Kalachakra-Stupa in Griechenland der richtige Ort für diese Kostbarkeit sei. Wir waren ihm zutiefst dankbar und sie bekam einen Ehrenplatz im Mandala.

Ich lernte damals immer mehr dem Raum zu vertrauen. Eigentlich kann man sich vollkommen entspannen, alles passiert zur richtigen Zeit, man muss gar nicht andauernd schieben und antreiben. Sicher muss man am Ball bleiben, wenn man Großes vorhat, aber es ist auch wichtig zu lernen, wann nichts mehr zu tun ist, und dann einfach die Dinge geschehen lassen zu können.

Von Yorgos Golfinopoulos, unserem Freund, dem Wirt und ehemaligen Bürgermeister aus Evrostina, bekamen wir acht verschiedene Körner oder Saaten, die aus der Gegend stammen, denn auch solche Gaben gehören zur Füllung der Stupa. Das letzte Mal, dass wir Yorgos sahen, war 2011 im August an Maria Himmelfahrt, ein wichtiger Feiertag in Griechenland. An solchen Tagen war bei ihm stets der Teufel los. Busweise fielen hungrige Heerscharen ein und hatten bereits 20 Lämmer und 500 kg Schwein verspeist. Er stand erschöpft aber glücklich neben seinem Grill und nötigte uns zum Essen. Wie so oft brachte er ein paar besondere Leckereien aus der Küche und endete mit der Aufforderung: „Trinken eine Ouzo!" Er war immerhin schon 84 Jahre alt und rannte von früh bis spät in seinem Lokal herum. Seine Frau saß mit krummem Rücken an einem Tischchen an der Straße und schälte wie üblich unermüdlich Kartoffeln. Als wir ihm nahelegten, doch eine Pause zu machen, vielleicht sogar Urlaub, winkte er ab. „Nein, nein, ich arbeite bis ich Hundert bin, dann falle ich tot um", meinte er lächelnd. Ganz hat er es nicht geschafft. Ein paar Tage später bekam er einen Schlaganfall und im Oktober starb er. Mit ihm ging auch ein Stück dieser unnachahmlichen legeren Gastfreundschaft, die wir im Griechenland der vergangenen Sommer so genossen haben. Sein Sohn Yannis übernahm die Taverne und führt sie im besten Sinne weiter.

Piotrs Meisterleistung bestand darin, an alles zu denken und Mittel und Wege zu finden, es, natürlich möglichst kostengünstig, zu beschaffen. Er war der engste Vertraute von Lama Chogdrup Dorje und gleichzeitig das Bindeglied zu allen anderen. So eine Position ruft manchmal Neid hervor oder wir projizieren unsere eigenen Störungen auf diese Person. Auch ich hatte eine Weile das Gefühl gar nicht richtig beteiligt zu sein, unwichtig und zweitrangig zu sein. Ich war ehrlich gesagt neidisch auf Piotr, der scheinbar immer zur richtigen Zeit an den wichtigen Stellen sein konnte, während ich langweilig zu Hause hockte, arbeiten gehen und für mein Kind sorgen musste. Aber zum Glück hatten wir schon in unzähligen Belehrungen von Lama Ole gehört, wie wir so ein schädliches, einengendes Gefühl umwandeln können, damit Raum im Geist entsteht und alle zu Gewinnern werden. All die sogenannten störenden Gefühle wie Ärger, Zorn, Begierde, Eifersucht, Neid und Stolz entspringen letztlich unserer Unwissenheit und unserer dualistischen Denkweise, mit der wir unangenehmes vermeiden und angenehmes festhalten wollen. Wir sind unfähig, die eigentliche Natur oder Energie der starken Gefühle zu erkennen, deren Essenz Weisheit ist. Wenn wir uns darin üben, nicht sofort jedem Impuls nachzugeben, sondern uns erlauben einen Moment zu verharren, bis die Welle der Emotion bricht und sie langsam ausläuft, dann können wir die darin enthaltene Weisheit aufblitzen sehen. Bei Zorn zum Beispiel erkennen wir die Fähigkeit eines Wütenden, jeden kleinsten Fehler zu bemerken. Diese Fähigkeit entspricht der spiegelgleichen Weisheit, die Dinge genauso zu sehen, wie sie sind, wie in einem Spiegel, klar und deutlich, aber ohne die „Verdunkelung" des Zornes.

Bei meinem Neid oder eifersüchtigen Geist galt es nun meine egozentrische Sicht zu erweitern und auf die Gruppe zu blicken: nämlich *wir* zu denken und das auch so zu empfinden. Gemeinsam bauen wir eine Stupa, jeder an seinem Platz ist wichtig und trägt dazu bei.

Es gelang mir tatsächlich, eine tiefe Verbundenheit zu empfinden und vollkommenes Vertrauen meinen Freunden gegenüber aufzubauen. Piotr seinerseits tat auch alles, was dazu nötig war: er hielt uns auf dem neuesten Stand und teilte seine Erlebnisse, Einschätzungen und Fragen mit uns, die wir nicht ständig vor Ort sein konnten.

Eine außerordentlich integrative Funktion übte meine liebe Freundin Jutta aus. Sie war es, die das Team strukturierte, die alle Besprechungen in schriftliche Form brachte und die eine Vorstellung, einen Überblick über die ganze Veranstaltung und Geschehnisse im Geist halten konnte. Wir beide wurden enge Vertraute. Ich erinnere mich mit Freude an die intensiven Stunden, in denen wir uns dem Genuss des genauen und folgerichtigen Denkens hingaben und den Ablauf der kommenden Ereignisse miteinander durchsprachen. Es ist wirklich ein Vergnügen, gründlich nach- und vordenken zu können, die Adlerperspektive einnehmen zu können, ohne immer nur den Erfordernissen des Tagesgeschäftes hinterher zu rennen, was wir ja meistens tun.

Im Zusammenhang mit dem Stupabau und der gewaltigen Kursorganisation haben alle Beteiligten ganz besondere Situationen erlebt oder erhielten Einblicke ins Innerste ihres Geistes. Die geheimsten Hoffnungen und/oder Befürchtungen traten ins Bewusstsein oder manifestierten sich als Umstände und Bedingungen. Es gab Konflikte und offenen Streit. Aber wir wollten und *mussten* zusammenarbeiten, anders ging es nicht, unsere Freundschaften sollten durch den Stupabau gestärkt werden. Während der ganzen Aufbauphase hatten wir genug Helfer in allen Bereichen, aber wir hatten keinen Arzt. Ärzte gehören nun mal zu der Sorte Leute, die stets beschäftigt sind. Aus Erfahrung wussten wir jedoch, dass gerade beim Aufbau die Verletzungsgefahr hoch und die medizinische Versorgung in den griechischen Provinz-Krankenhäusern katastrophal ist. Außerdem ist der Weg dorthin mit Minimum einer Stunde Fahrtzeit im Notfall zu weit. Aber wir hatten Andrey, einen russischen Heiler und Andrea, eine junge slowakische Medizinstudentin. Die beiden sprangen ein, es war beeindruckend, wie sie selbst schwierige Situationen meisterten. Als dann zum Kurs endlich fachmännische Verstärkung eintraf, fiel ihnen dennoch ein Stein vom Herzen.

Einsetzen des Lebensbaumes

Dann war es so weit. Am 20. August 2010 kamen innerhalb weniger Stunden über zweitausend Menschen an. Alle fanden irgendwo ein Plätzchen für ihr Zelt und jeder bekam zu essen. Unsere Logistik lief auf Hochtouren, alles passte. Lama Ole kam spätabends an. Am nächsten Morgen ging es gleich früh weiter mit dem Einsetzen des Lebensbaums. Das ist ein sehr wichtiger Moment, der Lebensbaum einer Stupa ist vergleichbar mit dem Rückgrat eines Menschen. Vom Fällen eines geeigneten Baumes unter Berücksichtigung sämtlicher tibetisch astrologischer Aspekte, über die ganze besondere Bearbeitung, Schnitzen, Beschriften, umwickeln und vieles mehr, bis hin zum rituellen Einsetzen in die Mitte der Stupa war es bei uns ein zehn Jahre langer Weg gewesen. Tschechu Rinpoche hatte den Baum noch selbst im Wald eines nahen Freundes in Graz ausgewählt und Lama Ole hatte ihn gefällt. Bis er jetzt hier in die Stupa eingefügt wurde, hatten viele Menschen an seiner Vollendung mitgewirkt.

Am Nachmittag wurde der große goldene Buddha, der übrigens auch mit einem Lebensbaum aus dem gleichen Holz, wie das aus dem Stupa-Lebensbaum und verschiedenen Mantras und Reliquien gefüllt ist, in die Nische gehoben. Viele Stupas haben an einer Seite eine Art Fenster, in das man Statuen platzieren kann. Seither blickt er klug und liebevoll auf alle Wesen, die die Stupa umrunden, auf Vögel und Insekten, die ihn umfliegen, oder auf die Schafe, die sich in ihrem Schatten ausruhen. Obwohl die Stupa an einem sehr einsamen Ort steht und es auch Zeiten gibt, wo niemand da ist, verzichteten wir bewusst darauf, den Buddha hinter Panzerglas zu sichern. Als *das* Symbol für Freiheit wollen wir ihn nicht einsperren. Mal schauen, wie sich die Zeiten entwickeln. Griechenland war jahrzehntelang ein relativ sicheres Land. Man konnte Autos offenstehen und seinen Geldbeutel am Strand liegen lassen, ohne dass etwas gestohlen wurde. Jetzt, wo die wirtschaftliche Lage immer angespannter wird und das Land tief in eine Krise rutscht, ändert sich das. Wir haben sogar schon von Einbrüchen in leerstehende Häuser in Jelini gehört, eine bisher nie dagewesene Ungeheuerlichkeit.

Die Einweihung,
ein Schatz für alle Zeiten

Abends begannen wir, angeleitet von Lama Ole, mit der 36 Stunden währenden Kalachakra-Meditation, die erst morgens am 23. August um acht Uhr endete. Das Gelände rund um die Stupa füllte sich. Schon seit Tagen überlegten wir, wie wir mit der Hitze und der sengenden Sonne umgehen sollten. Seit Wochen war es ununterbrochen heiß und wolkenlos sonnig. Ohne Schutz würden uns die Menschen reihenweise umkippen, die Zeremonie sollte einige Stunden dauern.

Wir würden Wasserflaschen und etliche Sonnenschirme verteilen, aber ob das ausreichte? Lama Chogdrup Dorje war sich dessen sehr bewusst und machte mit seiner Praxis verbunden entsprechende Wünsche. Tatsächlich wurde es dann auch wirklich richtig kalt. Eine dicke schwarze Wolke stand über der Stupa und alle Anwesenden frösteln sogar in ihrem Schatten! Erst als die Zeremonie vorbei war, öffnete sich der Himmel, alle Wolken verschwanden und ein strahlendblauer Himmel wölbte sich über uns. Lama Chogdrup Dorje war sehr zufrieden. „The sky opened like the Dharmakaya", sagte er. Dharmakaya ist Sanskrit und bedeutet Wahrheitszustand.

Jutta, Alex, Lutz und ich hatten die halbe Nacht zuvor gemeinsam mit Redenschreiben verbracht. Wir wollten allen danken, die in besonderer Weise Berchen Ling verbunden sind und die Stupa ermöglicht haben. Ich danke hiermit nochmals aus tiefstem Herzen allen, die uns jemals unterstützt haben, die nicht erwähnt wurden oder immer bescheiden im Hintergrund blieben, aber alles mittrugen. Ohne euch alle hätten wir es niemals geschafft!

Lama Chogdrup Dorje beschrieb es so: „Eine Stupa *ist* die Sangha. Sie ist Ausdruck der Sangha."

Jeder bekam ein Geschenk. Wir verteilten unsere Kalachakra-Anhänger. Hier standen wir nun, vereint unter dem Banner Kalachakras, bereit für unsere und die Freiheit Europas einzustehen. Nachmittags gab es eine öffentliche Feier, zu der wir die Bürgermeister, die Nachbarn, befreundete Geschäftspartner und alle Interessierten eingeladen hatten. Der erste Bürgermeister von Xilokastro hielt eine sehr schöne Rede und die Nachbarn strahlten. Wir alle waren richtig froh! Was für eine Entwicklung im Vergleich zu den Anfängen. Damals misstrauten uns die Einheimischen, sie behinderten und boykottierten uns. Jetzt waren wir respektiert, freundschaftlich aufgenommen und stellen eine Bereicherung des Landes dar. Im Rathaus in Xilokastro wehte sogar die deutsche Fahne und in der Bank bekamen wir Kaffee angeboten.

Glücklich schauten wir uns in die Augen. Wir hatten wirklich etwas Gutes geschaffen und viel erreicht. All die Mühen und Rückschläge der letzten 20 Jahre hatten sich für diesen Moment gelohnt.

Aber es fühlte sich auch wie ein Abschluss an. Die Pionierzeit war zu Ende. Die Schufterei war vorbei. Jetzt hatten wir hier eine Stupa, Häuser, und alle Möglichkeiten, um den Platz seiner Bestimmung gemäß nutzen zu können: Meditieren bis zur Erleuchtung zum Besten aller Wesen.

Mögen sich die Wünsche, die unsere Lehrer, unsere Freunde und wir an der Stupa gemacht haben zum Besten aller erfüllen.

EPILOG

Im November kehrten Alex und ich nochmals an den Ort des Geschehens zurück. Der ganze Sommer war wie ein phantastisches Märchen gewesen, wir wollten sicher sein und nachschauen, ob die Stupa auch wirklich dastand. Im sanften milden Novemberregen strahlte sie über den Platz, der schon wieder grünes Gras trug, eine Erholung für die Augen nach der Dürre des Sommers. Wir fühlten uns wie Eltern, deren Kinder erwachsen geworden sind. Lama Oles Wunsch an uns, hier Vater und Mutter zu sein war erfüllt. Mein Vater war gerade eben gestorben, auch das trug sicher dazu bei, dass ich mich innerlich stark damit auseinandersetzte, was es heißt, Abschied zu nehmen und gleichzeitig eine neue Rolle zu finden.

Vor über einem Vierteljahrhundert war ich aufgebrochen, um in die Mongolei zu reisen. Sie verhieß mir damals Weite, Freiheit, Abenteuer.

Ich kam zwar niemals in den Steppen dort an, aber meine Pfade im Außen führten mich zu einer inneren und geistigen Freiheit, die ich mit vielen großartigen Freunden teile. Mein tiefster Dank gehört meinem Lehrer Lama Ole, der mit seiner Freude und Kraft alle Entwicklungen förderte. Sein Herzenswunsch, Menschen all ihre Möglichkeiten und Freiheiten zu zeigen, wurde auch zu meinem Licht auf dem Diamantweg.

DANKSAGUNG

Wie bei allen Projekten müssen auch zur Entstehung eines Buches viele glückliche Bedingungen und Hilfe von allen Seiten zusammenkommen. Ich möchte deshalb allen, die mich unterstützt und an mich geglaubt haben, von ganzem Herzen danken:

Dazu gehört in der frühen Phase mein Freund Yorgos Diakofotakis. Wir beide hatten den Wunsch, die wechselvolle Geschichte von Berchen Ling aufzuschreiben. Er hat sein Buch viel früher geschafft und hiermit habe auch ich mein Versprechen eingelöst. Meine gute Freundin Jutta Seiler, die mich ständig ermutigte und immer wieder darin bestärkte, mein Potenzial frei zu legen. Susanne Raspe und Nadja Grizzo, meine ersten Lektorinnen. Meine Freunde Peter und Cornelia Heldmann, die oft mit mir am Lagerfeuer saßen, wohlwollende Kritiker waren und kostbare Rückmeldungen gaben. Gerhard Waldner, mit dem ich zusammen den Titel entwickelt habe. Franz Wünstel, mein Lektor, der genau zur richtigen Zeit aufgetaucht ist und mit großer Sorgfalt das Manuskript bearbeitet hat. Michael Kirchhoff, der an wichtigen Punkten Hinweise gegeben hat und auch bei Textfragen eine große Hilfe war. Pit und Maike Weigelt, die als langjährige Weggefährten über mich schreiben können und durch das Verfassen der Klappentexte das Buch einen großen Schritt weitergebracht haben. Lama Chogdrup Dorje für das Mantra. Christine Orterer, Graphikerin und eigentliche „Hebamme" des Buches, ohne die ich nie fertig geworden wäre. Sie hat mit all ihrer Erfahrung, ihrem Können und ihrer Tatkraft ganz entscheidend zur Realisation beigetragen. Mein Mann Alexander, der mir immer den Rücken freihält und mit seiner Liebe den Raum öffnet, sodass ich tun kann, was mir wichtig ist. Und vor allem Lama Ole und Hannah Nydahl, meine kostbaren Lehrer, die uns all die Möglichkeiten und Freiheiten des menschlichen Geistes gezeigt und unsere Entwicklung stets begleitet haben.

Impressum

© 2018 by Herzweg Verlag, Patricia Preß-Schaffrick,
Oberschwarzenberg 16, 87466 Oy-Mittelberg
Alle Rechte vorbehalten.
ISBN: 978-3-947774-77-7
Gestaltung und Satz: Designatelier Christine Orterer
Titelfoto: Daniel Johnston
Illustration Mantra: Lama Chogdrup Dorje
Lektorat: Franz Wünstel
Druck: Finidr, s.r.o., Printed in Czech Republic

Weitere Infos zum Buch und Reisebilder auf

www.herzweg-verlag.de